À PESCA
DE TOLOS

Título original:
Phishing for Phools: The Economics of Manipulation and Deception

Copyright © 2015 by Princeton University Press

AUTORES
George A. Akerlof e Robert J. Shiller

Direitos reservados para todos os países de língua portuguesa à excepção do Brasil por

CONJUNTURA ACTUAL EDITORA
Sede: Rua Fernandes Tomás, 76-80, 3000-167 Coimbra
Delegação: Avenida Engenheiro Arantes e Oliveira, 11 – 3º C - 1900-221 Lisboa - Portugal
www.actualeditora.pt

TRADUÇÃO
Pedro Elói Duarte

REVISÃO
João Quina Edições

CAPA
FBA, sobre design de Jason Alejandro
Ilustração de capa: © Edward Koren

PAGINAÇÃO
João Jegundo

IMPRESSÃO E ACABAMENTO
Papelmunde

abril de 2016

DEPÓSITO LEGAL
407953/16

Toda a reprodução desta obra, por fotocópia ou qualquer outro processo, sem prévia autorização escrita do Editor, é ilícita e passível de procedimento judicial contra o infrator.

Biblioteca Nacional de Portugal – Catalogação na Publicação

AKERLOF, George A., e outro

À pesca de tolos: a economia da manipulação
e do logro / George A. Akerlof, Robert J. Shiller
. – (Extra-colecção)
ISBN 978-989-694-150-5

I – SHILLER, Robert J.

CDU   330

GEORGE A. AKERLOF
ROBERT J. SHILLER

À PESCA DE TOLOS

A ECONOMIA DA MANIPULAÇÃO E DO LOGRO

ÍNDICE

PREFÁCIO 7

INTRODUÇÃO: Espere ser manipulado: o equilíbrio da pesca 19

PARTE 1
CONTAS POR PAGAR E CRASH FINANCEIRO

CAPÍTULO 1: O nosso caminho está cheio de tentações 33
CAPÍTULO 2: Mineração de reputação e crise financeira 41

PARTE 2
A PESCA EM MUITOS CONTEXTOS

CAPÍTULO 3: Os publicitários descobrem como se concentrar
nos nossos pontos fracos 67
CAPÍTULO 4: Roubos de automóveis, casas e cartões de crédito 83
CAPÍTULO 5: Pesca na política 97
CAPÍTULO 6: Comida, farmacêuticas e pesca 111
CAPÍTULO 7: Inovação: o bom, o mau e o vilão 125
CAPÍTULO 8: Tabaco e álcool 133
CAPÍTULO 9: Falir pelo lucro 149
CAPÍTULO 10: Michael Milken pesca com títulos-lixo como isco 157
CAPÍTULO 11: A resistência e os seus heróis 171

PARTE 3
CONCLUSÃO E POSFÁCIO

CONCLUSÃO: Exemplos e lições gerais 185

POSFÁCIO: A importância do equilíbrio da pesca 201

AGRADECIMENTOS 213
NOTAS 219
BIBLIOGRAFIA 273

PREFÁCIO

É «a economia, estúpido!», disse James Carville, conselheiro da campanha do candidato presidencial Bill Clinton em 1992. Queria referir-se ao presidente George H. W. Bush e aos problemas económicos ligados à recessão que se iniciara durante a sua presidência. Contudo, temos uma interpretação diferente e mais lata da afirmação de Carville: muitos dos nossos problemas decorrem da natureza do próprio sistema económico. Se os agentes económicos se comportam da forma puramente egoísta e interesseira assumida pela teoria económica, o nosso sistema de mercado livre tende a multiplicar a manipulação e o logro. O problema não é haver muitas pessoas más. A maioria das pessoas segue as regras e tenta apenas ganhar bem a vida. No entanto, inevitavelmente, as pressões competitivas para os empresários praticarem o logro e a manipulação nos mercados livres levam-nos a comprar e a pagar demasiado por produtos de que não necessitamos; a trabalhar em empregos que não nos realizam; e a perguntarmo-nos sobre o que está errado nas nossas vidas.

Escrevemos este livro como admiradores do sistema de mercado livre, mas com a esperança de ajudar as pessoas a moverem-se melhor neste sistema. O sistema económico está pejado de embustes, e toda a gente deve ter consciência disto. Todos temos de navegar neste sistema para mantermos a nossa dignidade e integridade, e todos temos de encontrar inspiração para continuar, apesar da loucura que nos rodeia. Escrevemo-lo este livro para os consumidores, que devem estar atentos às muitas ciladas que lhes são estendidas. Escrevemo-lo para os empresários, que se sentem deprimidos com o cinismo de alguns dos seus colegas e obrigados a seguir-lhes os passos por necessidade económica. Escrevemo-lo para os funcionários governamentais, que cumprem a tarefa normalmente ingrata de regular a economia. Escrevemo-lo para os voluntários, para os filantropos, para os líderes de opinião, que trabalham em prol da integridade. E escrevemo-lo para os jovens, que perspetivam uma vida de trabalho e querem saber como lhe dar um sentido pessoal. Toda esta gente beneficiará com o estudo do equilíbrio da pesca – das forças económicas que introduzem a manipulação e a mentira no sistema, a não ser que tomemos medidas corajosas para combatê-las. Precisamos também de histórias de heróis, de pessoas que, por integridade pessoal (e não por interesse económico), conseguiram reduzir o nível da mentira na nossa economia. Contaremos muitas histórias destes heróis.

PRODUTOS DOS MERCADOS LIVRES

O final do século XIX foi um período agitado para os inventores: o automóvel, o telefone, a bicicleta, a luz elétrica. Mas houve outra invenção dessa época que recebeu muito menos atenção: a *slot machine*. No início, a *slot machine* não tinha a sua conotação moderna. O termo referia-se a qualquer tipo de «máquina automática de vendas»: enfiava-se uma moeda numa ranhura e abria-se uma caixa. Nos anos 90 do século XIX, as *slot machines* vendiam pastilhas elásticas, charutos e cigarros, binóculos de ópera, chocolates embalados e até um percursor das páginas amarelas – todo o tipo de coisas. A inovação básica era um fecho ativado pelo depósito de uma moeda.

No entanto, foi então descoberto um novo uso. Não foi preciso muito tempo para que as *slot machines* começassem a incluir máquinas de jogo. Um jornal da época data o aparecimento das *slot machines* no sentido moderno em 1893 ([1]). Uma destas primeiras máquinas premiava os vencedores com doces de frutas e não com dinheiro; não demorou muito para que toda a gente desse um sentido especial a esta rara coincidência: o aparecimento das três cerejas.

Antes do final dos anos 90 do século XIX, nasceu um novo tipo de vício: o jogo nas *slot machines*. Em 1899, o *Los Angeles Times* noticiou: «Em quase todos os salões, podemos encontrar entre uma e meia dúzia destas máquinas, cercadas por uma multidão de jogadores de manhã à noite... Quando o hábito é adquirido, torna-se quase uma mania. Há jovens que jogam nestas máquinas durante horas. Não há dúvida de que, no fim, serão os perdedores.» ([2])

Depois, os reguladores entraram em cena. As *slot machines* estavam a arruinar tantas vidas que tinham de se tornar ilegais ou pelo menos ser reguladas, tal como o jogo em geral. Desapareceram da vida pública e foram quase totalmente relegadas para a margem: para lugares especiais designados por casinos e para o Nevada pouco regulado, onde as *slot machines* se encontravam em supermercados, bombas de gasolina e aeroportos; o adulto médio gasta 4 por cento do rendimento em jogo, nove vezes a média nacional dos Estados Unidos ([3]). No entanto, até no Nevada há alguns limites: em 2010, o Nevada Gaming Control Board rejeitou uma proposta que permitia que os clientes de lojas de conveniência usassem crédito numa *slot machine*, em vez dos seus trocos ([4]).

Com a informatização, a *slot machine* iniciou uma nova carreira. Tomando de empréstimo o título do livro de 2012 de Natasha Schüll, do MIT, as novas máquinas têm uma conceção viciante ([5]). Mollie, que Schüll conheceu nos Jogadores Anónimos em Las Vegas, demonstra o lado humano deste vício. Mollie desenhou a Schüll um mapa que representa como se vê a si própria ([6]). Mostra-a como uma pessoa solitária agarrada à máquina, rodeada – cercada – por uma estrada circular. Essa estrada liga seis dos locais mais importantes da sua vida: o hotel e casino MGM Grand, onde trabalha como gestora de reservas; três locais onde joga ([7]); o sítio dos Jogadores Anónimos, onde tenta curar o vício do jogo; e, por último, o local onde vai buscar os medicamentos para a ansiedade. Mollie está bem ciente do seu problema: não joga com a esperança de ganhar ([8]). Sabe que irá perder. Mas é arrastada pela compulsão. E quando se inebria, está sozinha; a ação é rápida e contínua. Mollie entra naquilo a que chama «a zona». Prime o botão vermelho. As luzes e o espetáculo começam. Perde ou ganha. Volta a premir o botão vermelho. Mais uma vez. Mais outra. Outra e outra vez... até acabar o dinheiro. Mollie não é uma anomalia em Las Vegas. Há dez anos, as mortes por paragem cardíaca eram um problema especialmente grave nos casinos. As equipas de emergência não tinham mãos a medir. Por fim, os casinos criaram as suas próprias equipas formadas em desfibrilação. Um vídeo de vigilância mostra como esta formação especial era necessária. No vídeo, enquanto uma equipa do casino socorre um jogador com paragem cardíaca, os outros jogadores continuam a jogar, insensíveis, apesar de a vítima estar literalmente a seus pés ([9]).

O QUE OS MERCADOS FAZEM POR NÓS

A história da *slot machine* boa/*slot machine* má dos anos 90 do século XIX até hoje ilustra a perspetiva dupla que temos da nossa economia de mercado. Fundamentalmente, aplaudimos os mercados. Os mercados livres são produtos da paz e da liberdade, que florescem em períodos estáveis quando as pessoas não vivem no medo. No entanto, o mesmo ânimo de lucro que produziu estas caixas que se abriram e que nos deram algo que queríamos produziu também *slot machines* com um jogo viciante que nos tira o dinheiro pelo privilégio. Quase todo este livro tratará figurativamente das *slot machines* más e não das *slot machines* boas: porque, enquanto reformadores tanto do pensamento económico como da economia, procuramos mudar não o que está bem no mundo, mas o que está mal. No entanto, antes de começarmos, devemos refletir sobre aquilo que os mercados fazem por nós.

Com este fim, vale a pena olhar para longe e regressar a essa época de finais do século XIX e inícios do século XX. Em dezembro de 1900, no *The Ladies Home Journal*, o engenheiro civil John Elfreth Watkins Jr. participou no passatempo de prever como seria a vida dali a 100 anos. Previu que teríamos «ar quente e frio [vindo] de torneiras.» Teríamos navios rápidos que nos levariam «a Inglaterra em dois dias». «Haverá aeronaves», usadas sobretudo pelos militares, mas por vezes para passageiros e carga. «A grande ópera ouvir-se-á ao telefone das casas privadas e soará tão harmoniosa como se ouvida num camarote.» ([10]) E previu outras coisas.

Watkins descrevia as suas previsões como aparentemente «estranhas, quase impossíveis»; mas é notável que os mercados livres, com os seus incentivos para produzirem o que as pessoas querem, desde que se faça lucro, tenham concretizado as suas previsões, e muitas outras.

No entanto, os mercados livres não produzem apenas esta cornucópia desejada pelas pessoas. Criam também um equilíbrio económico muito propício às empresas que manipulam ou distorcem o nosso juízo, usando práticas negociais análogas a cancros biológicos que se alojam no equilíbrio normal do corpo humano. A *slot machine* é um exemplo claro.

Não era por acaso que, antes de serem regulamentadas e ilegalizadas, as *slot machines* eram tão comuns que se tornavam inevitáveis. Quando temos alguma fraqueza no que diz respeito ao que realmente queremos, e quando essa fraqueza pode ser produzida e vendida com lucro, os mercados aproveitam a oportunidade para explorá-la. Caem-nos em cima e abusam de nós. Tentam pescar-nos como tolos.

DA *PESCA* E DOS *TOLOS*

O termo *pesca* [*phish*]*, segundo o *Oxford English Dictionary*, foi cunhado em 1996, quando a Internet estava a nascer. O dicionário define *pesca* como «perpetrar uma fraude na Internet a fim recolher informações pessoais de indivíduos, sobretudo fazendo-se passar por uma empresa de boa reputação; envolver-se em fraude *online* por meios enganadores para pescar informação pessoal» (¹¹). Neste livro, estamos a criar um sentido novo e mais abrangente para o termo pesca. Vemos a definição informática como uma metáfora. Em vez de vermos a pesca como ilegal, apresentamos uma definição de uma coisa muito mais geral e que recua muito mais na história. Trata-se de convencer as pessoas a fazerem coisas que são do interesse do pescador, mas não do interesse do alvo. Trata-se de pescar, de lançar à água um isco artificial e ficar à espera de que um peixe atento passe, cometa um erro e seja apanhado. Há tantos pescadores e são tão engenhosos nos seus iscos que, pelas leis da probabilidade, todos seremos apanhados mais cedo ou mais tarde, por muito atentos que estejamos. Ninguém está a salvo.

Segundo a nossa definição, um *tolo* [*phool*] é alguém que, por alguma razão, é pescado. Há dois tipos de tolos: os psicológicos e os informacionais. Os tolos psicológicos, por seu lado, dividem-se em dois tipos. Num caso, as emoções de um tolo psicológico prevalecem sobre os ditames do seu senso comum. No outro, distorções cognitivas, que são como ilusões

---

* No original, *phish*. Para evitarmos recorrer ao termo inglês, optámos por traduzi-lo pelo termo genérico *pesca*, que, no fundo, significa uma técnica ou ação destinada a obter dados pessoais de outrem através de meios informáticos, para os utilizar fraudulentamente. Sendo o título deste livro um jogo fonético de palavras (*Phishing for Phools*), e na impossibilidade de ser aqui convertido conservando o mesmo sentido, manteremos os termos «pesca» para *phishing* e «tolo» para *phool* (NdT).

óticas ([12]), levam-no a interpretar erradamente a realidade, e age com base nessa interpretação errada. Mollie é um exemplo de um tolo emocional, mas não de um tolo cognitivo. Estava muito ciente da sua situação com as máquinas de jogo, mas não era capaz de evitá-la.

Os tolos informacionais agem com base em informação que é criada intencionalmente para os enganar. Os acionistas da Enron são um exemplo. A ascensão da Enron assentava na adoção de contabilidade enganadora (e, mais tarde, fraudulenta). Os seus lucros extraordinários resultavam da sua contabilidade «de valor de mercado», com a qual os retornos futuros esperados de um investimento podiam ser contabilizados quando o investimento fosse realizado ([13]). A prática mais usual é esperar que os lucros sejam realmente realizados. De 1995 a 2000, a *Fortune* nomeou a Enron como a Empresa Mais Inovadora do país ([14]). A *Fortune* tinha razão; os seus editores só não compreenderam a natureza das inovações.

Este livro não trata da boa (ou má) moral dos empresários, embora os dois lados possam aparecer algumas vezes. Ao invés, vemos o problema básico como pressões para comportamentos menos que escrupulosos incentivados pelos mercados competitivos. São formidáveis a incentivar e a recompensar empresários heróis com novos produtos inovadores para os quais há uma verdadeira necessidade. No entanto, os mercados não regulados raramente recompensam um tipo diferente de heroísmo, daqueles que não se aproveitam das fraquezas psicológicas ou informacionais dos clientes. Por causa das pressões competitivas, os gestores que resistem a fazer isso tendem a ser substituídos por outros com menos escrúpulos morais. A sociedade civil e as normas sociais colocam alguns travões a esta pesca; mas no equilíbrio de mercado resultante, se houver uma oportunidade de pescar, até as empresas dirigidas por pessoas com verdadeira integridade moral terão normalmente de o fazer para competir e sobreviver.

COMO PODEMOS SABER?

Prevemos que este livro será pouco popular (para dizer o mínimo) entre aqueles que pensam que as pessoas tomam invariavelmente as melhores decisões para si próprias. Quem são Bob e George, perguntarão eles, para dizerem que os indivíduos não são – *sempre* e *invariavelmente* –

os melhores árbitros das decisões que os afetam? Tal como em grande parte da economia, este argumento tem sentido em termos abstratos. No entanto, quando analisamos esta questão como descrevendo pessoas reais a tomarem decisões reais (como faremos ao longo deste livro), vemos que, em grande medida, são pescadas como tolos: e, por conseguinte, tomam decisões que, se aplicassem um pouco do seu senso comum, saberiam que não são para seu benefício.

Não temos de ser presunçosos por achar que as pessoas tomam essas decisões. Sabemos porque vemos as pessoas a tomarem decisões que NINGUÉM PODERIA QUERER TOMAR. Henry David Thoreau observava que «a massa dos homens vive vidas de desespero silencioso» [15]. É impressionante que, século e meio depois, nos Estados Unidos, o país mais rico alguma vez conhecido, haja ainda tanta gente a viver vidas de desespero silencioso. Pense-se na Mollie em Las Vegas.

COISAS QUE NINGUÉM PODE QUERER

Existem quatro grandes áreas que indicam como são generalizadas as coisas que ninguém pode querer: a segurança financeira pessoal; a estabilidade da macroeconomia (a economia como um todo); a nossa saúde; e a qualidade do governo. Em cada uma destas quatro áreas, veremos que a pesca de tolos tem impacto significativo nas nossas vidas.

Insegurança Financeira Pessoal. Há um facto fundamental da vida económica que nunca aparece nos manuais de economia. A maioria dos adultos, mesmo nos países ricos, vai para a cama à noite preocupada com as contas que tem por pagar. Os economistas pensam que as pessoas têm facilidade em gastar de acordo com um orçamento. Mas esquecem-se que, mesmo que tenhamos cuidado em 99 por cento das vezes, o 1 por cento remanescente, quando agimos como se o «dinheiro não importasse», pode estragar toda a retidão anterior. E as empresas estão bem cientes desses momentos do 1 por cento. Espreitam os acontecimentos das nossas vidas quando o amor (ou outras motivações) passa por cima do nosso cuidado orçamental. Para alguns, é o *potlatch* anual de Natal. Para outros, ocorre em ritos de passagem: casamentos (em que as revistas de casamentos garantem às noivas que o «casamento médio» custa quase metade do PIB *per capita* anual) ([16]); funerais (em que o agente funerário apresenta cuidadosamente os caixões para induzir a escolha, por exemplo, do Monaco «com acabamento polido Nevoeiro Marítimo, ricamente forrado a veludo 600 Aqua Supreme, magnificamente acolchoado e franzido») ([17]); ou nascimentos (em que a Babies "R" Us oferece um «conselheiro pessoal de registo» ([18]).

Contudo, os ritos de passagem não são os únicos momentos da vida em que a sujeição a um orçamento é apresentada como má. Não é por acaso que, por muito ricos que sejamos nos Estados Unidos, por exemplo, em relação a toda a história anterior, a maioria dos adultos ainda vai para a cama preocupada com as contas. Os produtores têm sido tão inventivos a fazerem-nos sentir que necessitamos daquilo que é produzido como a preencherem as nossas verdadeiras necessidades. Ninguém quer ir para a cama à noite preocupado com as contas. No entanto, é isso que a maioria das pessoas faz ([19]).

Uma das fontes da nossa angústia relacionada com as contas vem dos «roubos»: como consumidores, somos especialmente propensos a pagar demasiado quando saímos da nossa zona de conforto para fazer uma compra rara e dispendiosa ([20]). Em cerca de 30 por cento das aquisições de casas a novos compradores, os custos totais da transação – comprador e vendedor – são mais de metade da entrada que o comprador paga ([21]). Os vendedores de automóveis, como veremos, desenvolveram as suas técnicas elaboradas para nos venderem mais carros do que aquilo que queremos; e também para nos levarem a pagar demasiado. Ninguém quer ser roubado. No entanto, acabamos por ser roubados, incluindo nas compras mais cuidadosas das nossas vidas.

Instabilidade Financeira e Macroeconómica. A pesca de tolos nos mercados financeiros é a principal causa das crises financeiras que conduziram às recessões mais profundas. Em relação às crises financeiras, a agora famosa frase «Desta vez é diferente» é simultaneamente verdadeira e falsa ([22]). No *boom* que precede o *crash*, os pescadores convencem os compradores dos bens que têm para vender que «desta vez é diferente». Por exemplo: os fósforos suecos nos anos 20 (Ivar Kreuger da Kreuger e Toll); as dot.com nos anos 90; as hipotecas de alto risco (*subprime*) na primeira década dos anos 2000 (Angelo Mozilo da Countrywide). Sim, *é* sempre diferente: as histórias são diferentes; os empresários são diferentes; as suas ofertas são diferentes. Mas também é sempre o mesmo. Há os pescadores e há os tolos. E quando o *stock* acumulado de pescas não descobertas (chamado «desperdício» pelo economista John Kenneth Galbraith ([23])) é descoberto, os preços dos bens caem. Os gestores de investimentos que compraram as carteiras de hipotecas más na formação do *crash* de 2008 não poderiam querê-las. Depois, dolorosamente, quando a pesca foi revelada, ocorreram efeitos secundários terríveis: perdeu-se a confiança em todo o mercado; os valores das ações caíram para metade; os empregados perderam os empregos; e os desempregados não conseguiam arranjá-los. O desemprego de longa duração atingiu níveis nunca vistos desde a Grande Depressão.

Saúde Má. Até na saúde, que é provavelmente a mais forte necessidade daqueles que já têm boa alimentação, boas roupas e boas casas, os fornecedores de medicamentos andam à pesca de tolos. Nos anos 1880, quando Daniel Pinkham, que estava então em Nova Iorque, reparou que as mulheres andavam muito preocupadas com problemas de rins, escreveu para casa a dizer que deviam ser acrescentados à lista de maleitas para as quais os Comprimidos Pinkham seriam um remédio ([24]). O conselho foi seguido. Hoje, as farmacêuticas já não podem acrescentar assim uma doença à lista. Nos Estados Unidos, têm de passar por duas provas. Têm de obter a aprovação da Food and Drug Administration, que exige testes de controlo aleatórios; têm também de convencer os médicos a receitarem os seus medicamentos. Mas tiveram também mais de um século para aprender a ultrapassar estas barreiras. Alguns dos medicamentos que passaram pelas duas provas são agora apenas marginalmente benéficos. Pior, alguns são realmente nocivos, como o Vioxx (um anti-inflamatório do tipo do Naprosyn) e a terapia de substituição de hormonas. Na sua carreira de cinco anos, de 1999 a 2004, o Vioxx terá causado entre 26 000 e 56 000 mortes cardiovasculares nos Estados Unidos ([25]); o facto de não se terem informado as mulheres sobre suspeitas em relação à terapia de substituição de hormonas, por falha dos médicos e das farmacêuticas, terá causado cerca de 94 000 casos de cancro da mama ([26]). Ninguém quer má medicina.

Os efeitos na saúde vão muito para além da má medicina. Consideremos a comida e as suas consequências. Cerca de 69 por cento dos adultos americanos têm excesso de peso; e mais de metade deles (36 por cento dos americanos) são obesos ([27]). Um estudo com mais de 120 000 participantes fornece-nos uma imagem surpreendentemente clara ([28]). Os entrevistados, na maioria enfermeiros registados, foram seguidos com intervalos de quatro anos, desde finais dos anos 70 até finais de 2006. O ganho médio de quatro anos foi de 1,5 quilos (que se traduz num ganho de 8 quilos em 20 anos). A análise estatística associa o ganho de 1,5 quilos a 776 gramas de batatas de pacote, a 582 gramas de batatas (sobretudo batatas fritas) e a 453 gramas de bebidas açucaradas. Parece que estes enfermeiros não eram capazes de deixar de comer as suas batatas fritas (salgadas e gordas) ou de beber as suas colas (açúcar). Fizeram estas escolhas de maneira voluntária. Mas, para além dos enfermeiros, e de um modo mais geral, sabemos que os laboratórios científicos das grandes empresas de alimentos calculam os «pontos de enlevo» dos consumidores, que lhes maximizam o gosto por açúcar, sal e gordura ([29]). Contudo, ninguém quer ser obeso.

O tabaco e o álcool são outras pescas relacionadas com a saúde. Mas há uma diferença notável entre os dois. Atualmente, ninguém acha que fumar é uma coisa boa. Quando estava a escrever este parágrafo, George trabalhava num grande edifício de escritórios em Washington, o HQ1 (Quartel-General 1) do Fundo Monetário Internacional. É proibido fumar no interior do edifício. No entanto, quando ele chega de manhã, passa por uma multidão de fumadores à porta da rua. Todos os fumadores evitam o seu olhar. Sem dizer uma palavra, sabem que ele está a pensar que eles estão a arriscar a vida por um prazer que não vale isso. Graças a esta censura e autocensura, a proporção de fumadores nos Estados Unidos caiu para mais de metade desde os velhos tempos em que pessoas com mais responsabilidade diziam que fumar fazia bem à saúde ([30]): ajudava a perder peso ([31]).

Existe outra droga legal, para além do tabaco, que é talvez ainda mais nefasta; mas que provoca muito menos censura. David Nutt e os seus colegas no Reino Unido, e Jan van Amsterdam e Willem van den Brink na Holanda, convocaram grupos de especialistas para avaliarem os danos relativos das drogas nos seus países respetivos ([32]). Levando em conta o dano causado a outros – e não apenas o dano causado pelo indivíduo a si próprio –, Nutt e os seus colegas consideraram o álcool como a pior de todas as drogas; van Amsterdam e os seus colegas consideraram-no em segundo em relação ao *crack*, mas apenas por uma margem muito pequena ([33]). Mais à frente (com base em estudos contínuos), veremos que o abuso do álcool é, muito provavelmente, o maior mal das vidas americanas. Contudo, os bares, os restaurantes e as companhias aéreas, bem como os nossos amigos nas festas continuam a convencer-nos a beber um copo, e por vezes outro e mais outro... Há pouca consideração de que beber outro copo é uma escolha já em si demasiado fácil. Ninguém quer ser alcoólico. No entanto, em vez de dissuasões, temos persuasões.

Mau governo. Tal como os mercados livres funcionam pelo menos de forma tolerável sob condições ideais, o mesmo acontece com a democracia. No entanto, os eleitores estão ocupados com as suas próprias vidas; por isso, é-lhes praticamente impossível saber quando um político se desvia dos seus verdadeiros desejos em relação a muita legislação. E também porque somos humanos, tendemos a votar na pessoa que nos dá mais conforto. Como resultado, a política é vulnerável à pesca mais simples, em que os políticos angariam silenciosamente dinheiro dos Interesses, e usam esse dinheiro para mostrarem que são «gente como nós». O nosso capítulo «Pesca na política» descreverá uma campanha eleitoral de Charles Grassley, do Iowa, que, na altura, era o presidente da Comissão Senatorial das Finanças e que acumulou um tesouro de milhões de dólares e invadiu o estado com anúncios televisivos nos quais ele é apenas «um de nós», na terra, no seu trator cortador de relva. Não havia nada de terrivelmente invulgar sobre o papel do dinheiro nesta campanha. Pelo contrário, escolhemo-la por ser tão típica. Mas (quase) ninguém quer uma democracia em que as eleições são compradas desta maneira.

O OBJETIVO DE *À PESCA DE TOLOS*

O plano deste livro é apresentar alguns exemplos de pesca de tolos que ilustram a forma como esta afeta as nossas vidas: as nossas atividades, os nossos pensamentos, os nossos objetivos e a frustração dos nossos objetivos. Alguns dos casos envolvem a vida quotidiana, como os nossos automóveis, a nossa comida, os nossos medicamentos e as casas que compramos, que vendemos e em que vivemos. Outros serão mais sistemáticos e técnicos, como os mercados financeiros. No entanto, acima de tudo, os exemplos que vamos explorar terão implicações profundas na política social, incluindo o papel do governo como complemento e não como obstáculo aos mercados livres – porque, tal como os computadores precisam de proteção contra vírus, precisamos de proteção contra a pesca de tolos definida de forma mais lata.

INTRODUÇÃO
ESPERE SER MANIPULADO:
O EQUILÍBRIO DA PESCA

Há mais de um século que os psicólogos – de estilos e conteúdos que vão de Sigmund Freud a Daniel Kahneman – nos ensinam que as pessoas costumam tomar decisões que não são do seu melhor interesse. Dito de forma simples, não fazem aquilo que é realmente bom para elas; não escolhem o que realmente querem. Estas más decisões permitem que sejam pescadas como tolos. Esta verdade é tão básica que é fundamental para o primeiro episódio da Bíblia, em que a serpente convence a inocente Eva a tomar uma decisão tola, da qual se arrependerá logo de seguida e para sempre ([1]).

A conceção fundamental da economia é muito diferente: é a ideia de equilíbrio do mercado ([2]). Para a nossa explicação, adaptamos o exemplo da fila das caixas no supermercado ([3]). Quando chegamos à zona das caixas no supermercado, levamos pelo menos um momento para decidir que fila escolher. Esta decisão envolve alguma dificuldade porque as filas – como um equilíbrio – têm quase todas o mesmo comprimento. Este equilíbrio ocorre pela razão simples e natural de que as pessoas que chegam às caixas escolhem sequencialmente a fila mais pequena.

O princípio do equilíbrio, que vemos nas filas das caixas, aplica-se à economia de forma muito mais geral. Quando os empresários escolhem a área em que querem fazer negócio – e como devem expandir ou contrair os seus negócios existentes – (tal como os clientes que se aproximam das caixas), escolhem as melhores oportunidades. Isto também cria equilíbrio. Todas as oportunidades de lucros invulgares são rapidamente aproveitadas, levando a uma situação em que é difícil encontrar essas oportunidades. Este princípio, com o conceito de equilíbrio que implica, está no centro da economia.

O princípio também se aplica à pesca de tolos. Isto significa que se tivermos algum ponto fraco – alguma maneira de podermos ser pescados como tolos para se obter mais do que o lucro habitual – no equilíbrio da pesca, alguém irá aproveitá-lo. Entre as pessoas que figurativamente chegam às caixas de supermercado, a olharem em volta e a decidirem onde gastar os seus investimentos em dinheiro, algumas procurarão lucros invulgares pescando-nos como tolos. E se virem uma oportunidade de obter lucros, essa será (mais uma vez, em termos figurativos) a «caixa» que escolherão.

E as economias terão um equilíbrio da pesca no qual todas as oportunidades de obter um lucro maior que o normal serão aproveitadas. Para praticarmos esta ideia, consideremos três «exercícios de dedos» sobre a aplicação do conceito de equilíbrio da pesca.

EXERCÍCIO DE DEDO 1: CINNABON®

Consideremos um exemplo do nosso objetivo. Em 1985, Rich e Greg Komen, pai e filho, de Seattle, fundaram a Cinnabon® Inc. com uma estratégia de *marketing*. Abrir estabelecimentos que, segundo eles, produziriam o «melhor bolo de canela do mundo» ([4]). O cheiro da canela é uma atração para os clientes como a feromona é para as traças. A história narra as «numerosas viagens à Indonésia» feitas para «adquirir canela Makara» ([5]). Um bolo da Cinnabon® é feito com margarina; tem 880 calorias; e tem uma cobertura de açúcar. O lema da Cinnabon® Inc. é: «A vida precisa de uma cobertura doce.» Posicionaram cuidadosamente os estabelecimentos, com cartazes e lemas, em busca de pessoas que fossem vulneráveis a esse cheiro e à história do melhor bolo de canela, com algum tempo para matar, como aeroportos e centros comerciais. É claro que a informação sobre as calorias está lá, mas não é fácil de ver. A Cinnabon® tem obtido um sucesso explosivo, que não só reflete como o bolo é delicioso, mas também a estratégia dos Komens, sempre repetida. Existem agora mais de 750 estabelecimentos da Cinnabon® em mais de 30 países ([6]). É provável que muitos de nós tomemos como garantido que havia simplesmente um estabelecimento onde esperamos pelo nosso voo atrasado.

Mas não vemos o esforço e o saber despendidos para compreender os nossos momentos fracos e desenvolver uma estratégia para aproveitá-los.

Do mesmo modo, a maioria das pessoas não pensa na presença da Cinnabon®, que mina os nossos planos de comer de forma saudável, como resultado natural de um equilíbrio de mercado livre. Mas é isso mesmo: se Rich e Greg Komen não o tivessem feito, mais tarde ou mais cedo alguém teria uma ideia similar – embora certamente não idêntica. O sistema de mercado livre explora automaticamente as nossas fraquezas.

EXERCÍCIO DE DEDOS 2: HEALTH CLUBS

Na primavera de 2000, Stefano DellaVigna e Ulrike Malmendier eram dois alunos graduados de Harvard [7]. Frequentavam uma cadeira especial de Psicologia e Economia, junto ao rio Charles, no MIT. Decidiram procurar um exemplo de uma má tomada de decisão económica, que era o tópico do então novo campo de estudo. Descobriram um exemplo no bairro deles: os *health clubs*. Mas tinham também algum interesse em si mesmos. Em 2012, os *health clubs* constituíam uma indústria de 22 mil milhões de dólares nos Estados Unidos, com mais de 50 milhões de clientes [8].

DellaVigna e Malmendier construíram um conjunto de dados de mais de 7500 utilizadores de *health clubs* na zona de Boston [9]. Enquanto atletas iniciantes, quando os clientes começavam a ir ao *health club*, estavam demasiado otimistas em relação aos seus planos de exercício e assinavam contratos pelos quais pagavam em excesso. Tipicamente, escolhiam um de três métodos de pagamento: por visita; um contrato a pagar por cartão de crédito com renovação mensal automática, a não ser que cancelado; ou por contrato anual. A maioria dos clientes (não subsidiados) escolhia o contrato mensal. No entanto, 80 por cento deles teria pago menos se pagasse à visita. Além disso, as perdas desta escolha errada eram significativas: 600 dólares por ano, com pagamentos médios de 1400 dólares [10]. Para acrescentar abuso ao prejuízo, os *health clubs* colocam obstáculos ao cancelamento. Dos 83 clubes que ofereciam uma renovação mensal automática na amostra Dellavigna-Malmendier, todos aceitavam o cancelamento por presença pessoal; mas só 7 aceitavam o cancelamento por telefone. Só 54 aceitavam uma carta; e, destes, 25 exigiam que fosse reconhecida por um notário [11].

É claro que as ofertas destes contratos pelos *health clubs*, nos quais as pessoas «pagavam para não irem ao ginásio» ([12]), não eram coincidência. Como os clientes estavam dispostos a assinar contratos que eram mais lucrativos do que os sistemas de pagamento por visita, seria de esperar que, no equilíbrio da pesca, estivessem presentes. De outro modo, haveria uma oportunidade de lucro não aproveitada.

EXERCÍCIO DE DEDOS 3: GOSTOS COMO FRAGILIDADE

Os problemas ligados a um puro equilíbrio de mercado livre podem ser melhor imaginados se considerarmos uma metáfora para o equilíbrio da pesca. O economista Keith Chen e os psicólogos Venkat Lakshminarayanan e Laurie Santos conseguiram ensinar macacos-capuchinho a usarem dinheiro para transacionar ([13]). Num começo notável para uma economia de mercado livre, os macacos desenvolveram uma apreciação pelos preços e pelas recompensas esperadas; e até trocavam sexo por dinheiro ([14]).

Mas estendamos a nossa imaginação para lá das experiências já realizadas. Suponha que ensinamos os macacos a fazerem transações gerais com os humanos. Daríamos a uma grande população de macacos-capuchinho rendimentos substanciais e deixá-los-íamos ser clientes de empresas dirigidas por humanos, sem salvaguardas reguladoras. É fácil de imaginar que o sistema de mercado livre, com o seu gosto pelos lucros, iria fornecer tudo o que os macacos decidissem comprar. Poder-se-ia esperar um equilíbrio económico, com invenções a apelarem aos gostos estranhos dos macacos. Esta cornucópia daria escolhas aos macacos; mas essas escolhas seriam muito diferentes daquilo que os faz felizes. Já sabemos, com Chen, Lakshminarayanan e Santos, que adoram bolinhos de fruta recheados com creme de *marshmallow* ([15]). Os macacos-capuchinho têm uma capacidade limitada de resistência às tentações. É de esperar que fiquem ansiosos, malnutridos, exaustos, viciados, briguentos e enjoados.

Chegamos agora ao ponto principal deste exercício intelectual; já veremos o que tem a dizer sobre os humanos. A nossa visão dos macacos analisados pelo seu comportamento como se tivessem dois tipos daquilo a que os economistas chamam «gostos». O primeiro tipo de «gostos» são os que os macacos exerceriam se tomassem as decisões que são boas para eles. O segundo tipo de «gostos» – os gostos de bolos de fruta – são os que, de facto, exercem. Não há dúvida de que os humanos são mais espertos que os macacos. Mas podemos ver o nosso comportamento nos mesmos termos. Podemos imaginar-nos, os humanos, como os macacos-capuchinho, tendo também diferentes tipos de gostos. O primeiro conceito de «gostos» descreve o que é realmente bom para nós. No entanto, tal como no caso dos macacos, esta nem sempre é a base de todas as nossas decisões. O segundo conceito de «gostos» é constituído pelos gostos que determinam a forma como fazemos realmente as nossas escolhas. E estas escolhas, de facto, podem não ser «boas para nós».

A distinção entre os dois tipos de gostos e o exemplo dos macacos-capuchinho fornece-nos uma imagem instrutiva: podemos pensar na nossa economia como se todos tivéssemos fragilidades quando vamos às compras ou quando tomamos decisões económicas. Trata-se de fragilidades que há séculos que são exploradas pelos vendedores. Por causa dessas fragilidades, muitas das nossas escolhas diferem daquilo que «realmente queremos», ou, dito de outra maneira, diferem daquilo que é bom para nós. De uma forma geral, não estamos cientes dessas fragilidades. Portanto, na ausência de alguns freios nos mercados, alcançamos um equilíbrio económico em que são as fragilidades que determinam as escolhas.

A ALEGADA OTIMALIDADE DE UM EQUILÍBRIO DE MERCADO LIVRE

Existe um resultado talvez surpreendente que, incontestavelmente, reside no âmago da economia. Em 1776, o pai da disciplina, Adam Smith, em *A Riqueza das Nações*, escreveu que, com os mercados livres, é como se «por uma mão invisível... [cada pessoa] *ao perseguir o seu próprio interesse*» promova também o bem geral ([16]).

Foi preciso pouco mais de um século para que compreendêssemos realmente a afirmação de Smith. Segundo a versão moderna, normalmente ensinada até na introdução à economia, um equilíbrio de mercado livre competitivo é «ótimo de Pareto» ([17]). Isto significa que quando essa economia está em equilíbrio, é impossível melhorar o bem-estar económico de alguém. Qualquer interferência piorará a situação de *alguém*. Para os alunos graduados, esta conclusão é apresentada como um teorema matemático elegante – que eleva a ideia de otimalidade do mercado livre a um grande feito científico ([18]).

A teoria, obviamente, reconhece alguns fatores que podem manchar esse equilíbrio dos mercados livres. Estes fatores incluem atividades económicas de uma pessoa que afetam diretamente outra (chamadas «externalidades»); incluem também más distribuições dos rendimentos. Assim, é normal os economistas pensarem que, pondo de lado essas duas manchas, só um tolo interferiria com o funcionamento dos mercados livres ([19]). E é claro que os economistas também reconheceram há muito que as empresas de grandes dimensões podem impedir que os mercados sejam totalmente competitivos.

No entanto, esta conclusão ignora as considerações que são centrais neste livro. Quando existem mercados totalmente livres, não há apenas liberdade de escolha; há também a liberdade de pescar. Continuará a ser verdade, segundo Adam Smith, que o equilíbrio será ótimo. Mas será um equilíbrio ótimo não em termos daquilo que realmente queremos; mas sim um equilíbrio ótimo em termos dos nossos gostos determinados pelas nossas fraquezas. E isto, tanto para nós como para os macacos, conduzirá a muitos problemas.

A economia tradicional ignorou esta diferença porque a maioria dos economistas pensava que, em geral, as pessoas sabiam o que queriam. Isto significa que não há muito a ganhar em analisar as diferenças entre aquilo que realmente queremos e aquilo que é determinado pelas nossas fragilidades. Mas isto ignora o campo da psicologia, que trata, em grande parte, dos efeitos dessas fragilidades.

Como exceções, os economistas comportamentais, sobretudo nos últimos 40 anos, têm estudado a relação entre a psicologia e a economia. Ou seja, colocaram em destaque as consequências das fragilidades. No entanto, curiosamente, tanto quanto se sabe, nunca interpretaram os seus resultados no contexto da ideia fundamental de Adam Smith sobre a mão invisível. Talvez fosse uma coisa demasiado óbvia. Só uma criança, ou um tolo, faria uma observação dessas e esperaria que alguém reparasse. Mas veremos que esta observação, por muito simples que seja, tem verdadeiras consequências. Em especial porque, como Adam Smith poderia dizer, seria como se por uma mão invisível, outros por interesse próprio satisfizessem esses gostos determinados pelas fragilidades.

Assim, podemos estar a fazer apenas um pequeno ajuste na economia tradicional (reparando na diferença entre a otimalidade em termos dos nossos gostos reais e a otimalidade em termos dos nossos gostos determinados pelas fragilidades). Mas esse pequeno ajuste na economia faz uma grande diferença nas nossas vidas. É uma das principais razões por que deixar as pessoas terem *Liberdade de Escolha* – que Milton e Rose Friedman, por exemplo, consideram o *sine qua non* da boa política pública – conduz a graves problemas económicos [20].

PSICOLOGIA E FRAGILIDADES

Nem toda a psicologia trata das razões pelas quais as pessoas tomam decisões «disfuncionais». Parte da psicologia descreve o funcionamento da mente humana sã. No entanto, grande parte do tema diz respeito a decisões que dão às pessoas aquilo que pensam querer em vez de aquilo que realmente querem. Podemos ver isto se olharmos para uma aplicação da psicologia tal como era ensinada em meados do século XX. Nesse tempo, a psicologia baseava-se sobretudo em Freud, com ênfase especial na sua conclusão agora experimentalmente validada sobre o papel do subconsciente na tomada de decisões. Vance Packard descrevia as maneiras como os publicitários eram *Persuasores Disfarçados* (que era o título do seu livro de 1957). Ou seja, manipulam-nos através do nosso subconsciente. Num exemplo, que George e Bob recordam de há mais de 50 anos, os fabricantes de massas para bolos apelavam ao desejo de criatividade das donas de casa requerendo a adição desnecessária de um ovo. Noutro exemplo, as companhias de seguros jogavam com os desejos de imortalidade com publicidade que, curiosamente, retratava o pai falecido em fotografias de família após a morte [21].

O psicólogo social e *marketer* Robert Cialdini escreveu um livro cheio de provas impressionantes de influências psicológicas [22]. Segundo a sua «lista», podemos ser pescados porque queremos trocar dádivas e favores; porque queremos ser simpáticos para as pessoas de quem gostamos; porque não queremos desobedecer à autoridade; porque tendemos a seguir os outros quando decidimos como nos devemos comportar; porque queremos que as nossas decisões sejam internamente consistentes; e porque temos aversão a aceitar perdas [23]. Segundo Cialdini, cada uma destas influências está associada a truques comuns do vendedor. Um exemplo disto diz respeito à forma como o seu irmão, Richard, pagou o curso na universidade. Todas as semanas, Richard comprava dois ou três automóveis através dos anúncios nos jornais locais. Dava-lhes uma limpeza e colocava-os de novo à venda. Aqui, Richard punha a funcionar a «aversão à perda». Ao contrário da maioria das pessoas, Richard não marcava as visitas dos potenciais clientes para horas diferentes. Em vez disso, de modo intencional, marcava as visitas de maneira a que se sobrepusessem. Cada comprador, independentemente dos méritos do automóvel à venda, ficava então com medo de perder: o outro poderia comprar o *seu* carro [24].

TOLOS DA INFORMAÇÃO

Muita da pesca vem de outra fonte: de nos fornecerem informação enganadora e errónea. Os pescadores jogam assim com aquilo que os seus clientes pensam que terão. Há duas maneiras de ganhar dinheiro. A primeira é a honesta: dar aos clientes alguma coisa a que deem o valor de 1 dólar; produzi-la por menos. Outra maneira é dar aos clientes informação falsa e induzi-los a chegar a uma conclusão falsa: pensam que aquilo que obtêm por 1 dólar vale isso; ainda que, na verdade, valha menos.

Este livro apresentará muitos destes exemplos, em especial no domínio da finança. Os otimistas da finança pensam que as transações financeiras complexas têm a ver com dividir justamente o risco e os retornos esperados da melhor maneira possível entre pessoas com gostos diferentes para eles, tal como as crianças costumavam trocar berlindes ou cromos de futebol. Diz o mantra que as pessoas são espertas, sobretudo na finança; a melhor maneira de fiscalizar os mercados financeiros é deixá-los fiscalizarem-se a si próprios. Como um exemplo notável da aplicação deste mantra à política pública, o Commodity Futures Modernization Act de 2000 permitiu que produtos financeiros extraordinariamente complexos fossem transacionados com supervisão mínima. Dizia-se que os mercados se supervisionariam a si próprios.

No entanto, a expressão do mantra não o torna verdadeiro. Outra maneira de fazer dinheiro na finança é não vender às pessoas aquilo que realmente querem. Lembremos o truque do mágico: põe uma moeda debaixo de 3 copos, baralha-os e depois vira-os [25]. A moeda desapareceu.

Mas onde está? *Voilà*: está na mão do mágico. E é isto que pode também acontecer no mundo complexo da finança. Em termos figurativos, compramos uma obrigação que nos dá direito à moeda que aparecerá quando os copos forem virados. Mas depois, no baralhamento da finança complexa, a moeda é de alguma maneira transferida para a mão do mágico; assim, quando os copos são virados, ficamos sem nada. Mais à frente, apresentaremos três capítulos sobre manipulações financeiras. Cada um destes capítulos mostrará muitos esquemas que podem ser assimilados ao truque de retirar a moeda dos copos. De forma mais concreta, envolvem manobras como contabilidade financeira engenhosa e *ratings* excessivamente otimistas. Neste caso, as pessoas sabem o que querem; mas a manipulação engenhosa da informação sugere que obtêm o que querem, quando, pelo contrário, obtêm uma coisa muito diferente. Por último, observe-se que, enquanto houver lucros a ganhar com estes truques mágicos, continuará a haver mágicos. Esta é a natureza do equilíbrio económico. E esta é a principal razão por que os mercados financeiros, em especial, precisam de uma supervisão cuidadosa. Mas já estamos a adiantar muito a nossa história.

TEORIA E PRÁTICA

Até agora, falámos da teoria do equilíbrio da pesca e demos alguns exemplos para a ilustrar. Esta teoria sugere que, no equilíbrio económico da vida real, haverá muita pesca de tolos. O equilíbrio ocorre pela mesma razão que as filas nos supermercados raramente têm tamanhos diferentes: porque os clientes sequenciais escolhem aquela que pensam ser a fila mais curta. De forma similar, nos mercados competitivos, as oportunidades para fazer lucros pescando-nos como tolos serão aproveitadas. Voltemo-nos agora para o resto do livro, que mostrará numerosos exemplos de como este princípio geral desempenha papéis importantes nas nossas vidas.

CAMINHO A SEGUIR: RESUMO DE *À PESCA DE TOLOS*

O livro está dividido nesta introdução e em três partes.

Introdução: Equilíbrio da pesca. O objetivo principal desta introdução foi explicar o conceito de equilíbrio da pesca e a inevitabilidade consequente da pesca. Voltando à Cinnabon®, esta inevitabilidade significa que, na ausência dos Komens, outra pessoa, entre as milhares de milhões que existem no mundo, teria ocupado o lugar deles. É claro que aquilo que se aplica aos Komens aplica-se também a qualquer equilíbrio da pesca: se uma pessoa não aproveitar a oportunidade para obter lucros, essa oportunidade será agarrada por outra qualquer.

Parte 1: Contas por pagar e *crash* financeiro. Para nós (Bob e George), uma coisa é criar imagens de macacos e fragilidades; de pesca e tolos; e falar abstratamente do equilíbrio económico. Outra coisa é mostrar que a pesca de tolos e os equilíbrios desempenham papéis significativos na nossa vida. Os próximos dois capítulos, que constituem a Parte 1, são o primeiro passo para explicar isto. O Capítulo 1 mostra por que razão a maioria dos consumidores chega ao fim do mês, ou da semana, preocupada com o pagamento das contas e, com muita frequência, acabam por não pagá-las. Todos somos capazes de cometer erros, e muitos destes erros são facilitados e instigados por aqueles que tentam «vender-nos alguma coisa». O Capítulo 2 mostra o papel da pesca de tolos na Crise Financeira de 2008, com as suas consequências devastadoras em todo o mundo. Boa parte desta história é aquilo a que chamamos mineração de reputação por parte de muitas empresas e consultores: a redução mais ou menos deliberada, por motivos de lucro, da reputação de integridade arduamente conquistada. Na altura em que escrevemos este livro, ainda não tínhamos recuperado completamente desta crise; e as mesmas forças que conduziram a esta crise financeira são elementos do nosso equilíbrio económico. Estas forças são difíceis de domar e temos de compreendê-las, tanto para reduzir a probabilidade de regresso de crises como para enfrentá-las, se e quando ocorrerem.

Parte 2: A pesca em muitos contextos. A Parte 2 segue uma nova orientação. Trata do papel da pesca de tolos em contextos específicos: publicidade e *marketing*; imobiliário, vendas de automóveis e cartões de crédito; lóbis e política; comida e medicamentos; inovação e crescimento económico; álcool e tabaco; e dois mercados financeiros específicos. Apresentaremos um resumo separado desta secção quando lá chegarmos.

A Parte 2 reforça a importância da pesca de tolos na nossa vida. Mas há outras lições importantes. Os muitos exemplos apresentados neste livro servem de exercícios práticos para a perceção e compreensão da pesca de tolos. A Parte 2 apresentará novos exemplos de equilíbrio da pesca e, assim, da inevitabilidade da pesca, como consequência, não por pessoas más, mas pelo funcionamento natural do nosso sistema económico. Além disso, e talvez mais importante, a experiência que ganhamos com estes exercícios sobre a pesca de tolos em diferentes contextos conduz-nos a uma nova perspetiva sobre o onde e o como da sua prática. Começando com o capítulo sobre publicitários e *marketers*, cuja tarefa é levarem-nos a comprar aquilo que têm para promover, ofereceremos uma perspetiva nova e mais geral (para lá da lista de Cialdini e da economia comportamental atual) sobre o que torna as pessoas manipuláveis. De um modo geral, as pessoas pensam situando-se a si próprias dentro de uma história. Uma boa estratégia de manipulação consiste em levar os tolos a enxertar novas histórias (vantajosas para os pescadores) nas velhas. (De forma similar, acrescentamos que um dos papéis importantes dos psicólogos – literalmente de Freud a Kahneman – tem consistido em extrair essas histórias que as pessoas contam a si próprias. Os psicólogos têm termos técnicos para elas: como «quadros mentais» ou «guiões».) ([26])

Parte 3: Conclusão e Posfácio. Esta parte leva-nos à «conclusão». As partes 1 e 2 abordaram a pesca de tolos em contextos variados, desde os mais gerais, como os gastos dos consumidores e os mercados financeiros, até aos mais particulares, como as eleições para o Congresso ou as formas como as grandes farmacêuticas resistem aos seus reguladores e pescam os médicos que prescrevem os seus medicamentos. Através destes exemplos díspares e da nossa teoria da pesca, descreveremos a nossa nova caracterização, que nos dá – e esperamos que dê também ao leitor – uma nova perspetiva da economia: uma consciência da pesca de tolos, onde e quando ocorre. Na conclusão, «Nova história na América e as suas consequências», veremos como esta nova perspetiva se aplica à política económica e social atual dos Estados Unidos, com exemplos de três áreas diferentes da política económica.

Segue-se o Posfácio. Foi escrito tendo em conta especialmente os nossos potenciais críticos, que sabemos que perguntarão se há alguma coisa nova em *À Pesca de Tolos*. Este posfácio apresenta a nossa ideia de como este livro constitui um contributo para a economia.

Pretendemos que *À Pesca de Tolos* seja um livro muito sério. Mas também queremos que seja divertido. Esperamos que goste das histórias e das ideias apresentadas desde o início até à conclusão e ao posfácio, para além de quaisquer «Mensagens» implicadas na apreciação apropriada da «pesca de tolos».

PARTE 1

CONTAS POR PAGAR
E *CRASH* FINANCEIRO

CAPÍTULO 1
O NOSSO CAMINHO ESTÁ CHEIO DE TENTAÇÕES

Quase todos os americanos conhecem Suze (que se pronuncia «Susie») Orman. Quando George fez perguntas acerca dela a um amigo economista, teve a reação esperada. Vira o seu programa televisivo durante apenas dez segundos. Os nossos amigos economistas não suportam a sua voz de a-mamã-é-que-sabe/disse-te-para-fazer-isso. Consideram que os conselhos de investimento que ela dá são simplistas. Além disso, de forma curiosa para os economistas, que tendem a preocupar-se com estas coisas, acham que os conselhos dela tratam demasiado de dinheiro.

No entanto, é a reação oposta àquela que recebemos de uma das pessoas mais inteligentes que conhecemos, Teodora Villagra, que trabalhava como caixa na cafetaria do Fundo Monetário Internacional. Refugiada da Nicarágua de Daniel Ortega, comprou a sua própria casa em Capitol Hill; o filho dela concluiu agora os estudos universitários sem dívidas, com uma licenciatura em engenharia eletrotécnica; ainda mais notável, continuava a conversar com centenas de clientes diários, enquanto lhes dizia o que deviam e fazia os trocos. «Suze Orman não fala de dinheiro, fala de pessoas», disse-nos Teodora. Comprou um exemplar do livro de conselhos financeiros de Suze Orman e até comprou outro para uma colega do trabalho.

Ouvir Teodora e Suze Orman levou-nos a apreciar aquilo que, antes, era um *puzzle* para nós: a razão por que a audiência de Orman venera todas as suas palavras. A junção das peças deste *puzzle* elucida um grande problema económico que afeta milhares de milhões de pessoas em todo o mundo.

SUZE ORMAN *VERSUS* ECONOMIA BÁSICA

O livro mais popular de Orman (mais de três milhões de exemplares vendidos) intitula-se *The 9 Steps to Financial Freedom: Practical and Spiritual Steps So You Can Stop Worrying* ([1]) [*Os 9 passos para a liberdade financeira: passos práticos e espirituais para deixar de ter preocupações*]. A descrição que faz dos gastos e poupanças do consumidor contradiz claramente aquilo que os economistas dizem sobre isso (e como isso é descrito nos manuais de economia). O manual típico de introdução à economia descreve-nos uma ida ao supermercado. Orçamentámos uma quantia de dinheiro para gastar – por exemplo – em maçãs e laranjas. A preços diferentes, com este orçamento, podemos comprar diferentes combinações destes produtos, e compraremos a combinação que mais nos satisfizer. Dizem-nos que isto determina quantas maçãs e quantas laranjas compraremos a cada preço; estas correspondências entre o preço e a quantidade que o consumidor quer comprar – como também nos é dito – constituem a sua «procura de maçãs» e a sua «procura de laranjas» ([2]).

Esta narrativa intencionalmente pálida não é tão inocente quanto parece. Não é ciência. Mas é uma retórica poderosa. Aos caloiros da universidade, que constituem o público leitor do manual, é feita uma proclamação; mais tarde, dir-se-á que não é apenas no caso da compra de maçãs e de laranjas, mas que *todas* as decisões económicas são tomadas desta maneira: aquele que toma a decisão tem um orçamento (como no exemplo das frutas, para maçãs e laranjas); faz escolhas diferentes tendo em conta os preços; e faz a escolha que lhe dá o resultado preferido. É uma retórica poderosa, pois, no contexto da secção de frutas do supermercado, é difícil de imaginar que alguém se comporte de maneira diferente.

A narrativa é convincente por outra razão. É improvável que o caloiro leitor do manual ofereça resistência, uma vez que não pode imaginar como esta parábola sobre maçãs e laranjas será usada sem grande questionamento em muitos contextos diferentes nas páginas restantes do manual, nas suas cadeiras posteriores de economia ou nos seus estudos de pós-graduação se vier a ser um economista profissional. No entanto, a retórica do manual leva-o a engolir uma coisa inteira: é assim que as pessoas pensam, de forma muito geral, quando tomam decisões. Mas será isto verdade? Quase de certeza que o fazem em alguns contextos, como na secção de fruta do supermercado. Mas o exemplo teria sido muito menos poderoso se, ao invés, mostrasse, por exemplo, uma noiva nas páginas da *Wedding Magazine*, onde o orçamento e o preço seriam preocupações secundárias na preparação para o Dia Mais importante da Sua Vida. E isto leva-nos de volta a Suze Orman, e não só à razão pela qual ela tem aquelas audiências adoradoras, mas também à razão pela qual essas audiências são mais do que um exemplo caprichoso.

CONSELHOS DE SUZE

Como é que os consumidores poderiam fazer outra coisa que não aquilo que os manuais descrevem? Orman diz-nos que as pessoas têm dificuldades emocionais em relação ao dinheiro e ao modo como o gastam. Não são honestas consigo próprias; e, como consequência, não fazem uma orçamentação racional. Como é que Orman sabe isto? É conselheira financeira e tem um teste. Pede aos seus novos clientes para somarem as suas despesas; e, quando o fazem, todas essas despesas são muito diferentes daquilo que uma contabilidade documentada mostra depois [3]. Em termos figurativos, em relação à proverbial ida ao supermercado, é como se os seus clientes gastassem demasiado na secção da fruta e, quando chegam aos lacticínios, já não sobra nada para ovos e leite. Na vida real, este fracasso orçamental traduz-se em não sobrar nada para poupanças, no fim do mês, depois de pagas as despesas correntes. Pior, sobretudo em momentos de crise, significa que o mealheiro está vazio. Nos tempos modernos, isto adquire normalmente a forma de um aumento das contas com cartões de crédito, com as suas taxas de juro a manterem-se ainda agora, no meio da nossa longa recessão, em quase 12 por cento [4]. Há quatro anos, eram ainda mais elevadas.

Este fracasso quanto à forma cognitiva e emocional como se lida com o dinheiro, diz Orman, conduz às contas por pagar. A missão dela é manter essas contas sob controlo, a fim de que os seus leitores e clientes deixem de se *preocupar* à noite. Este é o papel da mamã, e é por isso que aquelas audiências lhe desculpam o tom da mamã-é-que-sabe. Vale a pena observar, de passagem, que as *preocupações*, tal como diz o subtítulo do livro de Orman, são questões centrais dos livros de aconselhamento financeiro, mas não é fácil encontrar esta palavra, relacionada com as finanças e as emoções das pessoas, em qualquer manual de economia.

A NARRATIVA ESTATÍSTICA

Não precisamos de acreditar em Orman; podemos elaborar uma narrativa estatística, que indica que uma fração muito significativa dos consumidores está preocupada com problemas financeiros. Uma observação direta decorre dos economistas Annamaria Lusardi e Peter Tufano, e do sociólogo Daniel Schneider. Numa sondagem, fizeram a seguinte pergunta: «Está confiante de que seria capaz de arranjar 2000 dólares se surgisse uma necessidade inesperada no próximo mês?» ([5]). Quase 50 por cento dos respondentes, nos Estados Unidos, afirmaram que *não conseguiriam* ou que *provavelmente não conseguiriam* arranjar os 2000 dólares necessários. Numa conversa recente, Lusardi sublinhou que foi dado aos respondentes um mês para angariarem dinheiro; poderia ser tempo suficiente para fazer uma hipoteca sobre a casa; obter um novo cartão de crédito; pedir emprestado aos pais, a um irmão, a uma irmã, a um amigo ou a um primo.

As estatísticas sobre as finanças dos consumidores sugerem a razão por que muitos dos respondentes de Lusardi e dos seus colegas têm tanta dificuldade em obter esses 2000 dólares. Um recente artigo de economia sobre o «consumo mínimo de sobrevivência» mostra que, em 2010, a família mediana empregada nos Estados Unidos detinha menos que o rendimento de um mês em dinheiro, ou em contas à ordem, poupanças ou contas no mercado financeiro; além disso, de forma pouco surpreendente, a posse média de ações ou obrigações era exatamente zero ([6]). Um estudo, que recorre a registos de despesas, dá outra indicação de que muitas pessoas fazem malabarismo com as contas; para os que recebem mensalmente, as despesas descem 18 por cento na última semana do mês em relação às despesas na primeira semana após o dia de pagamento do salário ([7]).

Sabemos também que uma fração significativa dos agregados familiares não consegue fazer o dinheiro chegar até ao fim do mês. Cerca de

30 por cento dos agregados afirmam ter recorrido a «formas alternativas de crédito» com elevadíssimas taxas de juro pelo menos uma vez nos últimos cinco anos; estes métodos incluem, por exemplo, casas de penhores, empréstimos sobre o automóvel ou empréstimos a curto prazo de antecipação do salário ([8]). Em 2009, 2,5 por cento dos chefes de família afirmaram ter falido nos últimos dois anos (muitos deles antes do *crash*) ([9]). Estes 2,5 por cento podem parecer uma fração pequena e relativamente inócua; no entanto, sugere que uma fração bastante significativa da população irá à falência no decurso das suas vidas. Ninguém conhece a taxa da falência repetida; mas se, por exemplo, os que faliram sofrerem mais duas falências durante a sua vida adulta de cerca de 50 anos, então pouco mais de 20 por cento da população dos Estados Unidos irão à falência durante a sua vida adulta ([10]).

O despejo é outra maneira de falhar. Uma análise meticulosa dos registos judiciais da cidade de Milwaukkee, realizada pelo sociólogo Matthew Desmond, revelou estatísticas igualmente altas; a taxa anual de despejos de 2003 a 2007 – um período muito antes do *crash* financeiro – foi de 2,4 por cento ([11]). Estes números em relação à falência e ao despejo são apenas a ponta do icebergue, que indica uma situação muito maior e estatisticamente oculta dos mercados livres. Até nos atuais Estados Unidos, onde a vasta maioria da população tem um nível de consumo sem paralelo na história humana, a maioria das pessoas está preocupada com a situação financeira. Algumas transpõem os limites: caem na falência ou no despejo.

OUTRA PERSPETIVA

Outra análise mostra-nos o *puzzle* de Suze Orman numa perspetiva diferente. A maioria das pessoas pensa que, se o rendimento aumentasse mais de cinco vezes, estaríamos muito bem. Os nossos problemas financeiros desapareceriam. De facto, foi exatamente isto que John Maynard Keynes, um dos economistas mais astutos de todos os tempos, pensou que aconteceria quando fazia previsões em 1930. Num ensaio, que recebeu pouco interesse quando foi publicado, Keynes projetou como seria a vida «para os nossos netos», em 2030, dali a um século ([12]). Em relação a um ponto, quase acertou em cheio. «Supunha» que o nível de vida seria oito vezes mais elevado. Para os Estados Unidos, em 2010, o rendimento real *per capita* era 5,6 vezes maior ([13]). Como faltam ainda 20 anos para o prazo de Keynes, e com um crescimento anual do rendimento *per capita* na sua média histórica de entre 1,5 e 2 por cento, a sua previsão ficará impressionantemente perto do alvo.

Mas, em relação a outro ponto, Keynes estava totalmente errado. Como se poderia esperar, Keynes não disse que os netos iriam para a cama preocupados com o dinheiro. Ao invés, disse que iriam estar preocupados com o que fazer com o excesso de ócio. A semana de trabalho cairia para 15 horas ([14]). Tanto os homens como as mulheres, dizia Keynes, «sofrerão... uma crise nervosa como a que já é comum em Inglaterra e nos Estados Unidos entre as mulheres das classes abastadas, muitas delas mulheres infelizes, que foram privadas, pela sua riqueza, das suas tarefas e ocupações tradicionais – que não acham suficientemente divertido, quando privadas do estímulo da necessidade económica, cozinhar, limpar e coser, mas que não conseguem arranjar nada de mais divertido» ([15]). (Acrescentemos, de passagem, que esta afirmação pode parecer agora politicamente incorrecta; mas também pressagiava o «problema sem nome» que constituía o centro de *A Mística Feminina*, que deu início ao movimento feminista cerca de 30 anos depois.) Esta abundância de ócio – apesar dos rendimentos terem crescido mais de cinco vezes nos Estados Unidos – não se concretizou. Pelo contrário, a dona de casa que conhecemos, exausta do primeiro e do segundo turno, está muito longe da previsão de Keynes ([16]).

A previsão de Keynes pode ser admirável pela sua imprecisão, mas reflete o modo como quase todos os economistas (mas não Suze Orman) pensam sobre o consumo e o ócio. E há outra previsão que decorre dessa maneira de pensar e que é igualmente inválida. As pessoas não teriam apenas mais ócio; pouparia uma fração importante dos rendimentos para que as suas contas pudessem ser pagas com facilidade no fim do mês. Mas, como temos visto, isto também não se concretizou.

A RAZÃO

A razão para a dona de casa exausta e para a falta de poupanças decorre da previsão central deste livro. Os mercados livres não produzem apenas aquilo que realmente queremos; produzem também aquilo que queremos de acordo com os nossos gostos determinados pelas nossas fragilidades. Os mercados livres produzem também estas necessidades e, assim, compraremos o que têm para vender. Nos Estados Unidos, o objetivo de quase todos os homens de negócios (com a exceção de alguns que vendem ações, obrigações e contas bancárias, que abordaremos mais à frente) é convencerem-nos a gastarmos o nosso dinheiro. Os mercados livres produzem tentações contínuas. A vida é uma viagem proverbial a um parque de estacionamento no qual passamos constantemente por espaços reservados para os deficientes.

Basta passear por uma rua da cidade. As montras das lojas estão ali literalmente para nos seduzirem a entrar e a comprar. Antigamente, quando Bob e George eram mais jovens, as ruas comerciais de bairro tinham normalmente uma loja de animais de estimação, com cachorros na vitrina aos saltinhos. Havia até uma canção famosa sobre isto, de uma jovem que passava por ali:

Quanto custa aquele cachorrinho na montra? (au, au)
Aquele com a cauda a abanar.
Quanto custa aquele cachorrinho na montra? (au, au)
Espero que o possa comprar. ([17])

É claro que aqueles cachorros não estavam ali por acaso. Estavam ali para nos convencer a entrar e a comprar. Mas, de um modo mais geral, «aquele cachorrinho na montra» é uma metáfora para toda a atividade do mercado livre. Aquela «cauda a abanar» está em toda a parte. No centro comercial; no supermercado; no *stand* de automóveis; na procura de casa, em que a tentação nos é imposta. Só para dar um exemplo, os ovos e o leite estão estrategicamente dispostos no fundo do supermercado; são a compra mais comum; e temos de atravessar todo o estabelecimento para ir buscá-los, sendo lembrados das outras coisas que podemos ter esquecido ([18]). E quando voltamos para a caixa – e para a fila –, não é por acaso que os bombons e as revistas estão ali à nossa espera (e das crianças). Dantes, era onde estavam os cigarros: uma lembrança útil para os fumadores.

Esta é a pesca de bombons e cigarros. Há milhares de outras pescas no supermercado, incorporadas em todos os diferentes produtos nas prateleiras, cada um com a sua própria equipa de especialistas de *marketing* e campanhas de publicidade, cada um o resultado de experiências com muitas outras formas possíveis de *marketing*. E a pesca estende-se além do supermercado, a quase tudo o que se compra. Elizabeth Warren destacou o cartão de crédito ([19]). Os cartões de crédito são tentadores e dedicar-lhes-emos parte de um capítulo posterior. Concordamos. Mas a ideia de tentar o consumidor a comprar, a gastar o seu dinheiro, faz parte da própria natureza dos mercados livres. O vendedor não é pago para tomar conta do irmão ou para ver se as compras do consumidor de maçãs e laranjas lhe deixam dinheiro suficiente para pagar as contas no fim do mês. E, como Suze Orman sabe muito bem, é necessário muito autocontrolo – uma voz interior que está sempre a dizer: não faças isto; não faças aquilo; tens de manter o orçamento equilibrado.

Isto fornece uma boa razão para o facto de a previsão de Keynes se ter revelado tão errada. Somos 5,5 vezes mais ricos do que em 1930. Mas os mercados livres também inventaram muitas outras «necessidades» para nós e novas maneiras de nos venderem essas «necessidades». Todos estes aliciamentos explicam por que razão os consumidores têm tanta dificuldade em viver com os seus orçamentos. A maioria das pessoas sabe que não deve entrar na loja e comprar o cachorro, pelo menos por capricho. Mas nem todas são tão racionais – em todas as ocasiões – quando as ruas e os corredores dos supermercados, bem como os centros comerciais e agora a Internet, estão pejados de tentações.

Há quem diga que a nossa situação difícil é um produto do consumismo do mundo moderno. Dizem que somos demasiado materialistas; adotámos a espiritualidade do diabo. Mas, para nós, o problema central reside no equilíbrio. O equilíbrio do mercado livre gera uma oferta de pesca para todas as fraquezas humanas. O nosso PIB real *per capita* pode voltar a crescer 5,5 vezes; contudo, as nossas dificuldades serão as mesmas.

CAPÍTULO 2
MINERAÇÃO DE REPUTAÇÃO E CRISE FINANCEIRA

A história da crise financeira mundial de 2008-2009 foi escrita e reescrita centenas e até milhares de vezes. Muitos destes escritos apresentam-se na forma de livros dedicados a uma empresa ou a um organismo do Estado – J. P. Morgan Chase, Goldman Sachs, Bear Stearns, Lehman Brothers, Bank of America, Merrill Lynch, Reserva Federal, o Departamento do Tesouro ou o Fannie Mae e o Freddie Mac –, com a mensagem implícita de que «a minha instituição» esteve no âmago da crise ([1]). O lado bom da crise financeira foi a era dourada do jornalismo financeiro por si criada. No entanto, em vez de descrever em pormenor aquilo que aconteceu nas 500 páginas habituais, este capítulo tem um objetivo diferente. Vamos resumi-lo: abordaremos o papel central de um tipo de pesca a que chamamos Mineração de Reputação.

ABACATES MEDÍOCRES (E TALVEZ PODRES)

Se eu tiver a reputação de vender abacates bonitos e maduros, tenho uma oportunidade. Poderia vender a um indivíduo um abacate medíocre ao preço que ele pagaria por um abacate perfeitamente maduro. Teria destruído a minha reputação. Tê-lo-ia também pescado como um tolo.

Esta história – apesar de se tratar de muito mais do que da compra de um abacate – está no âmago da crise financeira que continua a dominar os nossos tempos. A mineração de reputação em questão envolveu as reputações de muitas das nossas instituições financeiras e, entre elas, a subversão do sistema de notação de títulos de rendimento fixo. As reputações das grandes agências norte-americanas de notação de crédito haviam sido construídas durante quase um século de notação de obrigações. O público usava essas notações como um indicador da probabilidade de incumprimento. Em finais dos anos 90 e inícios de 2000, as agências de notação assumiram uma nova tarefa: não apenas a notação de obrigações, mas também a notação de títulos mais complexos, os novos (e complexos) derivados financeiros. Voltando à nossa analogia, tratava-se de uma nova forma de abacate. Porque eram novos, e sobretudo porque eram complexos, os compradores tinham dificuldade em saber se esses títulos estavam a ser corretamente notados. No entanto, como as agências de notação se haviam mostrado credíveis no passado com os velhos abacates (os velhos títulos mais simples), os compradores não tinham motivo para deixar de confiar nas suas notações dos novos títulos complexos.

No entanto, o público comprador de abacates (comprador de títulos) não compreendia o equilíbrio da pesca. Se os compradores não eram capazes de distinguir os abacates bons (títulos) dos medíocres e, em alguns casos, podres, os produtores dos novos abacates (os produtores financeiros dos novos títulos) tinham poucos incentivos para produzir novos abacates bons. Podiam, com menos custos, produzir novos abacates maus (pacotes de derivados complexos baseados em títulos com grande probabilidade de incumprimento) e levá-los às agências de notação, que destruiriam as suas reputações dando-lhes uma notação de AAA. Em termos de parábola, em relação aos abacates – e, na verdade, em relação aos títulos baseados em ativos de hipotecas –, foi isto que aconteceu.

Não só aconteceu como também era o que se esperava num equilíbrio da pesca, no qual um produtor de abacates deliciosos é incapaz de competir. Teria de vender os *seus* abacates perfeitos ao preço dos abacates medíocres sobrevalorizados. Se o custo de produzir abacates perfeitos fosse maior do que o custo de produzir medíocres, poderia dar um uso mais lucrativo à sua horta. Poderia permitir-se ser comprado por um produtor de abacates medíocres; ou entraria em falência. Em 1982, o economista Carl Shapiro descreveu este tipo de equilíbrio, afirmando que esse equilíbrio torna ubíquos os produtos medíocres num mercado livre ([2]). E, em raras ocasiões, como antes da crise financeira, são vendidos produtos realmente podres.

Podemos perguntar por que razão a notação crescente e falsa dos novos abacates (os novos títulos sobrevalorizados) causa uma crise financeira geral. Mais uma vez, a resposta é elementar. As grandes instituições financeiras – bancos comerciais, fundos especulativos, bancos de investimento e afins – contraíram empréstimos: de facto, os bancos de investimento pediram emprestado mais de 95 por cento dos seus ativos, alguns deles incluindo os novos abacates (os derivados complexos baseados em hipotecas) ([3]). No entanto, quando se descobriu, como seria inevitável, que alguns dos novos abacates estavam realmente podres por dentro, o valor deles caiu de forma maciça. Tornou-se também claro que essas instituições financeiras deviam muito mais do que o valor dos seus ativos. E foi exatamente isto que aconteceu de Frankfurt a Londres e a Nova Iorque, e até na pequena cidade de Reiquiavique em 2008 (só que, obviamente, a queda foi do valor dos títulos derivados baseados em hipotecas e não dos abacates). Empréstimos de emergência concedidos pela Reserva Federal e pelo Banco Central Europeu, acompanhados por um apoio fiscal maciço aos «ativos problemáticos» nos Estados Unidos e na Europa, evitaram o colapso financeiro mundial e a repetição da Grande Depressão ([4]).

A pesca de tolos desempenhou um papel fundamental na criação e explosão desta bolha financeira. Sem suspeitas fundamentadas, a tragédia de 2008 era inevitável; da mesma maneira que, se estivéssemos em negação sobre a pesca no nosso computador, sofreríamos as consequências em devido tempo.

SETE QUESTÕES

Vejamos agora com algum pormenor a história daquilo que aconteceu. No entanto, antes disso, devemos dar resposta a sete questões.

1. Por que é que, no início, nos anos 50, 60 e 70, os bancos de investimento eram fiáveis quando subscreviam títulos corretamente notados («abacates»)?
2. Por que é que, nessa altura, as agências de notação notavam corretamente esses «abacates»?
3. De que forma mudaram os incentivos dos bancos de investimento, de tal maneira que a confiança deixou de ser a base das suas atividades?

4. Como é que os incentivos alterados passaram para as agências de notação, de forma a darem notações falsas?
5. Por que era a mineração de reputação tão lucrativa?
6. Por que eram os compradores dos títulos podres («abacates») tão crédulos?
7. Por que estava o sistema financeiro tão vulnerável à descoberta de que os títulos («abacates») eram podres?

POR QUE ERAM INICIALMENTE FIÁVEIS OS BANCOS DE INVESTIMENTO?

As instituições que produzem títulos financeiros, nos Estados Unidos e na economia mundial, mudaram entre 1970 e 2005. Se um banqueiro de investimento tivesse entrado em coma em 1970 e acordasse milagrosamente em 2005, teria ficado surpreendido. O sistema mudara. Teria visto que a instituição onde trabalhava crescera com solidez. Se o seu banco de investimento tivesse sido o Goldman Sachs – que usaremos repetidamente como exemplo –, o seu capital teria aumentado mais de 500 vezes. Em 1970, a sociedade Goldman tinha 50 milhões de dólares ([5]); em 2005, o seu capital era superior a 28 mil milhões de dólares (com um total de ativos de mais de 700 mil milhões de dólares) ([6]). Em contraste, o PIB (em dólares similares não ajustados à inflação) do mesmo período cresceu apenas 12 vezes ([7]).

Se revisitarmos esse tempo aparentemente mais simples, veremos um mundo diferente – no qual a banca de investimentos era diferente. Era uma época em que os bancos de investimento tinham fortes incentivos para se certificarem de que os títulos eram corretamente notados. Em 1970, o típico banco de investimento – Goldman Sachs, Lehman Brothers, etc. – era «O Banqueiro» para as grandes empresas. O seu papel era dar conselhos às *suas* companhias. O representante do Banco conhecia os meandros de Wall Street e a sua tarefa consistia em informar os clientes sobre os factos financeiros da vida. Era um «Amigo de Confiança»: em termos figurativos e, por vezes, até literais, era o colega da faculdade agora em Wall Street do diretor financeiro. Dava conselhos esclarecidos sobre questões sérias, como manipular as finanças para evitar o Fisco ou como contornar os reguladores.

O Amigo de Confiança era paciente, mas não totalmente pouco exigente. Como recompensa, esperava ser nomeado subscritor para iniciar emissões de ações ou obrigações. A oferta pública inicial para a Ford Motor Company pelo Goldman Sachs em 1956, após a morte de Henry Ford, é ilustrativa ([8]). A OPI (Oferta Pública Inicial) foi uma questão complexa – por razões fiscais e também porque era necessário acautelar os interesses da família Ford e da Ford Foundation. A família detinha todos os direitos de voto, mas poucas ações; a fundação não detinha nenhum dos direitos de voto, mas controlava a maioria das ações ([9]). O sócio principal do Goldman Sachs, Sidney Weinberg, passou dois anos a trabalhar nos pormenores por uma pequena gratificação pessoal de 250 000 dólares ([10]). Mas a sociedade Goldman foi depois generosamente recompensada: ficou com a OPI da Ford.

Em finais dos anos 70, o sócio John Whitehead teve uma premonição: quando crescesse, o Goldman Sachs perderia a sua ética do Amigo de Confiança. Cunhou os 14 princípios da sociedade, que serviriam de guia futuro. O princípio n.º 1 diz: «Os interesses dos nossos clientes estão sempre em primeiro lugar.» E continua – explicando por que razão não há «realmente» conflito de interesses: «[porque] a nossa experiência mostra que, se servirmos bem os nossos clientes, daí decorrerá o nosso próprio sucesso.» ([11]) A OPI da Ford ilustra como este êxito iria ocorrer. Tal como Whitehead temia, estes princípios parecem agora símbolos de um mundo passado e não o seu desejado roteiro para o futuro.

Para um banco de investimento dessa altura, a reputação era importante para atrair clientes. Também desempenhava outro papel, nas relações com os outros bancos de investimento. Quando havia emissões de obrigações ou de ações, a sua venda era partilhada (ou «sindicada») com outros bancos de investimentos. Esta cooperação era necessária, pois os bancos emissores precisavam das redes de retalho dos outros membros do consórcio ([12]). Tal como na relação Amigo de Confiança-cliente, tratava-se novamente da relação uma-mão-lava-a-outra. Era a época da «banca relacional», em que a confiança era essencial.

POR QUE É QUE, NESSA ALTURA, AS AGÊNCIAS DE NOTAÇÃO NOTAVAM CORRETAMENTE ESSES «ABACATES»?

Nessa época mais simples, não só os bancos de investimento tinham incentivos para produzir bons títulos, como também as agências de notação tinham incentivos para os notarem de forma correta. As agências de notação – a história da Moody's é especialmente ilustrativa – tinham historicamente evitado qualquer conflito de interesses. A Moody's vivia das suas vendas de livros e de outras pequenos serviços. Era pobre, mas escrupulosa ([13]).

Nessa altura, como vimos, a reputação era fundamental para os grandes subscritores. Um incidente, também do Goldman Sachs, é ilustrativo. Em 1969, o Goldman subscreveu uma emissão de 87 milhões de dólares de obrigações da Penn Central ([14]). No espaço de um ano, a Penn Central faliu. Todos os ativos da sociedade estavam potencialmente ameaçados. Os processos judiciais afirmavam que o Goldman tinha informação interna sobre a fragilidade da ferroviária e que não a revelara. Mas o Goldman replicou que sabia das perdas operacionais da ferroviária, mas que também pensava que essas perdas poderiam ser facilmente cobertas pelas ricas participações imobiliárias da Penn Central. O Goldman safou-se de forma relativamente fácil com pagamentos de menos de 30 milhões de dólares; no entanto, com um pouco menos de sorte, todos os ativos da sociedade teriam sido engolidos ([15]). Este episódio foi uma lembrança para todos os bancos de investimento de que os seus negócios tinham de ser absolutamente claros. E isso incluía as suas relações com as agências de notação.

DE QUE FORMA MUDARAM OS INCENTIVOS DOS BANCOS DE INVESTIMENTO, DE TAL MANEIRA QUE A CONFIANÇA DEIXOU DE SER A BASE DAS SUAS ATIVIDADES?

Mas, depois, o sistema mudou: para os bancos de investimento e, como veremos na próxima secção, também para as agências de notação. Isto é o que o Banqueiro teria visto no seu despertar de 2005. Mais uma vez, o Goldman serve de exemplo. Em 1970, todo o capital da empresa pertencia aos sócios. Em 1999, o Goldman passou a ser cotado em bolsa.

Os sócios já não tinham de recear um processo judicial que os tornaria responsáveis pela maior parte das suas fortunas pessoais ([16]). Enquanto dantes o Goldman se dedicava sobretudo a subscrições, agora tinha muitas atividades diferentes, desde a corretagem por sua própria conta (numa sala de corretagem do tamanho de um campo de futebol), gestão de fundos especulativos até à criação e empacotamento de novos títulos derivados complexos. Já não era a empresa sediada num exíguo edifício de escritórios no número 20 da Broad Street, conhecida pela sua torre de corretagem com 1920 linhas privadas de telefone para os seus corretores ([17]). Havia-se expandido a todo o mundo: não tinha apenas escritórios em Nova Iorque, Londres e Tóquio; com o tempo, estender-se-ia a grandes centros financeiros, como Bangalore, Doha, Xangai e até a minúscula Princeton, em Nova Jérsia ([18]). Tudo isto é simbolizado pela sua nova sede «lustrosa», inaugurada em 2009 ([19]): quarenta e três pisos de altura; dois quarteirões de largura; e descrita pelo crítico de arquitetura Paul Goldberger como um «palácio discreto». O Goldman Sachs tornou-se um império ([20]).

Em termos financeiros, o Goldman, tal como os outros bancos de investimento, é agora um «banco sombra». Uma boa parte dos seus passivos é refinanciada todas as noites. Recebe «depósitos» de grandes investidores com grandes quantias de ativos líquidos em busca de abrigo. Estes investidores podem ser bancos comerciais, fundos do mercado monetário, *hedge funds*, fundos de pensões, companhias de seguros ou outras grandes empresas. Todas as noites dão (poderíamos dizer «depositam») literalmente milhares de milhões de dólares, com os bancos de investimento a prometerem o reembolso no dia seguinte. Este negócio é conhecido como acordos de recompra. O depositante é duplamente protegido. Não só pode exigir o dinheiro de volta no dia seguinte, como também, se o Goldman falhar, não precisa de esperar nada. Porquê? Porque os acordos de recompra são apoiados por garantias, que são ativos designados com o valor aproximado do depósito. No caso de falha, se o investidor não puder recolher o depósito, arrecada simplesmente a garantia.

Este novo acordo, comum nos bancos de investimento, ocorre porque os detentores de grandes depósitos temem depositar o seu dinheiro num banco comercial normal. Receiam grandes perdas no caso de o banco falhar ([21]). O IndyMac Bank of Pasadena, na Califórnia, ilustra a razão desses medos. Quando foi encerrado em julho de 2008, os depositantes com menos do que a garantia de 100 000 dólares da Federal Deposit Insurance Corporation (FDIC) estavam protegidos. Mas tudo acima de 100 000 dólares estava em risco, com a FDIC a propor inicialmente apenas 50 por cento ([22]). Assim, para os detentores de grandes ativos líquidos, é mais seguro deixarem o dinheiro de noite em grandes bancos de investimento, sabendo que, no caso de falha, podem tomar posse das garantias.

Existe outra razão para os bancos de investimento receberem estes depósitos durante a noite. Mais uma vez, a história do Goldman é ilustrativa. Em finais dos anos 70, o Goldman estava a começar a descobrir os grandes lucros que podiam ser realizados contraindo empréstimos e, depois, fazendo transações por sua própria conta. Um banco de investimento, como o Goldman, era uma plataforma para as transações financeiras do país e, mais tarde, do mundo. O rodopio de Wall Street dava-lhe uma vantagem. Não só recolhia a informação que estava mais ou menos publicamente disponível, como também podia interpretar o significado dessa informação. Nada que fosse contrário às Leis de Informações Privilegiadas precisava de ser muito falado para ser compreendido. O adolescente esperto tem um sexto sentido para saber quando dar ou aceitar o primeiro beijo.

Para continuar com o exemplo do Goldman, em finais dos anos 60 e inícios dos anos 70, Gus Levy, que sucederia a Sydney Weiberg como sócio principal, percebeu que poderia realizar grandes lucros como intermediário na transação de grandes blocos de ações por investidores pessoais ([23]). Como «Banqueiro» de muitos deles, o Goldman podia identificar um operador potencial de um grande bloco num lado; com os seus contactos, podia então procurar outra instituição para negociar na direção oposta. Conservava então esses grandes blocos de ativos antecipando a revenda posterior. Deste modo, começava a transacionar por sua própria conta. No entanto, ao fazer assim de intermediário, abria também um potencial conflito de interesses: enquanto intermediário nesses negócios, quanto é que o Goldman devia guardar para si próprio? Que preço devia o comprador pagar, que preço devia o vendedor aceitar, quando a diferença entre os dois fosse para o Goldman?

Foi precisamente o desconforto de John Whitehead com este potencial conflito de interesses que o levou a enunciar aqueles «princípios».

Receava que o Goldman perdesse a ética de servir o cliente que, com poucas exceções, o caracterizara desde que Marcus Goldman fundara o seu negócio em 1869. Marcus dava dinheiro a comerciantes judeus de joalharia e de peles na baixa de Manhattan em troca de notas promissórias de reembolso, com algum juro acrescentado. Guardava essas notas na aba do chapéu e negociava-as com um pequeno lucro com banqueiros respeitáveis, que as compravam sabendo que podiam confiar nele para cuidar dos seus interesses ([24]).

No entanto, na primeira década de 2000, a ética de «pôr o interesse do cliente em primeiro lugar» já não pode ser vista como um dado adquirido. Em *Money and Power*, William Cohan cita a perspetiva de um gestor de fundos especulativos em relação à prática atual do Goldman: [«A questão do Goldman seria] Porta 1 ou Porta 2 – qual é a que tem maior valor presente para mim? Não queremos estar na porta com o sinal de dólar mais baixo ([25]).» Isto não descreve o velho Goldman como Amigo de Confiança, que põe o cliente em primeiro lugar, com conselhos financeiros dados em troca da recompensa ocasional de um negócio de subscrição.

COMO É QUE OS INCENTIVOS ALTERADOS PASSARAM PARA AS AGÊNCIAS DE NOTAÇÃO?

Mas não foram apenas os bancos de investimento que mudaram desde o tempo do Banqueiro como Amigo. As relações entre os bancos de investimento e as agências de notação também se alteraram. Na expansão que levou à crise financeira, as agências de notação tinham incentivos para dar a notação que era desejada pelo emissor respetivo de cada novo título, que não era necessariamente a notação justificada. A mudança começou por ocorrer nos anos 70, quando, pela primeira vez, a Moody's começou a cobrar as notações aos bancos de investimento ([26]). Na altura, isto passou quase despercebido: como vimos, nessa época da banca relacional, o Banqueiro como Amigo dependia sobretudo da sua reputação; queria que as notações das suas emissões fossem totalmente escrupulosas.

No entanto, desde esse tempo que os incentivos mudaram. Com a atual atitude em relação aos clientes da «Porta 1 ou Porta 2», os que veem os seus títulos emitidos retribuem então o cumprimento. É assim que os mercados competitivos funcionam. E que querem estes clientes de um negócio? Querem, sobretudo, uma notação alta para as suas emissões; essas notações, obviamente, determinam o juro que, mais tarde, irão ter de pagar. E essa alta notação é então aquilo que os bancos de investimento têm agora de fornecer; de outro modo, os seus «clientes» vão fazer negócio noutro lado. Por sua vez, os bancos exercem pressão sobre as agências de notação. Mais uma vez, no espírito daquele primeiro beijo, pouco precisa de ser dito – provavelmente até nada – para que as agências de notação compreendam as necessidades e os desejos dos bancos de investimento, que lhes pagam as contas. Agora sabem: se derem uma notação baixa, não haverá mais negócios. (É claro que isto é duplamente verdade quando o banco de investimento, como agora costuma ser o caso, é o criador *e*, ao mesmo tempo, o emissor do título.) ([27])

Assim, houve uma inversão. Os bancos de investimento já não são os supervisores das agências de notação e deixaram de vigiar as agências para verem se estas fazem as suas notações com a devida diligência. Pelo contrário, esses bancos de investimento, negócio a negócio, procuram as notações mais altas possíveis para qualquer emissão que realizam. E as agências de notação sabem quais são as consequências se não aceitarem as condições.

POR QUE ERA A MINERAÇÃO DE REPUTAÇÃO TÃO LUCRATIVA?

Vemos aqui um pouco da verdadeira magia das estruturas financeiras complexas. Parte da magia é real; mas outra parte é enganadora e ajuda a pesca. Antes dos modernos derivados financeiros, as sociedades dividiam os retornos à empresa entre pagamentos aos detentores de obrigações e pagamentos aos acionistas (que podiam manter-se na empresa como «ganhos retidos»). Aos detentores de obrigações eram prometidos pagamentos fixos; os acionistas ficavam com os proveitos restantes. No entanto, a finança moderna descobriu que os retornos, com os diferentes riscos, podiam ser divididos de maneiras muito diferentes. Estas novas divisões seriam úteis se dividissem claramente os retornos entre os que querem baixo risco (como os detentores de obrigações) e os que estão dispostos a correr riscos mais elevados (como os acionistas). No entanto, pode também haver abusos nesta divisão, pois pode ser usada para confundir os investidores. Suponha-se que um banco ou um banco de investimento agarrava num grupo de ativos podres e os empacotava de tal maneira complicada que a agência de notação os notaria erradamente com classificações altas. Depois, estes ativos podres seriam transformados em ouro. O equipamento do mágico seria o empacotamento. As agências de notação tinham-se concentrado na coisa errada no momento errado, e esta seria a razão para o sucesso do mágico.

E isto é exatamente o que vimos. Vimo-lo de forma chocante no mercado de crédito *subprime*. Na encarnação anterior do Banqueiro, as hipotecas eram iniciadas sobretudo pelos bancos. Como os especialistas locais eram os que melhor podiam avaliá-los, quando os empréstimos eram concedidos, comiam o que cozinhavam: as hipotecas iam para as suas próprias carteiras de ativos. Mas descobriu-se então – corretamente – que os riscos de deter empréstimos apenas numa área podiam ser cobertos. As hipotecas podiam ser reunidas em grandes pacotes. E podiam-se vender ações destes pacotes. Os riscos seriam assim muito mais dispersos. Os bancos do Delaware não deteriam apenas hipotecas feitas no Delaware, da mesma maneira que os bancos do Idaho já não deteriam apenas hipotecas feitas no Idaho; ao invés, cada um podia deter um pacote de hipotecas divididas entre Idaho e Delaware (ou, de forma mais geral, todos os bancos podiam deter pacotes de hipotecas de toda a parte). Os bancos que haviam originado os empréstimos já não os conservavam para si próprios, mas embolsavam as comissões de originação e vendiam-nos em pacotes de hipotecas. Estes pacotes eram o descendente moderno da aba do chapéu de Marcus Goldman, quando vendia as notas promissórias que havia feito a outros.

Contudo, os ganhos da partilha de riscos foram apenas o começo dos proveitos que se podiam fazer com esses grandes pacotes de hipotecas. Se o pacote pudesse ser embrulhado de forma tão bonita que as agências de notação não reparassem, então até a iniciação de hipotecas assumidas por pessoas sem rendimentos, sem emprego nem ativos (*NINJA – No Income, No Job or Assets*) podia ser rendível. Como é que os banqueiros embelezavam o pacote? Como é que escondiam os maus empréstimos? Faziam um truque de magia financeira que permitia que as agências de notação desviassem os olhos dos maus empréstimos. Em vez de venderem diretamente os pacotes de títulos, vendiam os pacotes em várias fatias. Os compradores das diferentes fatias – ou «tranches», como eram chamadas – recebiam diferentes partes dos ganhos. Estas fatias podiam ser muito complexas; só para dar um exemplo, uma tranche podia ser os pagamentos de juros do pacote de hipotecas; outra tranche podia ser os reembolsos do capital. Mas este exemplo dá-nos apenas um travo das transações muito complexas. Da mesma maneira que uma criança pode cortar com uma tesoura um papel colorido num número infinito de formas e cores, os pagamentos de pacotes de hipotecas podem ser cortados de inúmeras formas. E estas formas e peças podem ser vendidas como pacotes separados.

Nesta altura, já muito distantes das hipotecas originais, os títulos – as chamadas tranches baseadas em hipotecas – eram muito difíceis, se não impossíveis, de inspecionar. As hipotecas estavam em grandes pacotes; os retornos dessas hipotecas haviam sido divididos de formas complicadas; e os pagamentos a serem recebidos estavam também longe dos pagamentos mensais dos proprietários de casas que haviam feito as hipotecas. Estas complicações deram às agências de notação uma desculpa para não fazerem inspeções adequadas às hipotecas subjacentes [28].

As técnicas estatísticas modernas, ensinadas como referência nas escolas de gestão, deram outra desculpa. As estimativas estatísticas das taxas de incumprimento podiam basear-se em incumprimentos hipotecários passados, com base em registos históricos. As notações altas dos títulos baseados em hipotecas tornavam as hipotecas muito mais fáceis e, por sua vez, isto conduziu a aumentos sem precedentes nos preços das casas. Com estes aumentos dos preços das casas, e com uma alta taxa geral do emprego, os incumprimentos das hipotecas estavam em níveis baixos históricos [29].

Não importava que os dados estatísticos costumassem calcular o risco de incumprimento apenas em períodos quando os preços das casas estavam a subir, de modo que o incumprimento de hipotecas era uma raridade. Também não importava que esses «produtos financeiros», como eram chamados, tivessem sido criados para darem a ilusão de uma baixa probabilidade de incumprimento. E também não importava que, de facto, as notações falsas tivessem sido, durante algum tempo, um fator importante para o aumento dos preços das casas, pois contribuíram significativamente para a procura de casas. Não importava porque os incentivos para as agências de notação já não eram produzir as notações certas. Os incentivos eram para produzir notações que os subscritores queriam comprar. O que faziam era minar a sua reputação anterior. A atividade delas era pescar tolos.

Como é que sabemos que esta inflação das notações ocorreu? Só uma agência de notação, a Moody's, deu um triplo A a 45 000 títulos relacionados com hipotecas (durante o período de 2000 a 2007); esta generosidade para com os títulos baseados em hipotecas contrasta com as únicas seis empresas americanas que tiveram a notação de AAA (em 2010) ([30]). A inflação das notações foi também confirmada por uma declaração surpreendentemente franca de um diretor da Moody's. Falava depois de uma reunião geral com os seus empregados no princípio da crise. «Por que não percebemos que o crédito iria apertar depois de se ter expandido, e que os preços das casas iriam cair depois de terem subido?... Combinados, estes erros fazem-nos parecer ou incompetentes na análise do crédito ou como se tivéssemos vendido a alma ao diabo pelo lucro, ou um pouco de ambos.» ([31])

POR QUE ERAM OS COMPRADORES DOS TÍTULOS PODRES («ABACATES») TÃO CRÉDULOS?

Os americanos não tinham alegremente, bem como o resto do mundo, motivos para suspeitar. Haviam-lhes dito maravilhas dos mercados livres. Não estavam cientes da pesca de tolos e das suas consequências. Só mais tarde se perceberia que os pacotes de derivados continham abacates podres. No entanto, como já sublinhámos, não havia incentivos nem para os criadores mágicos dos pacotes nem para os que deviam notar os pacotes para verem por detrás do truque de magia. Há uma tendência para olharmos para aquilo que é do nosso interesse; e há uma tendência para não ver aquilo que vai contra o nosso interesse. O produtor dos pacotes, normalmente um banco de investimento, era recompensado por altas notações nas suas ofertas. E a agência de notação, por seu lado, seria rejeitada se não desse ao banco de investimento aquilo que este queria. Não era do interesse dos bancos de investimento nem das agências de notação recuarem e realizarem a tarefa extremamente difícil – e talvez até impossível – de abrir os pacotes e examinar com cuidado os seus conteúdos.

Para os que conseguiam perceber o que se estava realmente a passar, como a meia dúzia de indivíduos extremamente astutos, mas também muito peculiares, que são os protagonistas de *A Queda de Wall Street*, de Michael Lewis, havia lucros enormes a serem feitos tomando posições curtas sobre os pacotes baseados em hipotecas (ou seja, fazendo apostas financeiras de que o valor desses pacotes iria descer) [32]. No entanto, o conteúdo dos pacotes era intencionalmente escondido da vista. Os títulos parcelares podiam assim estar associados a boas notações. Os investidores de Lewis eram exceções raras; não eram a regra.

Regressemos ao Goldman. Já numa altura muito avançada, no verão de 2006, um especialista na transação de títulos hipotecários, Josh Birnbaum, percebeu o truque de magia e compreendeu a vulnerabilidade para o Goldman Sachs [33]. Percebeu depressa as taxas de incumprimento e conhecia modelos com o pormenor necessário para compreender os riscos de incumprimento hipotecário. Birnbaum convenceu os seus superiores, até ao topo, do mérito dos seus argumentos e o Goldman inverteu depressa a sua carteira, passando de posições longas para curtas sobre os títulos baseados em hipotecas – poupando milhares de milhões de dólares. Em finais de outubro de 2009, os lucros realizados pelo grupo de Birnbaum, que tomava posições curtas no mercado, foram de 3,7 mil milhões de dólares [34]. Mais que compensaram os 2,4 mil milhões de dólares de perdas em hipotecas no resto da empresa. No ano seguinte, quando Birnbaum recebeu um prémio de cerca de 10 milhões de dólares, abandonou o Goldman. «Acho que depende da perspetiva sobre o que é justo, certo?» E explicou: «Se for um metalúrgico, provavelmente pensará que fui muito bem pago. Se for um gestor de *hedge funds*, é provável que não pense assim.» [35]

POR QUE ESTAVA O SISTEMA FINANCEIRO TÃO VULNERÁVEL À DESCOBERTA DE QUE OS TÍTULOS («ABACATES») ERAM PODRES?

O sistema financeiro estava, e continua a estar, profundamente vulnerável a esta pesca de tolos. Estava vulnerável antes do *crash*, sobretudo, porque os bancos de investimento, com biliões de dólares de ativos, estavam literalmente a refinanciar todos os dias uma parte significativa dos seus ativos. Os bancos de investimento receavam que, se os seus ativos ficassem abaixo do valor dos seus passivos, da noite para o dia, teriam um enorme défice no seu financiamento. Iriam à falência.

Uma empresa normal, como uma sociedade, tem obrigações a longo prazo. Quando, por exemplo, a United Airlines percebeu que os ativos tinham menos valor do que os passivos, no outono de 2002, passou por um processo de insolvência. Seguiu-se um processo de resolução. A companhia aérea insolvente renegociou com os seus sindicatos mais de 3 mil milhões de dólares anuais de cortes de despesas; e separou o seu plano de pensões com benefícios definidos da United States Pension Guarantee Corporation, com grandes perdas para os pensionistas. E cortou custos operacionais em todas as áreas. Muitos foram prejudicados, mas a maioria dos empregados conservou o emprego. Não houve voos cancelados; e agora, mais de uma década depois, a *Rhapsody in Blue* continua a tocar nos Friendly Skyes ([36]).

No entanto, os bancos de investimento não podem passar por este processo de resolução e manter-se em funções, pois o seu financiamento é diferente. Financiam da noite para o dia grandes partes dos seus biliões de dólares de passivos. Lembremos que estes convénios também especificam as garantias a ser executadas se o banco não pagar no dia seguinte. Se este crédito for, por exemplo, de 300 mil milhões de dólares por dia, o capital e os ativos do banco já não podem cobri-lo, não pode sobreviver a uma insolvência prolongada, como a United Airlines. Porquê? Porque os seus credores a curto prazo têm uma opção muito melhor do que esperar que o Tribunal de Insolvências prescreva as suas partes dos cortes. Podem agarrar nas garantias e ir embora. Mas, assim, o banco não abrirá no dia seguinte, pois terá falta de fundos. Ninguém será suficientemente tolo para lhe dar os empréstimos a fim de o manter em funções.

Isto explica por que razão o novo sistema financeiro, tão dependente do crédito a curto prazo, estava à beira do colapso quando se descobriu que grande parte dos seus ativos haviam recebido notações demasiado elevadas e que estavam podres. Os títulos baseados em hipotecas podiam ter recebido notações muito altas; mas baseavam-se largamente em empréstimos de risco com grande probabilidade de incumprimento. Quando se descobriu que esses empréstimos valiam muito menos do que se pensava, os bancos de investimento foram à falência.

Antes da crise, os economistas pensavam que os compradores de grandes títulos eram capazes de se proteger. Pensavam que esses compradores haviam feito a pergunta incorporada numa lembrança que o próprio Sidney Weinberg guardava no seu gabinete e trouxera de uma viagem às cataratas de Niagara quando era jovem: um seixo num saquinho, que comprou por 50 cêntimos a um charlatão que dizia que só ele sabia apanhar diamantes por baixo das cataratas ([37]). Mas se este tipo quer vender-me aqueles diamantes do fundo das cataratas, devo comprá-los? Um aspeto importante da pesca de tolos é a cobertura destas questões embaraçosas. Havia um mito da nova economia segundo o qual os títulos complexos baseados em hipotecas estavam concebidos de tal maneira que o risco desaparecera. As notações elevadas oferecidas pelas agências de notação deram cobertura ao mito. Enquanto o mito se manteve coberto, a pesca de tolos foi tão lucrativa quanto possível.

SUMÁRIO

E, como demonstrámos, era um equilíbrio da pesca. Enquanto uma parte significativa do público comprador de títulos estivesse disposta a engolir o mito, os banqueiros de investimento tinham um incentivo para produzir esses abacates podres e para extrair das agências as notações elevadas que serviriam de cobertura. Infelizmente, foi isto que aconteceu.

Em 2008, o então procurador-geral do estado de Nova Iorque, Andrew Cuomo (que é agora o governador), investigou as agências de notação e impôs-lhes acordos de 42 meses para publicarem critérios rigorosos de diligência e de avaliação de notações de títulos baseados em hipotecas residenciais. Para desencorajar a «compra de notações», os acordos exigiam também que as agências fossem pagas pelos seus serviços mesmo que as suas notações não fossem utilizadas ([38]). O Dodd-Frank Act de 2010 introduziu outras mudanças que aumentaram a responsabilidade das agências de notação de crédito por notações erradas ([39]). Os acordos Cuomo já expiraram, e não é claro se os problemas das notações de crédito reaparecerão quando o mercado de títulos baseados em hipotecas residenciais reabrir. O conflito de interesses das notações pagas pelos emissores de títulos continua a existir.

Na Parte 2, regressaremos à pesca de tolos nos mercados financeiros. Veremos aí mais dois exemplos de distorções similares na história financeira americana. Introduziremos o conceito de «pilhagem» financeira das empresas; como pode ocorrer por lucro; e, além disso, como oportunidades relativamente pequenas de pilhagem por lucro podem introduzir enormes riscos no sistema financeiro.

APÊNDICE: O ESPETÁCULO SECUNDÁRIO DOS *SWAPS* DE RISCO DE INCUMPRIMENTO

Se for a uma feira, o leitor e os seus filhos poderão ver que as melhores exposições – os melhores espetáculos de magia, etc. – não estão na grande tenda, mas antes em espetáculos secundários. Vamos agora à Tenda dos *Swap* de Risco de Incumprimento.

Na Grande Tenda, que já descrevemos, os bancos descobriram que podiam fazer hipotecas e, depois, como uma forma de alquimia com a ajuda das agências de notação, podiam transmutar essas hipotecas em ouro; criando ativos suficientemente complexos para que as agências de notação, por ignorância – verdadeira ou fingida –, lhes dessem notas altas. Se o valor geral dos ativos derivados fosse maior do que aquilo que os bancos emprestavam para fazerem o grupo de hipotecas, havia dinheiro a ganhar.

A criação desta magia foi impulsionada pela presença de uma nova forma de contrato de derivados: os *swaps* de risco de incumprimento (SRI). Este derivado pode ser concebido para qualquer ativo com pagamentos fixos, como uma obrigação ou um ativo baseado em hipotecas. No caso de um incumprimento, o detentor do *swap* recebe o valor nominal do ativo; mas depois entrega-o (ou seja, «troca-o») ao vendedor. É uma espécie de seguro. É como se, no caso de um incêndio (análogo a um incumprimento de pagamento), nos fosse pago o valor do seguro da nossa casa; mas depois temos de dar à seguradora o que resta da casa.

Poder-se-ia pensar que a venda de SRI era um negócio tremendamente arriscado. O segurador pode ficar com um ativo que não vale quase nada. Poder-se-ia pensar que poucas pessoas correriam este risco. No entanto, pouco antes da crise financeira de 2008, as pessoas faziam isso, mesmo por uma compensação muito baixa. Nesses tempos eufóricos, viam a probabilidade de incumprimento como tão baixa que pensavam que era uma maneira fácil de ganhar dinheiro.

A venda de SRI pelo AIG Financial Products em Londres é ilustrativa. O American International Group era uma grande companhia de seguros reputada e global (⁴⁰). Tinha uma subsidiária, a unidade AIG Financial Produts em Londres. O diretor desta subsidiária em inícios da primeira década de 2000, Joseph Cassano, percebeu que podia vender contratos de seguros SRI com muito pouco risco. Recorreu a um modelo econométrico, que lhe disse que as tranches de títulos baseados em hipotecas com maior notação, mesmo numa recessão tão má quanto a pior de todo o período do Pós-guerra, não teriam mais do que uma probabilidade de 0,15 por cento de perda de uma quantia significativa de dinheiro (⁴¹). Os auditores da AIG aceitaram esta descoberta, bem como a conclusão de Cassano segundo a qual a AIG podia vender SRI com segurança sobre tais ativos sem qualquer provisão de perdas (⁴²). Isto significava que os pagamentos da venda desses *swaps* podiam ser vistos como dinheiro fácil. Assim, vendeu-os de forma agressiva, até com prémios de apenas 0,12 por cento (⁴³). Em 2007, a AIG tinha passivos em *swaps* no valor de 533 mil milhões de dólares (⁴⁴).

Quer Cassano fosse ou não um verdadeiro crente, os verdadeiros tolos (uma vez que Cassano pagou a si próprio mais de 38 milhões de dólares por ano de 2002 a 2007 (⁴⁵)) eram as pessoas da sede da AIG, que não estavam dispostas a questionar a galinha dos ovos de ouro. Além disso, esses ativos podiam acabar com a empresa, na devida altura, mesmo que Cassano tivesse razão sobre não ter de fazer quaisquer pagamentos por incumprimento. Isto porque esses contratos, sobretudo os emitidos ao Goldman Sachs, tinham algumas letras miudinhas (⁴⁶). Estas letras miudinhas especificavam que quando o valor dos *swaps* diminuísse para além de um certo limite, a AIG deveria apesentar garantias, para mostrar que podia cumprir as suas obrigações com os *swap*. Enquanto as coisas correram bem, estas letras miudinhas não constituíram problema: o valor não diluído dos SRI e a notação de crédito de AAA da AIG conferiam segurança suficiente. E a sede da seguradora embolsava com gratidão os lucros, uma vez que aquelas letras miudinhas eram desconhecidas até para o diretor de risco (⁴⁷). Mas então, no tumulto financeiro em torno da falência do Lehman Brothers em setembro de 2008, a AIG não pôde angariar o crédito para as garantias exigidas. Sabendo que, se a AIG entrasse em insolvência, todos os SRI ficariam num limbo jurídico, o Departamento do Tesouro e a Reserva Federal intervieram ([48]). Injetaram 182 mil milhões de euros na AIG. De forma notável, já que foram recuperados 205 mil milhões de dólares, os contribuintes tiveram lucro com o negócio ([49]). Mas este é o final feliz de uma história infeliz: a intervenção foi necessária como medida crucial para salvar o mundo da Grande Depressão do Século XXI.

Os SRI desempenharam vários papéis na crise financeira. As participações da AIG, por muito grandes que fossem, constituíam apenas 1 por cento dos cerca de 57 biliões de dólares em todo o mercado ([50]). Estas quantidades enormes de passivos potenciais desempenharam um papel importante na perda da confiança na altura da crise. Afinal de contas, até um banco com uma boa cobertura – detendo, por exemplo, um bilião de dólares no caso de incumprimentos, e devendo o mesmo bilião –, continuava a ter um problema no valor de um bilião de dólares. Mesmo que fizesse todos os seus pagamentos, poderia ter de declarar insolvência para recuperar o que lhe era devido ([51]).

Contudo, os SRI desempenharam outro papel além de gerarem esse «risco de contraparte». Se uma pessoa tiver um título baseado em hipotecas e cobrir os seus pagamentos com um SRI, da AIG, por exemplo, então terá convertido um título muito provavelmente podre noutro completamente seguro – desde que a AIG estivesse solvente. A disposição da AIG e de outros para emitirem SRI em termos de regateio encorajou os compradores e emissores desses títulos hipotecários. Com um elástico apropriado, é seguro saltar de uma ponte. Cassano e muitos outros forneciam esses elásticos a um custo muito baixo. E havia muitos saltadores.

PARTE 2

A PESCA EM MUITOS CONTEXTOS

A Parte 2 apresenta nove capítulos, e cada um deles descreve a pesca de tolos num contexto específico. Podemos ver esta parte como a análise da «microeconomia» da pesca de tolos. Estes capítulos descrevem um lado negativo da pesca para as vidas de outro modo bastante ricas da maioria das pessoas nos países modernos e desenvolvidos. A pesca que vamos ver nestes capítulos, no total, pode conduzir a uma perturbação tão significativa da nossa felicidade geral como os problemas «macroeconómicos» das poupanças insuficientes e do *crash* financeiro que já descrevemos.

No entanto, o impacto total da perturbação é apenas um dos resultados desta parte. Enquanto escrevemos este livro durante os últimos cinco anos, aprendemos muito sobre a pesca de tolos. Desenvolvemos uma visão mais subtil do que aquela que tínhamos no início. Pensamos que, graças ao nosso trabalho, desenvolvemos um sexto sentido, tal como os cães para os cheiros e os elefantes para os sons, em relação à pesca de tolos. Este sexto sentido é bastante induzido por uma perspetiva sobre o pensamento humano em relação ao que nos torna suscetíveis à tolice. Veremos esta caracterização no capítulo sobre a publicidade e o *marketing*, onde diremos como os publicitários e os *marketers* chegam até nós manipulando as nossas estruturas mentais.

Capítulo 3: Os publicitários descobrem como se concentrar nos nossos pontos fracos. Se há algum lugar onde se possa ver a pesca de tolos na sua forma mais pura é na publicidade e no *marketing*. Veremos que as pessoas tendem a pensar em termos de histórias e que a base do nosso pensamento desempenha um papel importante para nos tornar manipuláveis. Se conseguir desviar a história que uma pessoa está a contar a si mesma a seu favor e não a favor dela, estará a prepará-la para ser pescada como um tolo. Este desvio é obviamente uma técnica importante de publicidade/*marketing*. O capítulo analisará a utilização moderna de métodos estatísticos científicos na publicidade e no *marketing*, dando outro exemplo do equilíbrio da pesca. Estas técnicas revelaram-se lucrativas: é por isso que estão aqui. Não é por acaso que os anúncios que surgem na sua busca no Google parecem adivinhar o que está a pensar.

Capítulo 4: Roubos em relação a automóveis, casas e cartões de crédito. Este capítulo visita três sítios de pesca – todos escolhidos como sítios especialmente bons para ver as técnicas díspares dos pescadores. Dois destes sítios dizem respeito às maiores compras que os consumidores fazem na vida: automóveis e casas; por isso, não são inconsequentes. O terceiro sítio diz respeito aos cartões de crédito. São uma pequena conveniência, que tem um preço extremamente alto.

Capítulo 5: Pesca na política. A teoria das políticas democráticas tem um paralelo na teoria dos mercados livres competitivos. Isto não é coincidência. Nas democracias, os políticos competem pelo voto dos eleitores, tal como nos mercados livres os vendedores competem pelo dinheiro dos consumidores. Veremos como, em equilíbrio, a pesca de tolos subverte fortemente a democracia.

Capítulo 6: Comida, farmacêuticas e pesca. A indústria alimentar ganha dinheiro convencendo as pessoas a comerem o que tem para vender; as farmacêuticas ganham dinheiro convencendo as pessoas a engolirem os comprimidos que fabricam. Os que sobrevivem nesta área têm muitos truques na manga. Uma resposta à pesca é a regulação. Este capítulo mostrará como um movimento de consumidores conseguiu a promulgação da regulação para os alimentos e medicamentos no início do século xx. Mas também descreverá como atualmente os pescadores contornam essas regulações, tendo desenvolvido maneiras de pescar os reguladores – e não o público – como tolos.

Capítulo 7: Inovação: O Bom, o Mau e o Vilão. Todos os economistas acreditam agora que o crescimento económico é sobretudo o resultado da mudança técnica e da inovação. A este respeito, quase de certeza que têm razão. No entanto, ao contrário de grande parte do pensamento económico, as novas ideias e a inovação técnica não significam invariavelmente progresso económico; algumas delas, ao invés, fornecem novas maneiras de pescar tolos.

Capítulo 8: Tabaco e Álcool. O prefácio começou com Mollie e o seu vício do jogo. O jogo e as drogas, e sobretudo o tabaco e o abuso do álcool, são grandes ameaças ao nosso bem-estar. Para muitas pessoas, estas ameaças concretizam-se.

Capítulo 9: Falir pelo lucro, e Capítulo 10: Michael Milken pesca com títulos-lixo como isco. Revisitaremos os mercados financeiros. Veremos, com a crise americana de crédito e de poupanças em finais dos anos 80, como desvios aparentemente pequenos da norma da contabilidade financeira (uma forma de pesca de informação) podem ser extremamente consequentes.

Capítulo 11: A resistência e os seus heróis. Na conclusão da Parte 2, abordaremos uma questão que pode intrigar alguns leitores: por que é que a vida na economia moderna é razoavelmente boa? Se há tanto potencial para a pesca, por que é inviável o equilíbrio do mercado livre? A nossa resposta é que o pressuposto subjacente à maioria das análises económicas, bem como à nossa própria teoria da pesca – que não há obstáculos para os oportunistas egoístas –, nunca foi completamente rigoroso. Há idealistas que chamam a atenção para a pesca, que dão início a movimentos sociais e põem em ação forças corretivas.

CAPÍTULO 3
OS PUBLICITÁRIOS DESCOBREM COMO SE CONCENTRAR NOS NOSSOS PONTOS FRACOS

Voltemo-nos agora para a publicidade. Tal como os advogados devem defender os seus clientes, mesmo que culpados, os publicitários devem impulsionar as vendas das empresas que os contratam, mesmo que essas vendas reduzam o bem-estar dos clientes. Este aspeto da publicidade faz dela um bom local para a pesca de tolos.

Este capítulo usará exemplos da história da publicidade para mostrar dois aspetos da pesca de tolos. Em primeiro lugar, veremos que os publicitários – bem como os *marketers* de uma forma mais geral – recorrem a um aspeto do pensamento humano que nos torna intrinsecamente pescáveis. Em segundo, veremos a descoberta de formas sistemáticas de aproveitar as nossas vulnerabilidades para pescar, já que, durante o século passado, os publicitários desenvolveram métodos estatísticos e científicos para medirem a sua eficácia. Isto significa que, mesmo que não tenham uma visão clara das nossas reações, podem ainda concentrar-se nos nossos pontos fracos pescáveis. Tal como Thomas Edison testou mais de 1600 materiais para o filamento da lâmpada ([1]), os publicitários usam sistematicamente a tentativa e o erro para perceberem o que nos leva a comprar aquilo que querem vender.

A NARRATIVA NO PENSAMENTO HUMANO
E O PAPEL DA PUBLICIDADE

A mente humana pensa naturalmente em termos de narrativas. Grande parte do nosso pensamento segue um padrão parecido com uma conversa ([2]). Numa conversa, uma pessoa (talvez nós mesmos) começa a falar. Depois, de forma natural, os outros dizem o que pensam, ao que nós, ou outros, podemos responder. A conversa evolui naturalmente; à medida que evolui, o assunto até pode mudar, talvez de forma abrupta. Nos nossos pensamentos, tal como nas nossas conversas, as nossas mentes podem mudar. Não adquirimos apenas nova «informação»; mudamos de várias maneiras o nosso ponto de vista ([3]). Uma questão importante é que estas evoluções dos nossos pensamentos significam que as nossas opiniões, e as decisões nelas baseadas, podem ser muito inconsistentes.

Esta descrição do pensamento humano como narrativa ou parecida com a narrativa – de maneira que não será, natural e inevitavelmente, consistente – confere um papel à publicidade. Regressando à nossa analogia entre o nosso pensamento e as nossas conversas, a maior parte da publicidade pode ser vista como o enxerto de histórias nas narrativas mentais nas nossas mentes ([4]). O objetivo destes enxertos é levarem-nos a comprar o produto do anunciante.

Um exemplo anterior – a canção «Quanto custa o cachorrinho da montra» – ilustra o modo como isso ocorre. Quando a cantora (que era Patti Page na vida real) se aproxima da loja de animais de estimação, o cachorro da montra chama-lhe a atenção; como dizem os restantes versos menos conhecidos, ela decide comprar o cachorro e oferecê-lo ao namorado; e depois partir para a Califórnia ([5]). A nossa vida mental, tal como numa história, está sujeita a errâncias. Outros, como o dono da loja de animais de estimação que colocou o cachorro na montra, intervêm intencionalmente nessa vida mental. É isto que, de um modo muito mais geral, os publicitários e os *marketers* fazem. Quando a mudança que provocam no que pensamos serve as necessidades deles, mas não as nossas, somos pescados como tolos.

Ao longo deste livro, regressaremos mais vezes à narrativa. Se este é o nosso modo de pensar – ou se é uma metáfora para a maneira como pensamos –, é fácil compreender por que razão outros têm facilidade em entrar na nossa mente para os seus próprios fins. Veremos o papel das «histórias» literalmente nas campanhas eleitorais e nos lóbis; nas vendas de medicamentos pelas farmacêuticas; na venda de tabaco e na resistência contra o tabaco; e na venda de títulos-lixo. Contudo, como todos sabemos, a nossa narrativa mútua é muito mais profunda do que estes exemplos. É essencial para a nossa humanidade. Afinal de contas, segundo *Orgulho e Preconceito*, «para que vivemos nós, senão para sermos objeto de troça dos nossos vizinhos e, por nossa vez, rirmo-nos à custa deles?» ([6])

PUBLICIDADE COMO NARRATIVA

A nossa análise das lições da publicidade começará com as vidas de três dos grandes publicitários do século XX ([7]). Através destas vidas, veremos o desenvolvimento da publicidade, bem como o desenvolvimento das maneiras de contar histórias. Mas veremos também outro aspeto da publicidade: a sua suplementação das «histórias» com métodos estatísticos modernos, tão «científicos» quanto o melhor uso da estatística nos estudos médicos e na economia.

Albert Lasker. O pai de Lasker, Morris, era um imigrante alemão judeu do século XIX; começou como vendedor ambulante, passou para a distribuição e depois fez fortuna com a venda a retalho de artigos de mercearia, com moinhos de farinha e o imobiliário ([8]). Albert nasceu em 1 de maio de 1880. Na escola secundária, conseguiu tornar-se repórter do jornal local de Galveston, no Texas. O esboço autobiográfico que fez para a *American Heritage* mostra como, quando adolescente, conseguiu um furo jornalístico para esse jornal ([9]). Eugene Debs, o líder socialista americano da viragem do século, foi à reunião anual da Irmandade dos Bombeiros Locais em Galveston. Iria responder a acusações de desonestidade e estaria nas cadeias nacionais de televisão. Lasker contou como vestiu um uniforme da Western Union e apareceu na casa onde Debs estava alojado. Depois de o deixarem entrar para entregar o seu «telegrama», entregou a Debs uma nota: «Não sou um mensageiro. Sou um jovem repórter de jornal. Terá de dar uma primeira entrevista a alguém. Por que não dá-la a mim? Poderá lançar-me na carreira.» Debs concordou. Pode ser uma história bonita, mas os biógrafos de Lasker foram ver os registos. A história original no *Galveston Times* – alegadamente redigida por Lasker – dava uma descrição de um encontro breve e simples com Debs ([10]). Lasker, talvez adequadamente para um publicitário, adorava uma grande história.

Poder-se-ia pensar que este engenho e esta agressividade, imaginados ou reais, fariam de Lasker um estudante brilhante. Mas nem sequer concluiu a escola secundária. Felizmente, Morris soube o que fazer com um rapaz daqueles. Recorreu a alguns dos seus contactos em Chicago e enviou o jovem Albert, então com 18 anos, para essa cidade: para a agência de publicidade Lord and Thomas ([11]).

Uma das primeiras campanhas de Lasker mostra-nos a publicidade na sua infância. A Wilson Ear Drum Company estava em dificuldades. Um olhar rápido à sua publicidade indica a razão dessas dificuldades. De um lado, está uma imagem de um ouvido (e também do aparelho, que se aplica no ouvido) ([12]). O anúncio tem o título seguinte: «A SURDEZ E OS RUÍDOS DA CABEÇA ALIVIADOS GRAÇAS AO USO DOS APARELHOS AUDITIVOS SENSO COMUM DA WILSON», seguido, em letras muitas pequenas, de: «Nova invenção científica, de construção totalmente diferente de todos os outros aparelhos.» A revisão de Lasker foi mais ousada: «SURDEZ CURADA. Homem de Louisville Cria um Novo Aparelhinho que Recupera Instantaneamente a Audição – Ajusta-se de Forma Perfeita e Confortável, e Não se Vê. Livro Grátis de 190 Páginas Diz tudo Sobre o Aparelho.» O texto vem na forma de um artigo de jornal (lembremos Lasker como o repórter adolescente): «Desde a descoberta por um homem de Louisville», diz o artigo, «uma pessoa surda já não precisa de usar uma trombeta, um tubo ou qualquer aparelho desatualizado, pois agora toda a gente pode ouvir perfeitamente graças a uma invenção simples que se ajusta ao ouvido e não pode ser detetada. A honra pertence ao Sr. George H. Wilson, de Louisville, que também era surdo e que agora ouve tão bem como uma pessoa normal.» O título e o texto melhorados eram acompanhados pelo desenho de um homem com a mão no ouvido, com a expressão: «o homem mais surdo que já viu» ([13]). A moribunda Wilson Ear Drum Company ganhou nova vida. A carreira de Lasker descolou. Escrevia anúncios de uma nova maneira, copiada do formato das notícias de jornais. Dirigia-se ao ceticismo natural das pessoas em relação aos anúncios mostrando a razão por que deviam interessar-se pelo produto.

Chama-se a isto publicidade «porquê». Este tipo de publicidade podia parecer uma coisa boa: dizer às pessoas por que razão devem beneficiar com o produto. No entanto, obviamente, esta publicidade «porquê» pode não apelar ao verdadeiro intelecto das pessoas, mas antes às suas fragilidades: como mostra bem o caso dos Aparelhos Auditivos Wilson. Em 1913, o *Journal of the American Medical Association* declarou que «para a cura da surdez [um par de Aparelhos Auditivos Wilson] não vale 5 cêntimos» [14].

Claude Hopkins. O segundo dos nossos três «grandes», Claude Hopkins expandiu o alcance da «publicidade» para o *marketing* moderno. O seu pai, um editor de jornais, morrera quando Claude tinha 10 anos de idade, em 1876 [15]. Depois da escola, começou a carreira como contabilista na Bissell Carpet Sweeping Company. Quando um famoso *copywriter* de Filadélfia não conseguiu produzir um anúncio melhor do que «Uma escova de carpetes, se arranjar a certa – pode até ficar sem fósforos» [16], o anúncio substituto de Hopkins foi logo adotado. Em seguida, convenceu o seu patrão, Melville Bissel, a promover as escovas de carpetes como presentes de Natal. Aos vendedores foram dadas amostras da «Rainha dos Presentes de Natal». Hopkins enviou também 5000 cartas a oferecer escovas de carpetes como presentes de Natal; recebeu mil encomendas. Depois, convenceu Bissell a produzir escovas de carpetes com 12 tipos diferentes de madeira: desde o ácer claro até à nogueira escura. Em três semanas, venderam-se 250 000 escovas [17].

Este talento era demasiado grande para Bissel e para Grand Rapids, no Michigan, e, pouco depois, Hopkins mudou-se para a grande cidade: para Chicago, a fim de trabalhar para a Swift and Company (produtora de carnes). Ainda que Louis Swift resistisse a gastar o *seu* dinheiro em publicidade, Hopkins conseguiu um sucesso notável. A Cotosuet era uma forma de banha: nem melhor nem pior do que a sua concorrente, a Cottolene. No entanto, Hopkins tornou-a diferente. Nos armazéns da Rothchild's [18], expôs o maior bolo do mundo feito com Cotosuet [19]. Os compradores de uma lata de Cotosuet seriam elegíveis para prémios; receberam também uma amostra do bolo histórico. Mais de 105 000 pessoas subiram quatro lances de escadas para o verem. A promoção passou para o nível nacional e as vendas da Cotosuet aumentaram em flecha.

Passando de emprego para emprego, com sucesso considerável, em 1907 Hopkins foi descoberto e contratado por Lasker, que, em poucos anos, se tornara na jovem estrela da Lord and Thomas. Lasker estivera por acaso num comboio sentado à frente de Cyrus Curtis, editor do *Ladies' Home Journal* e do *The Saturday Evening Post*. Como Curtis não bebia, Lasker reparou quando ele foi ao vagão-restaurante buscar uma cerveja. Curtis explicou que fora atraído por um anúncio: da Schlitz Beer, redigido por Hopkins [20].

O anúncio é feito ao estilo de Lasker, com uma história de porquês; mas com uma nova característica. Todas as suas afirmações são inegáveis. No entanto, todos os grandes concorrentes da Schlitz faziam o mesmo – como o envelhecimento da cerveja, a sua produção em condições esterilizadas e a escolha cuidadosa dos ingredientes. Contudo, Hopkins e a Schlitz tiveram a audácia de se vangloriarem daquilo que as outras cervejeiras faziam automaticamente [21]. (De passagem, observamos que o anúncio talvez mais repugnante de todos os tempos, para o Anacin, fazia uma pesca similar. O Anacin continha «o analgésico mais recomendado pelos médicos». Mas o mesmo acontecia com a alegadamente inferior Marca X, também apresentada no anúncio. A Marca X era aspirina pura.) [22]

Baseado no anúncio da Schlitz, após mais investigações, Lasker decidiu contratar Hopkins. Embora Hopkins já estivesse bem instalado, Lasker apelou às suas fraquezas. A mulher de Hopkins queria um automóvel, mas ele achava que isso era demasiado extravagante. Lasker ofereceu-se para lhe comprar o automóvel se Hopkins começasse a trabalhar para ele. Talvez Hopkins tenha apreciado o estratagema do automóvel como retirado do seu próprio manual de práticas. Pouco depois, juntou-se a Lasker a tempo inteiro [23].

Juntos, Lasker e Hopkins geriram várias campanhas, incluindo da Schlitz. A B. J. Johnson Soap Company foi pedir ajuda à Lord and Thomas. Um dos seus sabonetes, que estavam na altura com vendas fracas, era uma combinação de óleo de palma e azeite: Palmolive. Lasker e Hopkins decidiram que podiam fazer alguma coisa com isso; inventaram o «sabonete de beleza», publicitando o Palmolive com a ideia apelativa, mas também dubia de que o mero uso deste sabonete tornaria as mulheres mais belas.

Deram início à campanha, mas, para já, a uma escala experimental. Em Benton Harbor, no Michigan, distribuíram cupões que podiam ser trocados por um sabonete gratuito. Os retalhistas da zona foram previamente informados da oferta. Isto significava que, em breve, os clientes iriam pedir o sabonete em troca dos cupões. As lojas recebiam também 10 cêntimos por cada cupão trocado, que era mais do que o custo do sabonete. Quase da noite para o dia, praticamente todas as lojas da zona tinham Palmolive em *stock* [24].

Contudo, o Palmolive obteve outro dividendo mais subtil dos cupões. Ao afixarem os cupões nos seus anúncios, Lasker e Hopkins podiam saber que anúncios funcionavam ou não funcionavam. Bastava contar os cupões devolvidos. Este pequeno teste pode ter sido ostensivamente aplicado aos anúncios do Palmolive em Benton Harbor; mas, para o campo da publicidade como um todo, este método empírico de Hopkins e de Lasker era muito mais consequente. Demonstrava como conduzir uma experiência em pequena escala (sobre a eficácia da publicidade), cujos resultados podiam ser extrapolados a nível nacional [25].

Consideremos também o trabalho de Lasker e Hopkins com laranjas, que envolveu outra inovação na criação da marca e no *marketing*. A Lord and Thomas criaram a laranja «Sunkist», uma contração de «Sun Kissed». No entanto, esta criação de marca era apenas o começo de campanhas de *marketing* que incluíam itens como carruagens de comboio com anúncios; a Semana da Laranja no Iowa (em paralelo com uma Semana da Laranja não existente na Califórnia); e palestras sobre os benefícios das laranjas para a saúde. O sumo de laranja tornou-se um produto básico na dieta americana quando a Lord and Thomas e a California Fruit Growers Exchange desenvolveram e distribuíram espremedoras de sumo elétricas e manuais; bastava enviar 15 cêntimos em selos para receber um espremedor diretamente da Sunkist [26]. Noutra campanha de *marketing*, 12 rótulos Sunkist e 12 cêntimos para os portes podiam ser trocados por uma das suas colheres de fruta; esta campanha revelou-se de tal maneira popular que foi expandida, com o tempo, de maneira que os rótulos pudessem ser trocados por cada uma das 14 peças de talheres de prata Rogers.

Escolhemos deliberadamente este exemplo das laranjas porque mostra que, até em relação à compra de laranjas, os consumidores são influenciados pela história de que são «Beijadas pelo Sol», e participam nas narrativas criadas mais geralmente pelas campanhas de *marketing* (guarde os rótulos e ganhe a colher; envie os selos e receba o espremedor).

A economia tradicional vê a descrição da compra de laranjas e maçãs (como descrita no capítulo 1, «O nosso caminho está cheio de tentações», como ilustrativa da natureza de todas as tomadas de decisões económicas. No entanto, essa descrição ignora completamente como a compra de uma modesta laranja depende das narrativas que temos na mente. E ignora também como os outros influenciam essas narrativas, muitas vezes por seu próprio interesse. Essas narrativas influenciam até algumas das nossas decisões mais importantes: com quem casamos, onde ir para a escola, e, nas secretarias de Estado, até a decisão entre a guerra e a paz.

David Ogilvy. Olhemos para outro publicitário antes de nos aventurarmos em mais generalizações ou antes de entrarmos na era moderna. Alguns elementos biográficos, como fizemos com Lasker e Hopkins, põem Ogilvy em contexto. Frequentou uma rigorosa escola escocesa, o Fettes College; mas depois trabalhou tão pouco no seu primeiro ano de faculdade, em Oxford, que foi «mandado para trás» ([27]). Depois de um ano, em 1931, a trabalhar como subchefe de pastelaria no Hotel Majestic em Paris, regressou à Grã-Bretanha para vender fogões Aga de tecnologia de ponta. O panfleto que redigiu sobre as suas técnicas de venda – ainda hoje considerado um clássico do *marketing* – garantiu-lhe lugar na agência de publicidade Mather and Crowther, em Londres ([28]). No entanto, poucos anos depois, foi para a América, trabalhar em sondagens para George Gallup. Após a guerra, em 1948, com recursos mínimos, fundou a sua própria agência, a Ogilvy and Mather ([29]). Nessa altura, sonhava com cinco clientes: General Foods, Bristol-Myers, Campbell's Soup, Lever Brothers e Shell. Com o tempo, iria conseguir contar com todos eles ([30]).

Dois dos seus anúncios ilustram o seu estilo de atmosfera e sugestão. O seu anúncio da Rolls-Royce mostra uma jovem mãe elegante ao volante de um Silver Cloud. Está ligeiramente voltada para duas crianças também elegantes, que se dirigem para o automóvel, à porta de uma mercearia chique. O longo texto tem o seguinte título: «A 100 quilómetros à hora, o ruído mais alto no interior deste Rolls-Royce vem do relógio elétrico.» ([31])

Ogilvy é conhecido sobretudo pela campanha do «homem da camisa Hathaway» dos anos 50 aos anos 70. Uma grande fotografia a cores mostra um homem elegante, em cenários diferentes, sempre com uma pala num olho ([32]). Todas as semanas, durante anos, a revista *The New Yorker* mostrava o homem com a pala no olho numa pose diferente: a dirigir a Filarmónica, a pintar, a tocar oboé, etc. Os subscritores desenvolveram o hábito de ver o anúncio da Hathaway; seduzidos pela saga do homem com a pala no olho, tinham curiosidade sobre o que andara a fazer na semana passada ([33]).

Vale a pena observar aquilo que o próprio Ogilvy disse sobre o anúncio do homem com a pala no olho. Não sabia se iria funcionar ([34]). No entanto, quando o experimentou, as vendas de camisas Hathaway subiram em flecha. Tinha a mesma tendência de Hopkins: experimentava as coisas para ver se funcionavam.

À PESCA DE TOLOS

A partir da história dos três «grandes – Lasker, Hopkins e Ogilvy –, ficamos com uma imagem do mundo da publicidade, relativamente ao modo como a venda funciona mais geralmente nos mercados livres. A reação à publicidade revela também os motivos e a suscetibilidade dos compradores. Os consumidores são naturalmente céticos em relação aos publicitários: sabem que os anúncios são tentativas interesseiras de os convencerem a comprar. A abordagem a este ceticismo foi a base da publicidade do «porquê». Mas isto não significa que não houvesse truques. Com Lasker e Hopkins, as laranjas eram «Beijadas pelo Sol»; a Schlitz era produzida «ao dobro do custo necessário». Os publicitários da geração de Ogilvy criavam atmosfera que identificava o cliente com, por exemplo, a jovem mãe no Rolls-Royce; o homem Marlboro; ou o «Pense Pequeno» da Volkswagen. Em todos os casos, de forma mais geral, os anúncios eram bem-sucedidos porque as suas narrativas eram enxertadas nas narrativas dos clientes.

Uma constante é expressa na autobiografia de Hopkins: «Vejo os negócios como um jogo e ajo como se fosse um jogo. É por isso que fui, e continuo a ser, tão devoto a esta atividade.» ([35]) Mas, se é um jogo, quais são as regras? Quais são os objetivos dos publicitários? A respeito do primeiro desses objetivos, David Ogilvy é sucinto: «Ou se vende ou nada.» ([36]) Nos mercados livres competitivos, a concorrência é feroz. Nas suas biografias e autobiografias, os publicitários, com o medo constante de perderem os clientes, são testemunhas disso. O papel do publicitário é concretizar os desejos desses clientes. É usar técnicas de influência para criar vendas.

Contudo, há mais qualquer coisa na publicidade que tem que ver com a pesca de tolos. O medo dos *Persuasores Ocultos* dos anos 60 – de que os publicitários haviam descoberto maneiras subliminares de entrar nas nossas mentes – revelou-se exagerado. No entanto, os publicitários têm uma forma muito mais direta, embora muito menos sombria, de alcançar os seus objetivos. É a tentativa e erro. Em *Confessions of an Advertising Man*, Ogilvy diz que ele próprio tinha dificuldade em prever o que funcionaria e o que não funcionaria. Por exemplo, como vimos, podia ter um palpite de que a pala no olho venderia camisas, mas não sabia. (E tal como até os publicitários mais sofisticados não são capazes de prever o que levará as pessoas a comprarem, nós, como consumidores, não sabemos o que é que nos motiva.) No entanto, graças a testes estatísticos, os publicitários também podem saber o que funciona ou não funciona. Ogilvy orgulhava-se tanto do seu conhecimento dos testes estatísticos que aprendera na Gallup como do seu belo talento para a redação de anúncios [37].

Há uma analogia com a verdadeira pesca. Experimentar um sítio. Lançar o anzol. Ver se o peixe morde. Se não funcionar, subir a corrente ou remar para outra zona do lago. Graças a este sistema de tentativa e erro, o peixe será apanhado. Tal como os pescadores, os publicitários podem ter apenas um palpite sobre onde está o peixe nesse dia. A tentativa e o erro revelam o que funcionará. Nos mercados livres, não temos de nadar até ao isco. Por tentativa e erro, o anzol vem até nós. O exemplo do homem com a pala no olho é ilustrativo. Quando Ogilvy o experimentou, como escreveu mais tarde, foi um palpite. No entanto, quando as vendas das camisas Hathaway explodiram, continuou. É claro que isto reflete a ideia básica subjacente ao equilíbrio da pesca. Se existir uma maneira de fazer lucro com os nossos gostos determinados pelas nossas fraquezas, os pescadores continuarão a tentar até a encontrar.

EVOLUÇÃO DO *MARKETING*: A VENDA DO PRESIDENTE, ANTES E AGORA

Lasker, Hopkins e Ogilvy oferecem um bom retrato da publicidade e do *marketing* de antanho. Desde então, os publicitários aprenderam a apontar para os alvos dos seus anúncios com maior precisão. De facto, quando o leitor percorre o computador, pode por vezes pensar que os publicitários descobriram como ler a sua mente usando os *big data* (megadados). O ponto alto desta capacidade é visível nas campanhas políticas presidenciais; são uma fonte especialmente elucidativa, uma vez que, em relação ao *marketing* comercial, são muito mais abertas. Assim, uma comparação das diferenças entre a campanha de Harding de 1920 e a campanha de Obama de 2012 – uma antiga e outra moderna – oferece uma visão clara das mudanças ocorridas mais geralmente no *marketing* e na publicidade, que delineiam uma tendência da pesca no tempo de Lasker, Hopkins e Ogilvy para algo mais insidioso e poderoso. Veremos que as técnicas estatísticas modernas dizem agora aos *marketers* e aos publicitários – tanto privados como políticos – onde e como pescar, tal como as técnicas modernas da geologia dizem às companhias de petróleo e de gás onde e como devem fazer perfurações ([38]).

O nosso primeiro ponto de comparação será a campanha de Harding para as presidenciais em 1920. Veremos aqui a aplicação do estilo de *marketing* Lasker-Hopkins, em especial porque o próprio Lasker era o diretor de campanha de Harding. Harding era conhecido por fazer campanhas viajando por toda a parte. Assim, Lasker desenvolveu outra estratégia para o candidato. Mantê-lo na pequena cidade de Marion, no Ohio, literalmente na sua grande casa branca com um largo alpendre na fachada. Este alpendre seria o palco onde se representaria o objetivo republicano de jogar com o cansaço em relação às confusões estrangeiras de Woodrow Wilson. Um voto em Harding seria um voto no «regresso à normalidade» após a Primeira Guerra Mundial e a recessão de 1920-1921. Nada poderia ser mais normal, pelo menos no mito nacional dos Estados Unidos por volta de 1920, do que um homem grande e simpático de uma pequena cidade do Ohio no alpendre confortável da sua casa ([39]). E como fazer isso? Convidando delegações a visitar o candidato, com Harding a aparecer no alpendre para emitir declarações com razões cuidadosamente pensadas contra o partido democrata e a favor do partido republicano, e a pronunciar um discurso concluído com estas palavras: «Deixemos de tremer e vacilar.» Estas palavras passaram a ser o *slogan* da campanha e apareceram em cartazes por todo o país ([40]).

Lasker difundiu a mensagem pelos órgãos de comunicação da altura. A imprensa estava acampada em Marion, à espera para relatar os espetáculos ocasionais representados no alpendre. A campanha forneceu diretamente milhares de imagens e momentos para registo de fotografias. Os novos *media* da época foram também utilizados, pois Lasker enviava pequenos filmes para as salas de cinema. Usando apenas uma pequena porção de técnica científica, a campanha sondava as audiências de cinema em relação às suas tendências de voto após uma visualização. Quando alguns filmes de Harding a jogar golfe receberam reações negativas, Lasker arranjou uma resposta rápida. Levou os Chicago Cubs a Marion para um jogo de exibição, no qual Harding fez os primeiros três lançamentos. O herói era realmente um adepto de beisebol. A partir de então, só em segredo é que o golfe era o desporto do homem que queria acabar com os tremores e as vacilações ([41]).

Vejamos com são as coisas nos tempos mais recentes. A campanha de Obama de 2012 ilustra como a publicidade (neste caso, a «venda do presidente») se afirmou. Os testes estatísticos podem ter começado em Benton Harbor com os cupões do sabonete Palmolive, e podem ter sido depois usados de forma primitiva nas sondagens de filmes em 1920; no entanto, a campanha de Obama de 2012 mostra a sua utilização como uma nova forma de arte. As campanhas têm os objetivos intermédios de registar os apoiantes; converter os eleitores indecisos; e convencer os apoiantes a votarem. As técnicas tradicionais das campanhas, até à de Obama em 2012, tinham o problema de danos colaterais: que o esforço de registar os «nossos» levasse também a registar os eleitores «deles»; as «nossas» mensagens para os alvos errados não orientarão apenas os eleitores na «nossa» direção, mas também orientarão os eleitores na direção «deles»; as nossas mensagens para votar, transmitidas ao agregado familiar errado, levarão à votação «deles» e não dos «nossos». As soluções antigas para este problema funcionavam de modo imperfeito: escolher locais (ou espaços) muito favoráveis aos «nossos» eleitores. Contudo, o problema dos danos colaterais não desaparece assim. Por exemplo, um apelo neutral à votação numa freguesia democrata 60/40 obterá um aumento de 20 por cento para os democratas.

Mas as campanhas modernas descobriram uma forma de minimizar os danos colaterais visando os seus eleitores ao nível individual. Com uma determinação perfeita do alvo, por exemplo, na freguesia de 60/40, só os 60 por cento de democratas serão visados; e nenhum dos 40 por cento de republicanos. Com modernas técnicas estatísticas, quantidades enormes de dados e sondagens maciças, a campanha de Obama conseguiu fazer uma coisa parecida com isso em 2012. O trabalho começou com a atribuição a mais de cem milhões de eleitores potenciais de um único número de identificação. A informação individual era então integrada nos ficheiros dos eleitores ([42]). Esta informação vinha de muitas fontes ricas. Começou com registos de eleitores publicamente acessíveis (que, em alguns estados, identificam os eleitores por partido) e também com registos sobre quem votou, por eleição. De forma útil, estas informações incluíam nomes, endereços e freguesias eleitorais. Os ficheiros continham também mais de mil entradas adicionais diferentes, vindas de fontes comerciais, como informações de cartões de crédito, assinaturas de revistas e inscrições em clubes. O segundo passo do processo foi reunir amostras de dimensão média para se ter uma ideia da probabilidade de as pessoas estarem registadas; do seu apoio a Obama; e da sua participação na eleição. Nesta base, com os dados pormenorizados dos ficheiros do Comité Nacional Democrata, com estas informações pormenorizadas sobre os eleitores potenciais, era possível fazer uma estimativa bastante precisa sobre a probabilidade do registo, o apoio ao candidato e o voto das pessoas incluídas nesse ficheiro de dados ([43]). A campanha de Obama 2012 já não era assim o mundo de «bater porta a porta» das freguesias 60/40. Tratava-se agora de bater à porta apenas dos potenciais apoiantes. Isto não só poupou a despesa de abordar os apoiantes improváveis, como também evitou os danos que poderiam decorrer de se mobilizarem as pessoas «deles» para apoiarem Romney em vez de Obama ([44]).

Havia uma vantagem para além de se visar os eleitores favoráveis nas freguesias favoráveis. Antes, as campanhas evitavam os lugares (e espaços) onde não tinham maiorias claras. No Ilinóis, por exemplo, os democratas evitavam todas as zonas do sul; do mesmo modo, em Nova Iorque, evitavam as zonas do norte. Mas, agora, as minorias muito importantes de eleitores dessas zonas podiam ser abordadas, pois eram individualmente visadas. Para a campanha Obama 2012, esses eleitores em zonas de minoria democrata já não eram matéria escura.

O mundo da publicidade e do *marketing* continua a consistir em ter a mensagem certa e criar a história certa. É ainda a história do Homem da

Camisa Hathaway; e de que a Palmolive tornará as mulheres belas. No entanto, a campanha de Obama mostra que é uma grande ajuda saber onde fazer incidir a mensagem e, depois, saber que mensagem soará de maneira favorável. Mas também todos sabemos que é importante apontar as histórias certas às pessoas certas; qualquer rapaz ou rapariga sabe que pode ficar em sarilhos se contar a história errada à pessoa errada. Os publicitários, tal como os gestores de campanhas, descobriram métodos modernos de apurar essa sabedoria do rapaz ou da rapariga.

ANEXO. VOO 370 DA MALAYSIAN AIRLINES

Há uma similaridade curiosa entre as notícias e a publicidade. Ambas contam histórias. Os publicitários querem que juntemos a nossa história à deles, para comprarmos o que eles querem vender; as estações noticiosas de televisão querem chamar a nossa atenção para as suas histórias, a fim de sermos a audiência dos anúncios que lhes garantem as receitas. Se olhar, mas se o seu espírito mais ponderado disser que isso é uma má maneira de passar o tempo, então estará a ser pescado como tolo. Um exemplo é ilustrativo.

Na primavera de 2013, como se devem lembrar, o voo 370 da Malaysian Airlines descolou de Kuala Lumpur rumo a Pequim. Nunca chegou ao seu destino. (Este seria o primeiro de três voos da Malaysian que fariam notícia.) O voo 370 desapareceu. Os noticiários televisivos passaram à história, dia após dia, semana após semana, durante meses. Nós os dois (Bob e George) lembramo-nos de nos perguntarmos por que é que *este* acontecimento inconsequente no grande esquema das coisas estava a receber *tanta* atenção. Temos uma teoria. No seu livro de conselhos para autores, *Twenty Master Plots: And How to Build Them*, Ronald Tobias afirmava que toda a literatura é uma variação de 20 histórias básicas com profundas repercussões: estão presentes em todas as culturas. A história tem o Enredo #7: O Enigma, também conhecido como O Mistério. Segundo Tobias, «o desafio para o leitor é resolver o mistério antes do protagonista, o que torna o enigma uma competição: se o protagonista resolver o enigma antes do leitor, este perde; se o leitor o resolver antes do protagonista, ganha.» ([45]).

Curiosamente, tal como grande parte do público americano, entrámos na onda da resolução do mistério. Bob até concebeu uma solução: o piloto estava distraído e leu erradamente alguns dos instrumentos; desligou as comunicações, causando assim o despenhamento; da mesma maneira que, há 28 anos, o diretor da central nuclear de Chernobil desligou o sistema de arrefecimento de emergência do núcleo e o reator explodiu.

Apesar do nosso interesse eventual, sentíamo-nos atraídos pela história do Voo 370. Nas nossas tentativas de resolver este «enigma», éramos um pouco como a Mollie nas *slot machines*. Uma parte sensata da nossa psique dizia-nos que era uma perda de tempo; mesmo assim, envolvemo-nos. Contudo, ao contrário da Mollie, cuja vida estava num caos, o custo direto de nos entregarmos ao nosso pequeno vício era negligenciável. Mas isto não significa que, em termos coletivos, as pessoas não paguem um preço alto pela dependência das más notícias: porque outras histórias noticiadas, ou uma cobertura mais profunda de outras histórias, transmitida a milhões de pessoas, podiam muito bem afetar a opinião pública, com influência considerável.

A história da Malaysian Airlines ensina outra lição. Quando ouvimos um noticiário (lemos o jornal, etc.), tendemos a considerar como garantido que estamos a ouvir (a ler) as «notícias»: seja o que isso for. Algures, no fundo das nossas mentes, temos a noção de que os editores selecionaram as histórias que representam melhor «as notícias» de acordo com os «verdadeiros» interesses dos espectadores. Agem como os nossos fiduciários das notícias». Em muitos aspetos, os órgãos de comunicação social dos Estados Unidos comportam-se deste modo. Existem fortes normas éticas e, em especial, uma norma que exige apenas a apresentação dos factos. No entanto, num equilíbrio da pesca, a escolha das histórias, numa comunicação social competitiva, dar-nos-á o que pedimos, desde que alguma empresa possa cobrir os custos do seu fornecimento.

O exemplo da história da Malaysian Airlines era apenas uma diversão; mas um tipo diferente de notícias, como as notícias de ódio, tem muito mais consequências. Há a possibilidade de muitos dos seus acólitos nem sequer gostarem delas; ao invés, dão-lhes atenção apenas por causa das suas próprias fragilidades. No entanto, seja o que for que os seus verdadeiros seres possam querer, na presença dessas fragilidades essas notícias de ódio existirão num equilíbrio da pesca. E os que têm aptidões especiais para isso ganharão fortunas a fornecer essas notícias.

CAPÍTULO 4
ROUBOS DE AUTOMÓVEIS, CASAS E CARTÕES DE CRÉDITO

Tal como os antropólogos sabem que o vale do Rift, em África, é uma zona boa para escavar em busca de esqueletos, sabemos que os roubos são terreno fértil da pesca de tolos ([1]). Este capítulo analisará os roubos no *stand* de automóveis, na compra de casas e na utilização de cartões de crédito. Em cada caso, os consumidores fazem grandes pagamentos por benefícios surpreendentemente pequenos. Veremos que a pesca de tolos contribui bastante para o que pagamos por automóveis e casas, que são as compras mais caras que fazemos na vida; e os cartões de crédito levam-nos a pagar consideravelmente mais no nosso dia a dia.

PESCA NO *STAND* DE AUTOMÓVEIS

Todos nos sentimos pelo menos um pouco nervosos quando vamos a um *stand* comprar um automóvel. Num verão já longínquo, um de nós (George) foi contratado para um trabalho de verão por um herdeiro da Johnson & Johnson, que contou uma história sobre o pai. O pai Johnson foi ao representante local da Rolls-Royce vestido com umas jardineiras. Depois de ter sido ignorado pelo vendedor, comprou dois Rolls-Royce e viu que o comportamento do vendedor mudou.

A maioria de nós não tem recursos para frustrar assim a indelicadeza de um vendedor. Ao invés, quando vamos comprar um automóvel novo, preocupamo-nos com o preço do Toyota Camry ou do Honda Accord.

Em média, os compradores de automóveis adquirem um carro novo a cada oito anos, ou um usado a cada três anos ([2]). Assim, a nossa capacidade de negociar nos *stands* de automóveis é um fator importante no nosso orçamento.

Existem alguns bons números, de uma fonte surpreendente, que nos dizem o quanto somos roubados. Nos anos 90, dois economistas-juristas, Ian Ayres e Peter Siegelman, tentaram perceber se havia diferenças sistemáticas nos preços dos automóveis novos, em relação à raça e ao género do comprador ([3]). Contrataram recém-licenciados brancos e negros, masculinos e femininos. Em todos os outros aspetos para além da raça e do género, os sujeitos foram escolhidos para serem tão similares quanto possível: por exemplo, na idade (entre 28 e 32 anos); e na escolaridade (com 3 ou 4 anos de ensino superior). Fizeram-se transportar para os *stands* em automóveis semelhantes; vestiram roupas «yuppie» semelhantes; indicaram que não necessitavam de financiamento; e deram o mesmo endereço. Além disso, estes jovens ficaram certamente encantados por serem descritos como tendo sido «escolhidos subjetivamente pela sua atratividade média». Estes sujeitos receberam instruções pormenorizadas sobre como obter uma oferta de um preço inicial por um modelo específico de automóvel e, depois, como regatear para conseguir um preço final. Na oferta final negociada, Ayres e Siegelman descobriram que as mulheres brancas receberam um preço 246 dólares (ajustados à inflação) acima dos homens brancos; as mulheres negras, mais 773 dólares; e os homens negros, mais 2026 dólares ([4]). Às mulheres negras eram pedidos mais 3,7 por cento em relação ao preço do automóvel; aos homens negros, mais 9 por cento ([5]). Enquanto juristas, Ayres e Siegelman estavam preocupados com a possível violação das leis contra a discriminação racial e sexual, mas a conclusão óbvia tem uma importância considerável. Sugere que, de uma forma muito mais geral, para além do *stand*, as mulheres e os homens negros têm grande probabilidade de obter maus negócios. Podem pagar o mesmo preço no supermercado, mas, noutros casos muito mais importantes para o seu bem-estar financeiro, não têm a mesma sorte; como na compra de uma casa ou, ainda mais importante, na procura ou conservação de um emprego.

Por que razão os negros e as mulheres têm de pagar muito mais? Ayres e Siegelman consideram duas possibilidades. Uma possibilidade é a pura animosidade: ódio racial ou intolerância sexual. No entanto, viram que os vendedores negros e brancos pediam os mesmos preços altos aos negros. Concluíram que os vendedores têm apenas uma noção, baseada em estereótipos raciais e sexuais, sobre quem tem menos probabilidades de recusar um mau negócio. Por exemplo, os afro-americanos podem «ter menos probabilidade do que os brancos de possuir um automóvel quando vão comprar um novo (e, por isso, podem ter mais dificuldade de se deslocar a vários *stands*») ([6]). Por outras palavras, os diferenciais existem porque os vendedores dão atenção à raça e ao género para melhorarem a hipótese de pescar.

Mas há ainda mais indícios de pesca nos seus resultados do que aqueles que Ayres e Siegelman reconheciam. Concentrados nos diferenciais por raça e género, não repararam noutro facto que também surge nos seus quadros. Mesmo depois de se levarem em conta as diferenças de preços por raça e género, há ainda uma grande variação nos preços exigidos. Esta variação é importante porque indica o quanto as pessoas pagam «mais» ou «menos» por um automóvel. Com um pressuposto que pode ser muito realista ([7]), calculámos o excesso que os compradores de automóveis pagavam acima do ponto em que os próprios vendedores desistiriam da venda. Segundo este cálculo, a quase um terço dos sujeitos eram pedidos mais de 2000 dólares adicionais (ajustados à inflação) pelo automóvel. É claro que é por isso que uma ida ao *stand* dá suores a quase toda a gente. Alguns de nós seremos seriamente pescados como tolos. Confidências de vendedores de automóveis corroboram esta interpretação; alguns deles disseram a Ayres e a Siegelman que metade dos seus rendimentos provinha apenas de 10 por cento dos seus clientes ([8]).

A nossa assistente de investigação, Diana Li, estudou um pouco mais estas conclusões. Investigou os principais «truques» que os vendedores de automóveis usam para enganar os clientes. Não surpreende que as suas tentativas de entrevistar vendedores de automóveis sobre estes pontos tenham sofrido rápida resistência. Fecharam-se em copas. No entanto, um dos entrevistados foi notavelmente prestável. Explicou três grandes truques dos vendedores.

Em primeiro lugar, observou que a maioria dos clientes vai ao *stand* com um automóvel ideal em mente. São os preferidos dos vendedores: tem a «tração às quatro rodas, a câmara de marcha atrás, este dispositivo, aquele dispositivo». Quando o cliente descobre que aquele automóvel cheio de acessórios custa mais 10 000 dólares do que o preço de venda sugerido para o modelo fabricado, a tarefa do vendedor é reagir contra a relutância do cliente. «Temos de vender essas coisas de qualquer maneira e fechar os olhos à grande probabilidade de nunca virem a precisar delas.»

O valor da troca era um segundo alvo para a pesca. O informador de Diana recomendou: «Nunca diga que quer fazer uma troca antes de ter negociado um preço. Se nos disser que tem um automóvel para troca, começaremos a tentar perceber mentalmente como podemos dar a impressão de lhe dar mais pela troca para manter o preço do automóvel novo.»

Um terceiro truque revelava outra área de lucro: o financiamento. Mais uma vez, o vendedor faz o truque do mágico (e do carteirista): desviar a atenção do seu gesto. Por exemplo, se o vendedor conseguir concentrar a atenção do comprador no *pagamento mensal*, então o comprador não irá reparar na extensão do contrato. No entanto, cada mês de pagamentos adicionais é um mês de dinheiro em caixa para o vendedor.

Diana usou também a sugestão de Ayres e Siegelman em relação aos 50 por cento de lucros decorrentes de 10 por cento dos clientes. Fê-lo no decorrer de uma série de perguntas que evitavam a resistência inevitável que enfrentara antes em relação aos truques do negócio. Começava as entrevistas com questões totalmente inócuas: puros placebos. No entanto, sabia dirigir as perguntas rumo ao seu objetivo. Seria plausível que 50 por cento dos lucros decorressem de 10 por cento dos clientes? A maioria dos seus inquiridos achava que era possível. Mas, nas suas explicações, acrescentaram outra dimensão da pesca do vendedor que escapara à sua investigação sobre os truques de venda. Os vendedores têm serviços de assistência. E as receitas destes serviços (com preços muito mais elevados que fora do concessionário), mais do que das vendas, constituem outra razão para explicar por que 50 por cento dos lucros decorrem de 10 por cento das vendas.

Esta descoberta de Diana foi esclarecedora para os autores deste livro. Ambos tínhamos velhos Volvos. Quando os adquirimos novos, evitámos as pescas do costume. Fomos cuidadosamente armados com o preço sugerido pelo fabricante. Não comprámos acessórios. Não fizemos trocas. Ambos pagámos em dinheiro e, por isso, não houve despesas financeiras. No entanto, sendo pessoas cuidadosas, levávamos os nossos Volvos aos respetivos concessionários para manutenção. No início, isto conservava todas as condições da garantia; mais tarde, tínhamos orgulho na manutenção zelosa dos nossos Volvos envelhecidos. Mas, quando o fazíamos, sentíamos um choque em cada vez que nos era apresentada a conta das revisões dos 5000 quilómetros (cujos lembretes, como agora suspeitamos, não estão inocentemente pré-programados para aparecerem no painel de comandos). Sempre pensámos que éramos compradores cuidadosos de automóveis. Contudo, graças à investigação da Diana, sabemos agora que estamos entre os 10 por cento eleitos: neste caso, por sermos tão cuidadosos.

ROUBO NA COMPRA DE CASA

Vejamos agora a aquisição de uma casa, que é a maior compra da vida da maioria das famílias; assim, há muito dinheiro e muita emoção em jogo ([9]). Contrariamente ao mito, os americanos não estão sempre a mudar-se. Assentamos. Aos 60 anos de idade, mais de 80 por cento das pessoas possuem a sua própria casa; e ficam nessas casas, em média, durante muito tempo ([10]). Em relação aos proprietários de casa atuais, a estada total nas suas casas, desde o dia em que entram até ao dia em que saem, será, em média, de 24 anos ([11]). Estes dois números significam que uma maioria importante dos americanos adquire pelo menos uma casa no seu tempo de vida; significam também que a aquisição de uma casa, para a maioria das pessoas, é muito pouco frequente.

Mas não é só a inexperiência que torna o comprador de casa vulnerável. O programa televisivo *House Hunters* faz uma espécie de telenovela com casais da vida real que querem comprar ou arrendar uma casa. A sua busca envolve invariavelmente o compromisso que têm de fazer entre os sonhos e a realidade dos seus orçamentos. Mas também envolve um segundo drama, que diz respeito ao modo como o casal comprador chega a acordo entre os seus desejos muitas vezes díspares.

Os compradores de casa estão assim vulneráveis à possibilidade de adquirirem a casa errada, mas existe outra fonte de roubo que não é mostrada na televisão: os custos de aquisição. Depois de uma oferta ter sido aceite, o prazo para arranjar o financiamento necessário é curto: o vendedor espera ansiosamente pela confirmação de que o comprador pode arranjar o dinheiro, como prometido. Isto torna o comprador de casa, que é inexperiente e cujo foco estava noutros pontos, especialmente vulnerável a roubos.

Normalmente, quando pensamos nos custos de transação para a transferência de uma casa, pensamos nas comissões de venda. Numa amostra de compras de casa (que envolvem hipotecas da Federal Housing Administration), os normais 6 por cento eram ainda a comissão modal: paga por 29 por cento dos vendedores. Cerca de 47 por cento pagam menos; mas, notavelmente, 24 por cento pagam mais ([12]).

Definidas em 6 por cento, estas taxas parecem bastante baixas: é como o imposto sobre a venda de uma caixa de paracetamol na farmácia local. No entanto, enquadradas de maneira diferente, essas taxas são enormes. É comum os compradores pensarem no agente imobiliário que os ajuda como um serviço gratuito: as taxas são pagas pelo vendedor. Mas, para um economista, não interessa quem paga: porque, segundo a lógica normal da análise oferta-procura, se os compradores (em vez dos vendedores) pagassem ao agente, o preço da casa desceria de forma correspondente ([13]). Esta mudança de perspetiva sugere então uma medida diferente da dimensão relativa desses pagamentos ao agente imobiliário. Para um casal que compra pela primeira vez uma casa com uma entrada normal de 10 por cento, esses 6 por cento são 60 por cento do seu contributo ([14]). Serão estes pagamentos justificados? Não temos bem a certeza, mas note-se que as comissões são muito mais baixas noutros países, onde as pessoas não parecem queixar-se do mau serviço ([15]).

Mas estes pagamentos ao agente imobiliário não são as únicas despesas de transação. Numa grande amostra de empréstimos da Federal Housing Administration, os custos adicionais de transação eram, em média, cerca de 4,4 por cento do valor da hipoteca ([16]). Somados aos pagamentos ao agente imobiliário, significa que as despesas de transação, para os compradores de primeira casa com entrada de 10 por cento, são quase todo o dinheiro com que entraram para o negócio.

Estas taxas adicionais de transação adquirem muitas formas diferentes. A maioria tem dois fins: para a realização da escritura e para a realização da hipoteca. E aqui, nos custos para realizar uma hipoteca, um estudo cuidadoso mostra um exemplo notável de roubo, que durou anos até ser finalmente proibido pelo Dodd-Frank Financial Reform Act de

2010 ([17]). Observaremos este roubo em pormenor, pois temos algumas informações impressionantes sobre a sua dimensão.

O típico casal comprador de casa, ao mudar-se para uma casa nova, confronta-se com falta de dinheiro. Não têm apenas de pagar a entrada; normalmente, precisam também de dinheiro para comprar mobílias novas e para pintar aquela cozinha cor-de-rosa. Há um procedimento conveniente que lhes permite obterem o dinheiro de que necessitam. É normal o banco prestamista, que faz a hipoteca ao casal comprador de casa, providenciar logo esse dinheiro: se o casal comprador de casa concordar também em pagar uma taxa de juro mais alta do que a nominal para a duração da sua hipoteca. No entanto, esse pagamento não costuma ser feito diretamente ao comprador da casa, mas, ao invés, ao corretor de hipotecas, que é o intermediário na transação. Seria justo que se o banco prestamista pagasse ao corretor de hipotecas mais 3000 dólares por uma hipoteca com, por exemplo, uma taxa de juro de 5,25 por cento – em vez dos 4,25 por cento do valor nominal –, esses 3000 dólares adicionais passassem para as mãos do comprador da casa.

Mas será que isso aconteceu na prática? Os economistas Susan Woodward e Robert Hall obtiveram dados sobre a fração desses pagamentos do banco prestamista ao corretor de hipotecas que é passada de mãos ([18]). Observaram duas amostras, com quase 9000 hipotecas. Numa amostra, só uma média de 37 cêntimos por dólar passava para o comprador. Na segunda amostra, o comprador ainda recebeu menos: com apenas 15 cêntimos por cada dólar adicional recebido pelo corretor de hipotecas. Estes roubos não eram invulgares nas amostras de Woodward-Hall: cerca de 93 por cento ([19]) dos compradores de casa optavam por estas hipotecas com taxas acima do valor nominal ([20]). De passagem, acrescentamos que este teste de roubo em relação às hipotecas é análogo ao teste de Ayres-Siegelmen em relação aos automóveis: ambos os testes se baseiam na observação de diferentes pagamentos para, em certo sentido, a mesmíssima coisa.

Por outro lado, o comprador de casa pode também pagar ao corretor de hipotecas por um empréstimo com juros *inferiores à taxa nominal*. Estes pagamentos são conhecidos como *pontos*. Também aqui há oportunidade de roubo. Carolyn Warren, especialista na relação entre corretores de hipotecas e consumidores, descreveu a sua observação de um casal idoso a comprar uma casa. A mulher objetou contra a taxa de 19 dólares para a certificação sobre inundações. Foi-lhes informado corretamente que isso era exigido pela lei estadual. O casal deixou passar despreocupadamente a taxa de processamento de 395 dólares, que era desnecessária. E depois passou ao lado da taxa de 2000 dólares para pontos, que Warren sabia ser também uma aldrabice. A taxa de juro do casal era nominal; não deviam ter pago pontos ([21]). Isto fez George lembrar-se da compra da sua casa em Chevy Chase, Maryland, em 1994. A agente imobiliária dissera-lhe que tinha de se decidir depressa sobre a compra; um casal, disse ela, tinha chegado recentemente do Alasca e queria fazer uma oferta. Foi também sempre muito prestável na procura da hipoteca. Encontrou o corretor; George pagou pontos sobre a hipoteca. Talvez houvesse mesmo um casal vindo do Alasca ([22]). George pensava que devia esses pontos. Agora tem dúvidas.

ROUBO NA CAIXA DE PAGAMENTO

O papel dos cartões de crédito começa com uma economia conhecida por todos os lojistas, mas é tão simples que passa ao lado dos manuais de economia. Uma loja normal vende os seus produtos a um custo com uma margem de lucro. É como o taxista que aluga o seu táxi e paga 100 dólares por dia de aluguer. Só depois de ter coberto esses 100 dólares e mais os custos do combustível é que ganha o dinheiro necessário para alimentar a família. A margem de lucro funciona da mesma maneira para a loja. Num extremo, os donos pagam as despesas fixas da renda da loja, as mercadorias e os funcionários. No outro, para além do ponto de equilíbrio, qualquer venda adicional faz aumentar os lucros. Se, como que por magia, as lojas inventassem um comprimido que pudessem dar aos seus clientes para os levarem a comprar mais, seria inestimável para aumentar os lucros.

Curiosamente, esse comprimido já foi inventado. E, como se pode imaginar, as lojas usam-no. Além disso, os detentores dos direitos de monopólio sobre o uso da invenção também arranjaram maneiras inteligentes de taxar as lojas e toda a gente. Este comprimido mágico chama-se cartão de crédito. É engolido pelas nossas carteiras.

Uma das bases da magia do cartão de crédito é que a maioria das pessoas pensa que compra apenas o que precisa (ou quer) e que não pode ser influenciada por sugestões menores, como pagar com cartão de crédito ou em dinheiro. No entanto, quase de certeza que a maioria das pessoas está errada. Como é que sabemos que os cartões de crédito influenciam o nosso consumo? Em primeiro lugar, há provas circunstanciais de que as pessoas com cartões de crédito gastam mais. O psicólogo Richard Feinberg concluiu que as gorjetas deixadas pelas pessoas que pagam com cartão de crédito eram 13 por cento maiores do que as das pessoas que pagam em dinheiro [23]. Outro estudo mostrou que os detentores de cartões de crédito compravam mais nas suas visitas a um centro comercial no nordeste dos Estados Unidos [24]. Mas estas diferenças de gastos não podem ser decisivas para responder à questão sobre se os cartões de crédito levam as pessoas a gastar mais. Os detentores e não detentores de cartões de crédito são diferentes, e precisamos de saber que é o cartão de crédito, e não essas diferenças, a causa dos seus diferentes padrões de consumo [25].

Para resolver esta questão, Feinberg realizou mais duas experiências. Recorrendo à sua formação de psicólogo, Feinberg usou duas experiências que são comuns na psicologia social. Na primeira experiência, deu uma sugestão de cartão de crédito a um grupo de sujeitos e comparou a disposição deles para gastar com um grupo de controlo sem sugestões. Para a sugestão, colocou símbolos e logótipos da MasterCard na ponta da mesa onde o grupo de sujeitos trabalhava. Foi explicado que aqueles símbolos eram usados para outra experiência. Perguntaram então aos sujeitos quanto é que gastariam em sete produtos diferentes que lhes eram mostrados: dois vestidos, uma tenda, uma camisola de homem, um candeeiro, uma máquina de escrever elétrica (a experiência foi realizada em inícios dos anos 80) e um tabuleiro de xadrez [26]. Todos os itens foram significativamente mais escolhidos no grupo de sujeitos do que no grupo de controlo sem sugestões. As diferenças iam de mais 11 por cento para a tenda a cerca de mais 50 por cento para cada um dos dois vestidos. Numa segunda experiência, voltaram a perguntar aos sujeitos quanto estariam dispostos a gastar; mostravam-lhes um item num ecrã e contavam o tempo da resposta. Na presença de um cartão de crédito no canto do ecrã, os sujeitos voltaram a mostrar-se dispostos a gastar mais (muito mais, o triplo, por uma torradeira: 165,66 dólares ajustados à inflação, em vez de 52,90 dólares) [27]. Estas grandes diferenças na disposição para gastar explicariam por que razão as lojas não se importam nada de aceitar o nosso cartão de crédito, ainda que as empresas de cartões de crédito lhes cobrem uma fração significativa da compra, naquilo que é conhecido como um «taxa de transferência».

Por muito surpreendentes que possam ser os resultados de Feinberg, um economista pode pensar que a sua prova é convincente, mas não necessariamente conclusiva. As experiências não envolviam verdadeiras despesas. Dois economistas, Drazen Prelec e Duncan Simester, realizaram uma experiência que lidava com esta objeção. Fizeram um leilão, entre alunos do MBA da Harvard Business School, para três prémios. Os prémios consistiam em bilhetes para um jogo dos Celtics, bilhetes para um jogo dos Red Sox e, como consolo, faixas dos Celtics e dos Red Sox. Os estudantes foram aleatoriamente divididos entre os que pagariam com cartão de crédito e os que pagariam em dinheiro. Foi-lhes dito também que o pagamento em dinheiro teria um mínimo de inconveniência, já que havia uma caixa de multibanco no caminho para o local onde o pagamento deveria ser feito. Os bilhetes para os Celtics obtiveram mais do que o dobro na condição do cartão de crédito; os bilhetes para os Red Sox obtiveram mais 75 por cento; as faixas obtiveram apenas mais 60 por cento. Esta experiência parece confirmar os resultados de Feinberg ([28]). (A nossa assistente de investigação, Victoria Buhler, comentou estes resultados, dizendo que os *alunos de gestão*, em especial, «deviam pensar melhor».)

Estes dois estudos não mostram apenas que os cartões de crédito nos levam a gastar mais; parecem também indicar que, de forma chocante e surpreendente, nos levam a gastar muito mais. São o comprimido mágico desejado. Mas esse comprimido tem um preço.

O PREÇO DO COMPRIMIDO

Como é que as lojas nos levam a ter cartões de crédito e a pagar com eles? Fazem um truque notável. Tornam gratuita a sua utilização. Nos Estados Unidos, isto era obrigatório segundo uma lei federal ([29]). O Truth in Lending Act de 1968 obrigava os comerciantes a não cobrarem mais aos clientes se estes pagassem com cartão de crédito em vez de em dinheiro. Mas esta lei expirou em 1984, tendo sido renovada apenas em dez estados, com cerca de 40 por cento da população dos Estados Unidos. Apesar das taxas de transferência que as lojas pagam à Visa, MasterCard, etc., não costumam cobrar aos clientes pela utilização do cartão de crédito. Também não oferecem descontos a quem paga em dinheiro. Os estudos Feinberg/Prelec-Simester sugerem uma explicação. Se as pessoas compram inconscientemente mais por pagarem com cartão de crédito, seria contraproducente que uma loja ou um supermercado lembrasse os seus clientes de que poderiam ter um desconto se pagassem em dinheiro.

Dar aos clientes uma utilização gratuita do cartão de crédito é como se as lojas oferecessem cachorros grátis. Os utilizadores desses cartões de crédito podem querer realmente os seus artigos de mercearia, mas também levam para casa algo que será muito menos bem-vindo. Em certa altura, no mês seguinte, a conta desses artigos de mercearia aparecerá na caixa do correio. Isto não é problema para boa parte dos detentores de cartões de crédito. Cerca de 50 por cento dos americanos afirmam que pagam sempre integralmente as suas contas do cartão de crédito ([30]). No entanto, uma proporção importante dos americanos não é tão consciênciosa. E ficam com a dívida, que tem um custo elevado.

Este custo dos cartões de crédito é extremamente alto. Apresentamos três exemplos sobre quão altos podem ser esses custos. Em primeiro lugar, há a estatística agregada. Em relação a 2012, temos uma estimativa agregada de 150 mil milhões de dólares de receitas da indústria dos cartões de crédito ([31]). Isto significa que as pessoas estão a pagar pelo uso de cartões de crédito – o que a maioria das pessoas veria como uma conveniência, mas pequena –, uma fração significativa das contas relativas às suas maiores necessidades. Estes 150 mil milhões de dólares são mais do que um terço do que aquilo que pagamos, no total, pelos juros dos empréstimos sobre as nossas casas ([32]); é mais de um sexto daquilo que pagamos pela alimentação em casa ([32]); e mais de um terço do que gastamos em veículos motorizados e peças ([33]).

Vejamos outro exemplo do custo dos cartões de crédito. Como é dividido este custo entre os diferentes tipos de pagamento? Temos estimativas de três componentes de custos. Uma divisão simples destes pagamentos é que cerca de metade consiste em juros pagos sobre contas vencidas; cerca de um terço vai para taxas de transferência; e um sexto para várias penalizações, sobretudo taxas de moras ([34]).

Um *blogger* empreendedor, Sean Harper, que estudou o *Freakonomics*, de Steven Levitt, deu-nos um terceiro exemplo. Calculou as taxas de transferência que um comerciante pagaria se lhe entregássemos o nosso cartão Citicorp Visa Rewards ([35]). Para um pacote de pastilhas elásticas no valor de 1,50 dólares comprado numa loja de conveniência, a taxa era de 40 cêntimos; para 30 dólares de gasolina, a taxa era de 1,15 dólares; para uma compra de 100 dólares em produtos de mercearia, 2,05 dólares. A lista de Harper é extensa. Um indicador da dimensão destas taxas consiste em compará-las com os lucros do comerciante. Para as lojas de conveniência, eram dois quartos dos seus lucros anuais. Noutro indicador, com uma taxa de 2 por cento no supermercado, as empresas de cartões de crédito ficam com quase um quinto da margem de lucro média sobre os produtos de mercearia ([36]).

A economista Michelle White, da Universidade da Califórnia, em San Diego, descreveu outra dimensão dos custos dos cartões de crédito: como causa importante da falência pessoal. A ideia bastante comum de que as pessoas que vão à falência têm grandes dívidas de cartões de crédito é sugestiva, mas não estabelece definitivamente o mau uso do cartão de crédito como causa da falência: isto porque é natural que aqueles que têm problemas financeiros para além do mau uso do cartão de crédito tenham dívidas relacionadas com os cartões. No entanto, há indícios que apontam diretamente para o cartão de crédito como grande culpado: como causa do grande número de falências; mas também do aumento em sete vezes das falências, que acompanhou um aumento dramático da dívida com os cartões de crédito entre 1980 e 2006. Numa sondagem especial, o Panel Study of Income Dynamics, em 1996, perguntou aos respondentes se alguma vez tinham ido à falência; e, se sim, porquê. Dos que sofreram uma falência, 33 por cento nomearam «dívida alta/mau uso do cartão de crédito» como principal razão ([37]). Eram mais do que os 21 por cento que nomearam causas médicas ([38]). Uma sondagem posterior, realizada em 2006, sobre devedores que procuraram aconselhamento apresenta um resultado similar: dois terços desses devedores nomearam «má gestão do dinheiro/gastos excessivos» como a origem dos seus problemas ([39]). As experiências de Feinberg e de Prelec e Simester dizem-nos por que razão o cartão de crédito pode facilmente desempenhar um papel importante nessa má gestão. Para alguns, aparentemente, os cartões de crédito são uma armadilha.

Isto leva-nos de volta à pesca de tolos. Se os cartões de crédito não são pesca de tolos, as empresas que os fornecem deviam dizer isso ao juiz. Como vemos, todos os aspetos deste negócio estão relacionados com a pesca de tolos. Começa com as taxas cobradas aos comerciantes, cujos pagamentos são pesados. Compram os seus comprimidos mágicos, mas apenas a um terço do custo total. Depois vêm os consumidores, que compram despreocupadamente comida, calçado e tudo o mais com o cartão de crédito, que cobra altas taxas de juro aos que têm expectativas demasiado otimistas sobre como pagarão a conta quando esta chegar. Depois, o insulto soma-se ao dano com as taxas de mora e as taxas de penalização. Em cada fase, a busca competitiva de lucros joga com as nossas fraquezas.

CAPÍTULO 5
PESCA NA POLÍTICA

Todos temos a experiência – talvez com uma namorada ou um namorado antigo – de podermos olhar para trás com o saber de mais alguns anos e articular agora claramente aquilo que, nessa altura, sentíamos apenas de forma vaga. Um de nós (George) teve uma experiência destas na última semana de outubro de 2004. Por uma estranha circunstância, George encontrava-se no Iowa, como assistente e delegado ocasional de Art Small Jr., que era o candidato democrata do Iowa ao Senado dos Estados Unidos. O filho dele, Art Small III, antigo aluno de George em Berkeley, pedira-lhe que fosse «conselheiro económico» do pai. George respondera que iria ao Iowa para ajudar durante uma semana ([1]).

O candidato Art fora professor de Inglês, farmacêutico, assistente no Congresso, representante e agora senador da legislatura do Iowa (e presidente do Comité de Dotações), advogado e impressor ([2]). No Iowa, era conhecido pela sua integridade e honestidade. Isto refletia-se na sua campanha, com o seu *slogan* «THINK BIG, vote Small» e os crachás e cartazes de campanha num modesto preto e branco. Art não recebia financiamentos de comités de ação política ou de interesses especiais – de maneira que, com uma semana de campanha, as contribuições que recebera totalizavam apenas 103 dólares. Candidatara-se ao Senado no último minuto, quando soube que ninguém queria aceitar o dever de representar os democratas contra o senador Charles Grassley ([3]). Durante a semana de George no Iowa, soube que Art também tivera uma razão especial para essa relutância. Ser candidato ao Senado, mesmo com uma campanha sem esperança, era muito árduo, e Art tinha ainda de cuidar da sua mulher presa a uma cadeira de rodas. Isto tornou-se claro num dia em que Art levou George a sua casa e serviu um jantar de ovos mexidos. Lavaram juntos a louça.

Um dos principais pontos da campanha era o papel que Grassley desempenhara como presidente do Comité de Finanças do Senado, como defensor dos cortes fiscais de George W. Bush em 2001 e 2003. O Gabinete do Orçamento do Congresso calculara que esses cortes iriam aumentar o défice federal em cerca de 1,7 biliões de dólares ([4]). Se esse dinheiro tivesse sido poupado para um período difícil, apenas alguns anos depois, em 2008, teria sido uma grande ajuda para salvar os Estados Unidos da Grande Recessão. Pelos nossos cálculos, seria uma quantia suficiente para os Estados Unidos reduzirem o desemprego de uma média de 9 por cento para 7 por cento nos 4 anos desde 2009 até 2012 ([5]).

Independentemente dos méritos ou deficiências respetivos de Art ou de Grassley, a oposição a Art era esmagadora. O Iowa exporta *bacon*; Grassley conseguiu isso – em Washington. Os subsídios para etanol foram uma das suas imagens de marca. Mas não eram apenas as suas contribuições diretas para o Iowa que contavam nessa campanha eleitoral. Grassley reunira um tesouro de 7,6 milhões de dólares para a campanha ([6]). Bastava ver durante alguns minutos o KCCI, o Channel 8 ou o Des Moines para perceber para onde ia esse dinheiro. Grassley aparecia num anúncio de campanha a conduzir em círculos o seu trator cortador de relva, com dois cortadores de relva normais engenhosamente presos ao trator, enquanto elipses concêntricas de relva cortada emergiam no seu rico relvado do Iowa. *Grass*-ley, entoa o anúncio. Percebem? «Gosto muito do trabalho no Senado dos Estados Unidos, mas, por vezes, temos de sair dali. Então», diz ele lentamente num tom familiar, «gosto de cortar a minha relva aos fins de semana» ([7]).

Art lutou até ao fim. Resultados da eleição: Grassley: 70,2 por cento; Small: 27,9 por cento ([8]). Na Bíblia, David derrota Golias. Mas, em muitos casos, o gigante vence.

DEMOCRACIA, O PAPEL DO DINHEIRO NA POLÍTICA E, MAIS UMA VEZ, PESCA DE TOLOS

A campanha Grassley-Small, e o papel do dinheiro nessa campanha, é, de uma forma mais geral, um microcosmos das eleições para o

Congresso dos Estados Unidos. As estatísticas agregadas mostram que estas eleições não foram, pondo de lado a falta de dinheiro de Art, uma exceção. Para as eleições à Câmara dos Representantes dos Estados Unidos em 2008, as despesas totais de campanha de todos os candidatos foram superiores a 2 milhões por candidato, com os já eleitos a gastarem mais do dobro dos seus opositores. Em termos humanos, um representante tem de angariar cerca de 1800 dólares por dia enquanto está no cargo (incluindo sábados, domingos e feriados). As candidaturas abertas, sem que um dos candidatos seja já membro do Congresso, tiveram mais do dobro dos custos, com 4,7 milhões de dólares. No entanto, as campanhas para o Senado são ainda mais caras. O senador normal gasta mais de 8 milhões de dólares na sua reeleição – como no caso de Grassley, que gastou muito mais do que os seus opositores ([9]).

Regressando a Grassley (como nosso exemplo), se mostrarmos ao público um homem num cortador de relva, é muito provável que votem nele. Como dissemos no capítulo 3 sobre a publicidade, os eleitores enxertam as narrativas dos anúncios nas narrativas sobre si próprios, os seus amigos e vizinhos. O anúncio do cortador de relva enxerta a história de que Grassley é um amigo e vizinho. Tal como os concidadãos do Iowa, ele corta a sua própria relva; até vem de Washington para fazer isso. Vale a pena observar que, embora tenha feito muitas coisas positivas no Senado (colmatando lacunas inapropriadas nos impostos sobre o rendimento pessoal, lutando contra a escravatura sexual, por exemplo), o anúncio nada diz sobre as políticas do candidato ou sobre o seu carácter. Pelo contrário, quando muito, o anúncio devia levar os eleitores a indagarem-se sobre a fonte do dinheiro para o pagar; no entanto, com um anúncio bem-sucedido, a ideia não lhes ocorre.

Os efeitos da pesca na política são análogos aos efeitos da pesca na economia. A teoria económica básica diz que, na ausência de pesca, a concorrência económica gera um bom equilíbrio (que é «ótimo de Pareto»); de forma similar, a ciência política básica diz que as eleições democráticas competitivas geram bons resultados. Isto é normalmente atribuído ao politólogo Anthony Downs ([10]). Se os eleitores estiverem totalmente informados e votarem nas suas preferências, o que pode ser representado numa escala numa régua da esquerda para a direita, as plataformas dos dois candidatos opostos alcançarão um equilíbrio. As plataformas dos dois candidatos estarão em conformidade com a preferência do «eleitor mediano»: a posição preferida de metade dos eleitores está «à esquerda»; a outra metade está «à direita» ([11]). Este equilíbrio ocorre pela mesma razão que as filas no supermercado têm a mesma dimensão. Ocorre porque, se um dos dois candidatos não escolher essa plataforma, o outro candidato pode ganhar fazendo isso.

Este equilíbrio descreve um resultado que pondera os argumentos dos dois lados e alcança um compromisso. Trata-se daquilo que idealmente gostaríamos que fosse a democracia. Assim, seria muito bom se a descrição de Downs do comportamento do eleitor e do candidato descrevesse a realidade. Mas difere consideravelmente dela, porque, infelizmente, os eleitores podem ser pescados de duas maneiras principais. Em primeiro lugar, não estão totalmente informados: são tolos em termos de informação. Em segundo, os eleitores são também tolos psicológicos: por exemplo, porque respondem a apelos como os anúncios do cortador de relva. Estas possibilidades de pesca alteram o equilíbrio político. Afastam as plataformas dos candidatos das preferências do eleitor mediano.

A estratégia eleitoral vencedora com eleitores pescáveis tem três planos: 1. Publicamente, proclama políticas que apelam ao eleitor típico sobre questões que são importantes para ele e sobre as quais está bem informado. 2. Mas, em relação a outras questões, acerca das quais o eleitor típico está mal informado, e sobre as quais os potenciais doadores da campanha estão bem informados, assume a posição que apela aos doadores. Promove esta posição a contribuidores potenciais sem a transmitir claramente ao público geral. 3. Usa as contribuições desses «grupos de interesse especial» para a campanha, aumentando a popularidade entre os eleitores medianos, que têm mais probabilidade de votar em alguém que «corta a relva na televisão» ([12]). Com estas estratégias racionais para vencer eleições, o teorema do eleitor mediano não descreve resultados políticos. Ao invés, temos um equilíbrio de pesca política.

ELEITORES INFORMADOS *VERSUS* ELEITORES NÃO INFORMADOS

Embora possa haver algumas questões em relação às quais é bastante fácil ser um eleitor informado, também é verdade que o público deixa muitos assuntos para o Congresso: onde apenas os «especialistas» compreendem o que está em causa; e quase todas as outras pessoas são eleitores não informados. Um exemplo demonstra que até o eleitor mais intrépido considerará impossível estar completamente informado – mesmo sobre questões da maior importância. Muito provavelmente, a legislação congressional americana mais importante dos nossos tempos é a H. R. 1424 do 11.º Congresso (a Lei de Estabilização Económica de Emergência, de 2008). Autoriza o departamento do Tesouro a gastar até 700 mil milhões de dólares para apoiar os ativos problemáticos. Evitou o colapso do sistema financeiro americano e, quase de certeza, evitou (ou pelo menos adiou até agora) o advento da Segunda Grande Depressão. No entanto, por muito importante que fosse, só alguém com informação privilegiada, ou um adivinho, poderia ter previsto como seria usada nos seis meses depois de ter sido aprovada para resgatar uma boa parte do sistema bancário dos Estados Unidos, bem como a General Motors e a Chrysler [13].

O preâmbulo de uma lei serve para explicar a sua finalidade. O preâmbulo da H. R. 1424 diz-nos que «confere autoridade... para adquirir e assegurar certos tipos de ativos problemáticos» [14]. Isto não parece justificar os resgates. Embora tivéssemos uma cópia da lei nas nossas mãos, para identificar o ponto da lei que autorizava o resgate dos bancos e dos fabricantes de automóveis tivemos de falar com um amigo, Phillip Swagel, que era secretário assistente do Tesouro no outono de 2008 e que foi um dos principais redatores do projeto legislativo [15]. O acontecimento mais dramático no uso de fundos do Programa de Alívio de Ativos Problemáticos (TARP na sigla americana) ocorreu quando Henry Paulson, o secretário do Tesouro, em 13 de outubro de 2008, convocou os presidentes executivos de nove dos maiores bancos do país e os obrigou, gostassem ou não, a aceitar 125 mil milhões de dólares do Tesouro em troca de ações preferenciais [16]. A autoridade para esta transação deriva da primeira parte da «definição» de ativos problemáticos na Secção 3, 9 (A):

> hipotecas residenciais ou comerciais e quaisquer títulos financeiros, obrigações ou outros instrumentos baseados em ou relacionados com essas hipotecas, que tenham em cada caso sido originadas ou emitidas em ou antes de 14 de março de 2008, cuja aquisição o secretário [do Tesouro] determine que promovem a estabilidade do mercado financeiro [17].

Como Swagel nos explicou, dado que os próprios bancos eram os donos desses ativos, o resgate bancário era autorizado ao abrigo da lei. A autoridade para a aquisição da General Motors e da Chrysler é igualmente opaca. Decorre da segunda parte da definição de ativos problemáticos, na Secção 3, 9 (b), como

> qualquer outro instrumento financeiro cuja compra o secretário... determine que é necessária para promover a estabilidade do mercado financeiro [18].

A lei H. R. 1424 ilustra então o princípio geral de que perceber o que está realmente na legislação com uma componente técnica pode ser um jogo totalmente impossível de *Onde Está o Wally?*. Nos livros infantis, o Wally usa a sua camisa às riscas vermelhas e brancas, calças azuis e um gorro. Em contraste, na legislação congressional, as cláusulas a favor dos Interesses estão camufladas. Nem o público nem a imprensa são capazes de ler e interpretar legislação técnica complexa.

A nossa única defesa é a boa vontade das pessoas do Congresso para fazerem o melhor que podem por nós. Mas até esses podem não compreender as questões. Além disso, precisam de ser eleitos. E, para isso, têm de angariar o dinheiro que lhes financia o corte de relva televisivo. E se, como o pobre Art, não houver dinheiro, nunca chegarão ao Congresso para representar os nossos interesses (ou para exprimirem as suas próprias ideias).

LÓBIS E DINHEIRO

Isto leva-nos à questão de como os congressistas arranjam dinheiro para as suas campanhas e também ao papel dos lobistas. Algumas estatísticas impressionantes sobre lobistas, congressistas e financiamentos de campanhas circunscrevem as nossas respostas a esta questão. Existem cerca de 12 000 lobistas, o que representa mais de 20 para cada membro do Congresso [19]. Stephen Ansolabehere, John de Figueiredo [20] e James Snyder, do MIT, calcularam que as contribuições para as campanhas congressionais, incluindo os fundos angariados pelos próprios candidatos e as quantias significativas angariadas pelos partidos e pelos comités de ação política, são inferiores às despesas dos lóbis no Congresso num ciclo eleitoral ([21]). Tanto lóbi sugere que as contribuições para as campanhas viriam principalmente dos interesses empresariais que contratam lobistas; muito provavelmente até dos próprios lobistas. Mas, pelo contrário, apenas cerca de um oitavo das contribuições para as campanhas vem de empresas, sindicatos e outras associações; o grosso dos donativos, de facto, vem de contribuidores individuais ([22]). E os próprios lobistas entraram apenas com mais umas pequenas quantias, dadas como «amigos» do candidato e da campanha ([23]).

Este padrão estatístico restringe a descrição possível da rua de dois sentidos entre Interesses e Congresso. Não é um mero caso de «proteção à venda», como se os senadores e os representantes negociassem diretamente cláusulas da legislação com um interesse empresarial a troco de contribuições diretas para a campanha, com os lobistas a servirem de intermediários. Neste caso, os congressistas seriam seriamente enganados pelos seus intermediários lobistas, cuja parte é mais de oito vezes as contribuições de empresas e sindicatos para a campanha. Isto leva-nos a duas questões: quem são os lobistas? E que serviço prestam aos congressistas por tanto dinheiro?

Vale a pena explicar a natureza deste serviço. A partir da experiência de George em Washington, percebemos que um papel fundamental do político é implantar nas mentes das pessoas uma história sobre si próprias. A nossa metáfora de campanha – conduzir um cortador de relva na televisão – oferece uma imagem viva do político a criar a história e a disseminá-la. Mas este é apenas o aspeto aberto da história do político. Há também um lado mais clandestino. Leslie Aspin, ex-presidente do Comité do Congresso para as Forças Armadas e, mais tarde, primeiro secretário da Defesa de Clinton, era conhecido por uma observação que fizera: «Se derem ao Congresso a oportunidade de votar nos dois lados de uma questão, fará sempre isso.» ([24]) A nossa descrição anterior da estratégia vencedora de eleições diz-nos por que razão os colegas congressistas de Aspin levaram tanto a peito esta observação cínica. Essa estratégia diz-nos que o congressista tem dois objetivos: por um lado, apelar aos eleitores; por outro, apelar aos doadores da campanha. Por isso, não foi por acaso que Romney e Obama foram proeminentemente vistos com angariadores de fundos privados a darem opiniões em privado que eram altamente impopulares para os eleitores comuns: Romney em 2012, sobre os

47 por cento que «votariam no presidente de qualquer maneira [porque] são dependentes do governo» ([25]); Obama, apesar do seu grande autocontrolo, quatro anos depois, em 2008, com um angariador de fundos, sobre os eleitores das «pequenas cidades da Pensilvânia [como] rancorosos [e por isso] agarram-se às armas, à religião ou à antipatia para com as pessoas que não são como eles» ([26]).

O mandato duplo dos políticos leva-nos de volta à questão sobre onde se encaixam os lobistas. O lobista está numa posição especial para ajudar o político. A própria natureza da sua ocupação – é pago por uma parte interessada – confere-lhe conhecimentos especiais sobre onde encontrar dinheiro: isto porque a disposição dos interesses para pagarem ao lobista a fim de promover a sua causa identifica quem terá interesse especial num político com ideias semelhantes. (Assim, a mera existência e a contratação dos lobistas por um dado sector é um indicador de fundos potenciais – onde há fumo, há fogo.) No mundo duro onde os congressistas têm de extrair quantias significativas ao público para fazerem as suas campanhas, o lobista pode ser o farol tão necessário que indica onde está o pote de ouro ([27]).

Além disso, um bom lobista tem outro papel a desempenhar. Pode ajudar o político a enfiar a linha na agulha: a construir a história com o melhor compromisso entre extrair votos do público geral e dinheiro dos Interesses. Há uma ideia na ciência política – que, como veremos mais à frente, também é expressa na decisão do Supremo Tribunal sobre a organização Citizens United – de que as atividades como as dos lóbis envolvem transferências de «informação» ([28]). Isto pode ser verdade, mas os lóbis passam essa informação através de uma narrativa cuidadosamente construída, que é intencionalmente colorida com enviesamentos. Dar conselhos sobre a criação dessa narrativa requer uma compreensão intuitiva de dupla face – pública e privada – que o político quer apresentar em simultâneo. É este tipo de compreensão solidária que recebemos dos nossos melhores amigos e confidentes. Por isso, não é por acaso que os lobistas são antigos funcionários do Congresso e também até antigos congressistas. Na classe de reformados do Congresso em 2010, 50 por cento dos senadores e 42 por cento dos representantes tornaram-se lobistas (mais 3 por cento das duas câmaras nos tempos mais fáceis de 1974, quando os candidatos tinham muito menos necessidade de doações) ([29]). E da mesma maneira que o lobista como amigo serve os objetivos do político, o amigo do político torna o lobista atraente para os clientes potenciais.

Uma história revela o lugar do aforismo de Aspin no funcionamento do Senado. Pelos seus procedimentos normais, o Senado dos Estados Unidos criou até a oportunidade para os senadores votarem das duas maneiras em quase todos os financiamentos. O senador novato Ted Kaufman – herdeiro do lugar de Joseph Biden quando este se tornou vice-presidente em 2009 – aprendeu este facto da pior maneira. Indignado com a fraude financeira que levara à crise financeira de 2008, Kaufman copatrocinou uma lei para combater essa fraude (FERA – o Fraud Enforcement and Recovery Act) [30]. Uma das suas principais cláusulas era a autorização de 165 milhões de dólares para o departamento de Justiça com a finalidade de combater o crime de colarinho branco. Estes fundos eram especialmente necessários em 2009, porque, no rescaldo do 11 de setembro, o departamento de Justiça esvaziara a sua divisão de luta contra os crimes económicos. Os recursos foram transferidos para o antiterrorismo [31]. O projeto-lei FERA passou de forma fácil e entusiástica tanto na Câmara dos Representantes como no Senado; Kaufman estava exultante. No entanto, em pouco tempo, descobriu que, embora os seus colegas tivessem *autorizado* 165 milhões de dólares, iriam fazer apenas uma dotação de 30 milhões na proposta de orçamento anual [32]. Os seus colegas não dariam mais, pois despesas maiores poderiam pôr em perigo as contribuições de Wall Street. O gracejo de Aspin – e a estratégia ótima de uma narrativa para os eleitores, outra para os doadores – tornara-se literalmente numa realidade.

MAS TERÁ ISTO GRANDES EFEITOS?

Descrevemos as maneiras qualitativas como as despesas das campanhas e os lóbis afetam o governo e criam o exercício dos gostos determinados pelas fraquezas. Mas serão os efeitos significativos? Serão pequenos relativamente às despesas do governo federal, que, num total de quase 4 biliões de dólares, são mais de 100 vezes maiores? [33] Com este fim, analisaremos se o coeficiente de distorção – ou seja, o rácio entre as alterações na despesa e a regulação por causa dos lobistas e dos pagamentos que recebem – é grande ou pequeno.

Tal como a lealdade e a amizade, o compromisso com o secretismo é também uma característica do lobista ideal; isto significa que os dados que procuramos, uma medida dos custos de campanhas/lóbis em relação às mudanças tangíveis na atividade do governo, são difíceis de obter. Temos de olhar para eventos raros a fim de obtermos um vislumbre disso, tal como os vulcanólogos, ao primeiro sinal de erupções vulcânicas, se apressam a ver o fluxo de magma que revela o que se esconde sob a superfície da terra. Para nós, o estranho desejo do lobista de Washington Gerry Cassidy por uma biografia «que conta tudo» providencia duas dessas situações ([34]); a atividade dos lóbis a favor de uma mudança na tributação das receitas das empresas americanas no estrangeiro fornece-nos uma terceira; e as revelações que emanam da crise das instituições de poupanças e crédito dos anos 80 dão-nos uma quarta.

Seawolf. No seu discurso sobre o Estado da Nação em janeiro de 1992, George Bush propôs a retirada de fundos já dotados para a construção de dois novos submarinos nucleares *Seawolf.* O fabricante destas embarcações, a General Dynamics, reagiu de imediato: contratou Gerry Cassidy, a um custo de 120 000 dólares por mês, para elaborar uma campanha de publicidade e de lóbi ([35]). O *Seawolf* foi salvo, pois a rescisão proposta de 2,8 mil milhões de dólares foi abortada ([36]). No entanto, os pagamentos aos lobistas, bem como o aumento das contribuições para as campanhas, foram pequenos relativamente aos seus efeitos. Para os anos de 1991-1992, as contribuições da General Dynamics para a campanha congressional aumentaram apenas 198 000 dólares em relação ao ciclo eleitoral de 1989-1990.

Poupanças fiscais. Um estudo de Raquel Alexander, Stephen Mazza e Susan Sholz ([37]) sugere os altos retornos que podem ser obtidos com a atividade dos lóbis. Em inícios de 2000, as filiais das empresas multinacionais americanas foram autorizadas a reter os seus lucros sem serem tributados, desde que não fossem repatriados; um grande saldo de ganhos americanos nunca tributados acumulara-se no estrangeiro. Os Estados Unidos queriam recuperá-los. O Congresso promulgou o American Jobs Creation Act (AJCA) com uma dedução de 85 por cento num ano (Secção 965) sobre os ganhos não tributados enviados para os Estados

Unidos. Na altura, a taxa normal do imposto sobre os dividendos dos fundos repatriados era de 35 por cento; depois dessa dedução de 85 por cento, passou a ser apenas de 5,25 por cento. Nesta base, 39 empresas que se juntaram numa coligação para fazer pressão a favor da lei pouparam 46 mil milhões de dólares sobre o dinheiro que repatriavam; as despesas totais com os lóbis para as empresas da coligação foram, no total, 180 milhões de dólares. As poupanças fiscais da amnistia foram, então, pelo menos 255 vezes os custos dos lóbis ([38]).

Sumo de mirtilo. Foram registados lucros espetaculares da Ocean Spray, relativos à rotulagem de sumo de mirtilo. Durante a presidência de Reagan, a Food and Drug Administration ameaçou obrigar a que os rótulos do sumo de mirtilo especificassem que continha 75 por cento de água ([39]). A Ocean Spray recorreu à ajuda de Cassidy. Alguns congressistas receberam ofertas para discursarem em palestras com honorários de 2000 e 4000 dólares; foram também distribuídos 375 000 dólares de contribuições de comités de ação política. Uma proibição contra qualquer regulamentação que exigisse a descrição dos conteúdos dos sumos foi, sem alarde, introduzida num projeto de lei de orçamento ([40]). Missão cumprida. Os ganhos da Ocean Spray foram enormes: em 2005, as vendas americanas de sumo de mirtilo alcançaram os 750 milhões de dólares ([41]). Os custos dos lóbis, pelo contrário, foram minúsculos ([42]).

Charles Keating e o Lincoln Savings. Na crise das instituições de poupanças e crédito dos anos 80 (que será abordada com muito mais pormenor nos capítulos 9 e 10), o processo judicial contra Charles Keating, dono do Lincoln Savings and Loan, revelou algumas estimativas sobre a relação entre as contribuições para campanhas e as perdas dos contribuintes. Como retribuição parcial dos donativos de 1,4 milhões de dólares de Keating a campanhas, cinco senadores americanos intimidaram os reguladores que haviam começado a investigá-lo ([43]). Estes senadores reuniram-se com os reguladores e disseram que se queriam certificar de que o Federal Home Loan Bank Board não prejudicaria um «constituinte» ([44]). Este e outros obstáculos que Keating ergueu no caminho das investigações foram responsáveis por um custo total estimado em mil milhões dos 2 ou 3 mil milhões de dólares gastos na resolução do seu banco insolvente ([45]).

São raras as instâncias em que é possível fazer uma comparação do custo dos *quids* das contribuições para campanhas com o valor dos *quos* dos benefícios dos Interesses. No entanto, abundam as provas circunstanciais dos efeitos desse dinheiro na política. Por exemplo, não é coincidência que o Comité de Serviços Financeiros da Câmara dos Representantes seja especialmente pesado: tem quase 15 por cento de todos os membros da Câmara dos Representantes, e é conhecido como um «comité do dinheiro». Ambos os partidos colocam estrategicamente membros nesse comité que têm probabilidade de estar vulneráveis nas suas próximas eleições ([46]). Também não é provável que o desaparecimento dos 135 milhões de dólares para o combate ao crime de colarinho branco autorizado no FERA tenha sido um acidente. E não vemos como coincidência que as Finanças (IRS) tenham um orçamento tão pequeno que não conseguem coletar centenas de milhares de milhões de dólares de impostos em falta (estimados pelo próprio IRS em 385 mil milhões de dólares para 2006) ([47]). Os orçamentos do departamento de Justiça, do IRS, da Securities and Exchange Commission (SEC) e de muitos outros reguladores estão bastante reduzidos. Estas provas são demasiado pouco específicas para serem admitidas em tribunal; mas, ao mesmo tempo, são também reveladoras de que a influência de doadores ricos triunfa sobre a política económica que seria boa para a maioria das pessoas. Na conclusão, voltaremos a analisar com mais atenção a falta de financiamento da SEC.

RESUMO

Em suma, o nexo entre os lóbis e os fundos para campanhas, o Congresso e os Interesses é um terreno fértil para a pesca de tolos. Tal como a pesca de tolos é um fator importante para tornar os mercados menos atentos às verdadeiras necessidades das pessoas, desempenha um papel similar ao minar a democracia. A democracia pode ser a melhor forma de governo conhecida pela humanidade; mas não nos protege automaticamente da existência de gostos determinados pelas fragilidades. Pelo contrário, de muitas formas, como vimos, quando os políticos precisam de angariar dinheiro para as suas campanhas, cria e dissemina sistematicamente esses gostos.

Posfácio. Poderíamos acrescentar muitos posfácios a este capítulo sobre temas que não tratámos; há um tópico que merecia uma referência especial. Este capítulo focou-se sobretudo nos lóbis no Congresso. Muito possivelmente de importância maior são os lóbis das agências reguladoras, já para não falar dos lóbis nos governos dos estados e locais.

CAPÍTULO 6
COMIDA, FARMACÊUTICAS E PESCA

Em 1906, o escritor populista Upton Sinclair perturbou a paz de espírito do público. Escreveu um romance, *A Selva*, baseado nas fábricas de processamento de carne de Chicago. O seu objetivo era denunciar a escravatura dos salários dos imigrantes em inícios do século XX, tal como Harriet Beecher Stowe, em *A Cabana do Pai Tomás*, denunciara a escravatura afro-americana (e foi um grande impulsionador da Guerra Civil) ([1]). No entanto, *A Selva* gerou um alvoroço inesperado, uma vez que levou as donas de casa da classe média a descobrirem que o bife que serviam ao jantar podia vir de gado tuberculoso ([2]). Podia haver restos de ratos envenenados nas salsichas ou até de partes humanas na sua banha «Durham's Pure Leaf» ([3]). A procura dessa carne caiu para metade e os seus amigos no Congresso aprovaram a lei federal de Inspeção da Carne, de 1906 ([4]), cujas disposições fizeram dos problemas denunciados por Sinclair uma coisa do passado.

Outro movimento significativo, na primeira década do século XX, colocou restrições consideráveis à pesca, com a promulgação da lei Pure Food and Drug, também em 1906.

Dado o estado dos conhecimentos médicos e a credulidade do público dessa época, a América do século XIX era terreno fértil para «homens de confiança» pouco escrupulosos venderem banha da cobra. William Swaim é um exemplo da primeira parte do século. Engarrafou uma mistura a que chamou Panaceia de Swaim. O rótulo da garrafa ilustrava a sua magia: Hércules a bater numa hidra com cabeças de serpente. A Panaceia era uma «Descoberta Recente para a Cura de Escrófula ou Mal do Rei, Doença Mercurial, Sífilis Profunda, Reumatismo e Todas as Perturbações Decorrentes de um Estado do Sangue Contaminado ou Impuro» ([5]). No entanto, o relatório de uma comissão de médicos de Nova Iorque tinha uma opinião diferente: diziam que esse produto causara numerosas mortes. Nesta altura, a medicina era ineficaz, mas, neste caso, os médicos tinham razão. Entre os ingredientes da Panaceia, encontrava-se mercúrio. Inabalável, Swaim respondeu ao relatório de 37 páginas dos médicos com um texto de 52 páginas: «Não passei pela vida sem [observar] que afirmações, ainda que vagas e infundadas, se as deixarem passar para o espírito do ouvinte, sem contradição, serão frequentemente recebidas com a aquiescência devida apenas à verdade estabelecida» ([6]). Swaim vendia remédios assassinos, mas não deixava de ter sentido de humor.

Outro exemplo vem de William Radam, um jardineiro de Austin, Texas. Juntando o seu conhecimento botânico à ciência emergente da época, Radam formulou a hipótese de que todos os micróbios diabólicos recentemente descobertos nos laboratórios europeus causariam deterioração no corpo humano. Ele próprio observara que, após trovoadas, os fungos não cresciam. Os relâmpagos fariam qualquer coisa ao ar. Radam pensou que podia fazer uma mistura com o mesmo efeito natural. Chamou à sua cura Matador de Micróbios. Quando dois pacientes pareceram recuperar miraculosamente, o sucesso foi imediato. O departamento de Agricultura analisou o produto e parece que não havia dois lotes iguais do Matador. O seu ingrediente principal era água, com outros produtos, como vinho e um ácido forte, mas provavelmente muito diluído. Radam mudou-se para uma mansão com vista para o Central Park ([7]).

O químico-chefe do departamento de Agricultura, Harvey Washington Wiley, um Índio nascido numa cabana de madeira que se formou em Harvard, queria acabar com estes disparates. Achava que o público devia estar consciente das impurezas nos alimentos e nos medicamentos. Devia ser imposta uma lei de rotulagem dos alimentos, pois a ciência da época permitia análises aos ingredientes alimentares. Um ponto de viragem na campanha deu-se com uma experiência que realizou. Doze jovens voluntariaram-se para tomarem todas as suas refeições numa sala de jantar no departamento de Agricultura, com uma dieta que incluía vários aditivos alimentares, como borato de soda e formaldeído ([8]). Em pouco tempo, perderam o apetite e sofreram de indigestão. Em retrospetiva, é muito possível que essas perturbações gastrointestinais não tenham sido provocadas pelos aditivos, mas sim por aquilo que era dito sobre esses jovens. A imprensa fizera deles pequenos heróis, descrevendo-os como o «esquadrão do veneno» ([9]). A aprovação da lei Pure Food and Drug ocorreu pouco tempo depois.

SALTO PARA O SÉCULO XXI

Em 2010, quando começámos a escrever este capítulo sobre os alimentos e os medicamentos, pretendíamos que fosse uma história *ad hoc*. Olharíamos para a carne estragada e a banha da cobra do século XIX; falaríamos da promulgação das leis Meat Inspection e Pure Food and Drug, como fizemos; depois saltaríamos para o século XXI. A nossa mensagem seria que «agora é diferente»: com a regulação atual – em contraste com a falta de regulamentação dessa época –, os alimentos e os medicamentos são seguros. No entanto, quando abordámos os tempos modernos, tivemos uma surpresa. É outro caso de «desta vez é diferente», mas novamente no sentido irónico e não literal. O sentido literal não é bem assim. Nem os alimentos nem os medicamentos são tão seguros como pensávamos. A pesca continua, evitando a rede de reguladores, agora de maneiras mais sofisticadas.

Veja-se a comida. Em vez dos bifes de gado tuberculoso denunciados por Sinclair, temos a indústria alimentar. Pesca-nos, maciçamente, com as suas ofertas: cheias de açúcar, sal e gordura. Hoje em dia, é raro ir parar ao hospital por causa de envenenamento alimentar. Mas temos doenças coronárias e diabetes causadas pela comida. O apelo da comida aos nossos gostos determinados pelas nossas fragilidades está de tal maneira documentado que não é preciso dizer muito mais. Mas é uma prova forte da nossa teoria da pesca de tolos ([10]).

A respeito dos medicamentos, também pensávamos que a Panaceia de Swaim e o Matador de Micróbios de Radam faziam parte da história. Pensávamos que as normas da Food and Drug Administration (FDA) para assegurar a eficácia dos medicamentos protegessem agora os incautos; a intermediação exigida entre o paciente e os medicamentos devia providenciar mais proteção. Contudo, menosprezámos a ingenuidade das Farmacêuticas, da mesma maneira que menosprezámos o poder da pesca de tolos.

VIOXX

Abordaremos de forma um pouco pormenorizada um exemplo. É extremo; mas, como veremos, revela o que pode correr mal de forma muito mais geral. A Merck – que, durante seis anos consecutivos, de 1985 a 1990, foi considerada a empresa Mais Admirada da *Fortune* – lançou um produto novo em 1999. Como George sabe pessoalmente, a dor causada pela artrite é uma das adversidades da velhice. Os medicamentos anti-inflamatórios não esteroides (AINE), como a aspirina, o ibuprofeno e o naproxeno, providenciam alívio da dor, mas também têm efeitos adversos. Estes analgésicos funcionam inibindo dois tipos de enzimas: COX-1 e COX-2. A inibição da COX-2 reduz a inflamação e a dor. Mas a COX-1 protege o revestimento do estômago e a sua inibição provoca úlceras [11]. A sobredosagem de AINE é, assim, uma causa importante de morte entre os idosos [12]. A Merck teve a ideia brilhante (como fez a Searle) de criar um medicamento com o objetivo de bloquear a COX-2, mas não a COX-1 [13]. A Merck desenvolveu este medicamento, chamou-lhe Vioxx e conseguiu que fosse aprovado pela FDA. No entanto, esta aprovação implicava a realização de ensaios aleatórios controlados mais rigorosos do que haviam sido feitos [14]. A Merck designou este estudo como VIGOR (Vioxx Gastrointestinal Outcomes Research). Os acontecimentos que rodeiam o VIGOR dão-nos uma ideia da razão por que, apesar das nossas salvaguardas modernas, continuamos vulneráveis à pesca das farmacêuticas.

Da mesma maneira que as editoras promovem um livro que é um sucesso de vendas, as Farmacêuticas orquestram o lançamento de um medicamento de grande êxito. A audiência principal do lançamento é constituída pelos médicos, que são os intermediários entre o paciente e o medicamento. Por seu lado, os artigos científicos nas revistas médicas constituem uma ligação fundamental entre o médico e a prescrição. Por isso, quando têm um novo medicamento, as Farmacêuticas têm o cuidado especial de dar à luz esses artigos. Ao escolherem os autores, que recebem os dados das experiências, as farmacêuticas não estão a dar tiros no escuro. Os seus muitos contactos (incluindo os do apoio à investigação dado pela empresa) dão-lhes pistas: sobre quem será influente e quem será favorável. Estes eleitos terão acesso aos ensaios aleatórios controlados exigidos pela FDA. Costumam também receber «apoio editorial» – menos graciosamente conhecido como «escrita fantasma» – para o artigo ([15]). Assim, não é por acaso que os artigos de revistas patrocinados pelas farmacêuticas são geralmente mais favoráveis aos medicamentos analisados do que os artigos financiados por outras fontes ([16]). O *marketing* do medicamento não consiste apenas no conteúdo dos artigos publicados; consiste também nos seus números. O modo como estes números podem ser manipulados foi revelado num pequeno escândalo há alguns anos, quando a editora de revistas Elsevier admitiu que alguns artigos em seis das suas publicações não pareciam ter sido revistos pelos pares; eram patrocinados por Farmacêuticas, sem referência ao patrocínio ([17]).

Um estudo sobre o Vioxx, baseado no VIGOR, saiu assim naturalmente no *New England Journal of Medicine*, em novembro de 2000, assinado por Claire Bombardier e outros colegas da Universidade de Toronto ([18]). O ensaio fora realizado de janeiro a julho de 1999: com 4047 sujeitos a receberem Vioxx e 4029 sujeitos de controlo a receberem naproxeno (nome comercial: Aleve) ([19]). Parecia que a nova droga maravilha funcionava como prometido. Não só aliviava a dor como também causava muito menos ocorrências gastrointestinais que o Aleve. Ao todo, houve 177 em toda a amostra, com os que tomaram naproxeno a terem 2,2 mais ocorrências que os que tomaram Vioxx. As ocorrências realmente «complicadas» tiveram mais ou menos o mesmo rácio: 37 para 16 ([20]).

Mas depois houve uma sombra perturbadora, relatada sem rodeios por Bombardier e os seus coautores. Os indivíduos que tomaram Vioxx tiveram 17 ataques cardíacos; os que tomaram naproxeno sofreram 4 ataques. O rácio entre estes números era grande; mas 17 e 4 são suficientemente pequenos para que as diferenças tivessem ocorrido por uma razão aleatória ([21]). Bombardier e os seus coautores sugeriam também que, embora pudesse existir uma diferença entre o Vioxx e o naproxeno, esta não se devia a deficiências no nosso medicamento, o Vioxx ([22]). Ao invés, devia-se provavelmente ao facto de o naproxeno ter propriedades de proteção cardiovascular. Estas estatísticas e afirmações foram apresentadas no tom dos mantras dos efeitos secundários nos anúncios televisivos a medicamentos. E o estudo tinha outra omissão: que os indivíduos que tomaram Vioxx sofreram 47 ocorrências tromboembólicas graves (ou seja, bloqueamento de um vaso sanguíneo por uma partícula que se soltou de um coágulo) contra apenas 20 nos que tomaram naproxeno (²³). A menos que se considere 47 em 4047 um pequeno número, devemos lembrar que o Vioxx fora desenvolvido para um uso a longo prazo (sobretudo para o alívio da dor osteoarticular). Durante, por exemplo, cinco anos, com esta taxa de 1,16 por cento por cada seis meses, um utilizador de Vioxx correria um risco significativo de ter um «evento tromboembólico grave».

Podemos imaginar como os autores do estudo se terão sentido. Os seus colegas da Merk haviam desenvolvido um novo medicamento maravilhoso. Era anunciado como uma «super-aspirina». A redução da complicação gastrointestinal resultava da conceção do próprio medicamento. Assim, o benefício observado era de esperar. Toda a gente teria relutância em manchar a pintura. Contudo, uma investigação recente havia previsto que um inibidor COX-2 como o Vioxx provocaria também os efeitos secundários cardiovasculares observados. Este estudo (realizado por Garret FitzGerald e alguns colegas da Universidade da Pensilvânia) descobriu que a supressão da COX-2 interferiria com o equilíbrio entre dois lípidos importantes: prostaglandina e tromboxano. Juntos, controlam o revestimento e a largura dos vasos sanguíneos, bem como a formação de coágulos de sangue. A inibição da COX-2 perturbaria o equilíbrio dos dois lípidos e, por isso, poderia provocar um fluxo anormal de sangue e/ou a formação de coágulos (²⁴). A Merck conhecia este estudo, sobretudo porque o financiara (²⁵); fora também descrito num comunicado de imprensa em janeiro de 1999 do University of Pennsylvania Health System (²⁶).

As estatísticas do VIGOR (e também de outros estudos realizados pela Merck, mas não tornados públicos) deviam ter servido de sinal de alarme, mas a Merck tinha um motivo especial para seguir em frente. A Vioxx concorria com o analgésico coxib alternativo Celebrex, que, devido a uma fusão, pertencia agora à arquirrival Pfizer (²⁷). O departamento de *marketing* da Merck estava assim a fazer o seu papel no lançamento. No verão de 1998, como um pré-lançamento do Vioxx, a Merk, conjuntamente com a Pfizer, a Roche, a Johnson & Johnson e a Searle, patrocinou uma conferência sumptuosa no Ritz-Carlton Kapalua, no Havai. Seis eminentes especialistas no estudo dos analgésicos foram convidados para ouvirem elegias às novas super-aspirinas ([28]). Noutra frente, Dorothy Hamill, patinadora olímpica, foi recrutada para fazer *talk shows* e anúncios. De forma cativante e excessivamente emocional, contou uma história com a qual toda a gente se podia identificar: o Vioxx não só lhe aliviara as dores de pescoço e das costas, como também lhe permitira voltar a dançar alegremente no gelo ([29]). E 3000 delegados de propaganda médica (no total, há um delegado de propaganda médica para cada seis médicos nos Estados Unidos) ([30]) foram enviados para o terreno ([31]). Não foram desarmados. Após a publicação do artigo de Bombardier *et al.*, os delegados de propaganda médica foram instruídos sobre como responder às preocupações dos médicos com os efeitos secundários cardiovasculares. Deviam mostrar três quadros; um dos quadros dizia ([32]):

Mortalidade total e ocorrências de mortalidade cardiovascular por paciente-anos

	Vioxx $N = 3595$	AINE $N = 1565$	Placebo $N = 783$
Mortalidade total	0,1	1,1	0,0
Mortalidade cardiovascular	0,1	0,8	0,0

Estes dados ignoravam os dados do VIGOR. Também não é claro de onde vêm, se vêm de algum lado. Um memorando para os membros democratas do House Committee on Government Reform afirmou que estes números «parecem ter pouca ou nenhuma validade científica» ([33]). Além disso, como descrito no *New England Journal of Medicine* pelo cardiologista Eric Topol, os esforços da Merk para aliviar as preocupações dos médicos foram «incansáveis»; descreve simpósios médicos em encontros nacionais com esse fim; e também artigos de revistas redigidos por empregados e consultores da Merck ([34]). Para os simpósios médicos, a Merck criou uma equipa de 560 médicos oradores ainda antes do lançamento ([35]).

Assim, o Vioxx foi lançado e defendido. Em 2004, as vendas anuais alcançaram os 2500 milhões de dólares ([36]). No entanto, a sombra tornava-se cada vez mais ameaçadora. As conclusões estatísticas indicavam que a possibilidade de o Vioxx poder causar ataques cardíacos era uma realidade. De forma reveladora, o diretor associado da divisão da FDA para a segurança, David Graham, que tinha suspeitas desde o início, juntou-se à organização de manutenção da saúde Kaiser Permanente. Compararam a incidência dos enfartes de miocárdio (ataque cardíaco) em 26 748 pacientes que haviam tomado Vioxx com a incidência de pacientes análogos que receberam um tratamento diferente ([37]). Mais uma vez, este estudo mostrou um aumento estatisticamente significativo em pacientes tratados com o Vioxx. Com as provas a acumularem-se, a Merck olhou para resultados preliminares do APPROVe, um ensaio aleatório que visava mostrar que o Vioxx suprimia os pólipos do cólon (causadores de cancro) ([38]). Dos sujeitos, nos quais fora examinada a ausência de problemas cardiovasculares, 3,5 por cento tiveram enfartes de miocárdio ou AVC ([39]). Isto, finalmente, era demasiado: a Merck retirou o Vioxx do mercado em 30 de setembro de 2004. O resultado nos Estados Unidos, calculado por David Gtaham, foi entre 88 000 e 139 000 ataques cardíacos, que terão provocado pelo menos 26 000 mortes ([40]).

APROVAÇÃO DO JOGO

O caso Vioxx não é apenas um exemplo de uma farmacêutica a fazer um encobrimento fora de qualquer controlo moral. Foi também um acidente que se esperava, pois as regras sobre a segurança, a eficácia e a prescrição dos medicamentos faziam das farmacêuticas um terreno fértil para a pesca. Vamos olhar agora para a pesca nas farmacêuticas para que os seus medicamentos sejam receitados: em primeiro lugar, na obtenção da aprovação da FDA; depois, na sua venda. Comentaremos estes dois planos, refletindo nas lições do Vioxx. Um anexo a este capítulo descreverá como as grandes farmacêuticas também pescam os preços que recebem.

OBTENÇÃO DA APROVAÇÃO DA FDA

O público e os médicos, e talvez também a FDA, foram apanhados de surpresa sobretudo por causa do excesso de confiança que tinham no «método científico» dos ensaios aleatórios. Tal como Radam vendia o Matador de Micróbios com base na ciência de finais do século XIX, o Vioxx foi vendido com a confiança que representava o melhor da ciência moderna, com a verificação da sua validade feita por ensaios como o VIGOR.

No entanto, um conceito importante da estatística mostra por que razão os ensaios aleatórios controlados falham muitas vezes, e especialmente por que falharam com o VIGOR. No caso do Vioxx, foram necessários muitos dados para mostrar que os ataques cardíacos que ocorriam não eram uma coincidência. Esta quantidade de dados era necessária por uma razão simples: felizmente, apesar de serem graves, os ataques cardíacos não ocorrem com grande frequência. Na linguagem dos ensaios estatísticos, a infrequência dos ataques cardíacos significava que o ensaio de seis meses do VIGOR teria «baixo poder estatístico» para mostrar que o Vioxx, tomado a longo prazo, aumentaria bastante os riscos de hospitalização e de morte. Em contraste, a curta duração do VIGOR (seis meses) era apenas um pequeno impedimento à análise do seu impacto mais imediato, que incluía o alívio da dor e a redução de complicações gastrointestinais. Este problema do curto/longo prazo não é exclusivo do Vioxx. De uma forma muito mais geral, as normas da FDA para a aprovação de medicamentos privilegiam os medicamentos com benefícios a curto prazo (mas provavelmente muito pequenos); ao mesmo tempo, essas normas permitem que medicamentos com efeitos secundários a longo prazo (mas provavelmente muito graves) sejam colocados no mercado.

Mas as dificuldades da FDA para banir medicamentos com riscos graves a longo prazo iam muito para além dos problemas do poder estatístico: isto porque a FDA dava às empresas farmacêuticas pelo menos cinco níveis de liberdade sobre como deviam realizar e apresentar os seus ensaios. Estas liberdades permitiam que medicamentos que estavam na margem da eficácia ou da segurança obtivessem aprovação.

Em primeiro lugar, as farmacêuticas só costumavam apresentar dois ensaios que demonstrassem a eficácia do medicamento: mas é claro que podiam não mostrar outros que apresentassem resultados negativos [41]. (No caso do Vioxx, os estudos com efeitos secundários negativos só foram divulgados à comunidade médica muito tempo depois.) [42].

Em segundo, as farmacêuticas tinham alguma escolha em relação à extensão do ensaio. (Por exemplo, no VIGOR, três ataques cardíacos e um AVC foram excluídos por terem ocorrido para lá da «data pré-especificada» para o fim do ensaio. Curiosamente, a Merck escolheu a data «pré-especificada» em relação aos eventos cardiovasculares um mês mais cedo do que o prazo para as ocorrências gastrointestinais adversas.) [43].

Em terceiro, o ensaio podia selecionar a população-alvo, que podia ser escolhida estrategicamente de maneira a que fosse mostrada a eficácia do medicamento; ou para que os efeitos secundários não fossem apresentados. (Vemos o espírito desta seleção em Bombardier *et al*. Afirmam que as falhas cardiológicas no grupo Vioxx excederam de forma significativa as dos sujeitos do naproxeno apenas para os 4 por cento que deviam estar a tomar a aspirina suplementar. A implicação é a seguinte: não há problema; este pequeno grupo devia ter sido excluído do ensaio VIGOR.) [44]

Em quarto, havia alguma escolha a respeito do controlo com placebo [45]. (Sabe-se agora que a Merck escolheu deliberadamente o naproxeno como controlo no VIGOR porque era um não esteroide «conhecido por produzir efeitos gastrointestinais mais severos que muitos outros AINE não seletivos» [46]. Se quiser vencer uma corrida, escolha o corredor mais lento como adversário.)

Em quinto, as farmacêuticas podiam também escolher a população do ensaio e onde o ensaio era realizado. Menos de metade dos ensaios feitos pela GlaxoSmithKline é agora realizada nos Estados Unidos, e a taxa de crescimento dos ensaios em países menos desenvolvidos (a China, por exemplo, em 47 por cento) é enorme [47]. Perguntamo-nos sobre o interesse das empresas que testam medicamentos nos países mais pobres, onde a regulação é menos rigorosa, para minarem as suas reputações e obterem contratos.

MARKETING DOS MEDICAMENTOS

Além da aprovação de um medicamento, as farmacêuticas têm outra margem para manipular o sistema. Desta vez, não manipulam a FDA;

manipulam os médicos. Aqui, como dissemos em relação ao artigo de Bombardier e dos seus coautores, as revistas médicas são a primeira linha de ataque. Os delegados de propaganda médica, armados não só de canetas e de amostras do produto, mas também de cópias dos artigos, são a segunda linha. E as farmacêuticas têm ainda uma terceira linha: a formação médica. A maioria dos estados requer alguma formação contínua para os médicos licenciados. As farmacêuticas tornam isto conveniente: patrocinam simpósios para médicos, que versam sobre o estado atual da medicina. Contratam e pagam a oradores. Isto abre outra oportunidade de ouro. Se as farmacêuticas organizam os encontros, podem escolher os participantes que são mais favoráveis aos seus medicamentos (informação que detêm graças aos registos de receitas das farmácias) [48]. Os médicos não ficam apenas aliviados nas suas suspeitas por as farmacêuticas pagarem as formações; as farmacêuticas também influenciam o que será ensinado pelos médicos aos médicos.

Já vimos tudo isto num contexto diferente, no capítulo 5 sobre a política. A «campanha de *marketing*», como é chamada, é similar a uma campanha política. A finalidade dos artigos de revista, das visitas dos delegados de propaganda médica, da formação médica, das conferências de lançamento luxuosas e dos anúncios televisivos é criar a história do novo medicamento maravilha. É inserir os médicos no quadro mental de que os seus pacientes podem ter *a doença* para a qual *esta droga* foi especialmente concebida. O objetivo da campanha é alterar os quadros mentais dos médicos: do foco nos efeitos secundários *se o medicamento for prescrito* para o foco na perda de benefícios *se o medicamento não for prescrito*. A campanha tem sucesso (como a vitória eleitoral para um político) quando as associações médicas incorporam o medicamento nas diretrizes para tratamento.

Com a falta de poder dos ensaios relativos a efeitos secundários a longo prazo e com o poder do *marketing* moderno, não admira que o Vioxx não fosse o único medicamento com efeitos secundários nefastos que esteve no mercado nos tempos modernos. A terapia de substituição hormonal (TSH) para as mulheres na menopausa começou em 1942 com a introdução dos suplementos de estrogénio. Eram feitos de urina de éguas grávidas (daí o nome do medicamento, Premarin – PREgnant MAres' uRINe). Em 2003, o estudo britânico Million Woman Health concluiu que a TSH, sobretudo na forma de suplemento combinado de estrogénio-progesterona, provocou mais 20 000 casos de cancro da mama na Grã-Bretanha na década anterior. Este número pode ser extrapolado (com base na população) para mais 94 000 casos nos Estados Unidos ([49]). E considere-se um exemplo contemporâneo. Calcula-se agora que uma em cada nove crianças e adolescentes em idade escolar nos Estados Unidos tem um diagnóstico de perturbação de hiperatividade com défice de atenção (PHDA). O Ritalin, o medicamento que é mais receitado, é poderoso – os seus efeitos secundários a longo prazo são desconhecidos. Mas também sabemos que muitos diagnósticos são quase de certeza errados, de alguma maneira, pois a taxa de diagnósticos no Kentucky (15 por cento) é mais de três vezes maior do que no Nevada (4 por cento); e, nos estados populosos, a taxa de diagnósticos no Texas (9 por cento) é quase o dobro da taxa da Califórnia (6 por cento) ([50]).

NOTA FINAL

Este capítulo concentrou-se na pesca relacionada com os alimentos e os medicamentos. Em 1906, com alterações significativas posteriores, os alimentos e os medicamentos foram nacionalmente regulados pela primeira vez nos Estados Unidos. Os embaladores, por exemplo, deixaram de poder vender carne que não oferece segurança. No entanto, a pesca mudou para outros campos. Como referimos no prefácio, os enfermeiros e as enfermeiras estão a engordar por causa das batatas fritas. Sabem o que estão a comprar. As batatas fritas são adquiridas em pacotes e estão corretamente rotuladas, até com o valor das calorias; mas as empresas pescam os seus clientes de outra maneira. As batatas fritas são agora cientificamente produzidas, com valores ótimos de gordura e sal, para maximizarem as suas vendas. A pesca de tolos adquiriu uma nova forma, embora dentro dos limites estabelecidos pelas regulamentações. As oportunidades de lucro são imensas. Isto é o equilíbrio. A comida para tolos continua a ser servida.

Em relação aos medicamentos, o caso do Vioxx oferece uma lição similar. As empresas farmacêuticas têm agora de obter a aprovação da FDA para vender novos medicamentos. Esses medicamentos têm também de ser receitados pelos médicos. No entanto, as farmacêuticas descobriram novas maneiras de enganar a FDA e os médicos. A regulação não eliminou a pesca – tanto neste caso como no caso dos alimentos. Mudou apenas o foco da atividade.

ANEXO: MEDICAMENTOS E PREÇOS

Até agora, concentrámo-nos na eficácia e segurança dos medicamentos. Contudo, as grandes farmacêuticas também pescam de outra maneira: para obterem preços vantajosos pelos seus medicamentos. Quando a Merck foi ameaçada com processos por danos relacionados com o Vioxx, os seus advogados tiveram de suar. Mas os advogados das farmacêuticas também suaram de outra maneira. As farmacêuticas são uma das maiores fontes de lóbis no Congresso. Segundo a sua classificação sectorial, o Center for Responsive Politics (um grupo de reflexão de Washington que discute estes assuntos) afirma que os produtos do sector farmacêutico e da saúde gastaram mais em lóbis, de 1998 a 2014, do que qualquer outro sector. Durante todo este período, gastaram quase mais 50 por cento do que o segundo setor da lista, os seguros ([51]). Parece que a compensação para as farmacêuticas foi elevada. Só para dar um exemplo, no projeto-lei que acrescentou a Part-D, sobre a cobertura de medicamentos, ao Medicare (o Medicare Modernization Act de 2006), as grandes farmacêuticas obtiveram um negócio especial. A lei especificava que o governo não se podia envolver em negociações de modo a obter preços mais baixos para os medicamentos dos beneficiários ([52]).

No entanto, as proezas dos lóbis das farmacêuticas não são as suas únicas grandes vantagens para obterem preços elevados para os seus medicamentos. A maior parte das empresas tem de lidar com a inconveniência de, se os preços forem demasiado altos, os clientes irem fazer negócio noutro lado. Mas esta tendência é fortemente distorcida pelas farmacêuticas por duas razões. Em primeiro lugar, aqueles que escolhem normalmente os medicamentos – os médicos –, não pagam a conta pelas receitas que passam. Para agravar este problema de maus incentivos, os pacientes com seguro (incluindo o Medicare) também não costumam pagar. Esta falta de consequência em relação às decisões significa que as farmacêuticas podem cobrar preços enormes. Todos os estudantes universitários, bem como os seus pais, conhecem este fenómeno, mas num contexto diferente. Os professores mandam comprar os livros, mas são os alunos (e os pais) que os pagam. Só para dar um exemplo, o preço atual da última edição do manual *Principles of Economics*, de Gregory Mankiw (excelente), é 362,95 dólares; mas é possível comprá-lo, na Amazon, apenas por 315,15 dólares ([53]).

CAPÍTULO 7
INOVAÇÃO: O BOM, O MAU E O VILÃO

Se a economia atual fosse escrita como música, seria em dó maior. Canta elegias aos mercados livres, tal como os católicos se levantam na missa de Natal a cantar o *Messias*. O objetivo deste livro é tornar a economia mais subtil. O facto de estarmos conscientes dos benefícios dos mercados livres não nos deve cegar para os seus defeitos. Queremos uma economia num tom menor, mais uma *Sinfonia do Novo Mundo* do que o *Messias*. Em todos os capítulos anteriores, oferecemos exemplos de como a pesca polui equilíbrios económicos que poderiam ser bons. Vamos agora aplicar isto a um novo contexto: às interpretações que os economistas fazem do crescimento económico. Começaremos por descrever a teoria atual do crescimento económico; mas, depois, veremos por que razão também precisa de levar em conta a pesca de tolos.

OS FUNDAMENTOS DO CRESCIMENTO ECONÓMICO

Segundo a economia tradicional, seja qual for o momento, os mercados livres conferem benefícios imensos ao proporcionarem enormes oportunidades de escolha. Hoje, na economia global, permitem que os adultos de todo o mundo transacionem – talvez de forma indireta – uns com os outros. Isto representa uma grande escolha: com cerca de 25 000 000 000 000 000 000 (25 triliões) pares possíveis de compradores e vendedores adultos ([1]). Mas há outra dimensão, talvez ainda mais importante, dos mercados livres. As novas ideias, que resultam em novos produtos e novos serviços, com o tempo, aumentam ainda mais o leque de escolha das pessoas. Nos mercados livres, estes novos produtos e serviços, que podem gerar aumento de lucros, serão seletivamente procurados e adotados. Durante o século passado, uma ideia por mês de todos os adultos do mundo teria gerado mais de três milhões de ideias novas ([2]). As implicações são enormes: no decurso do tempo de uma vida, num país de desenvolvimento normal, o rendimento *per capita* aumentará seis vezes ([3]). Os reformados mais velhos dos Estados Unidos nasceram num país mais pobre do que o México atual ([4]).

Este papel crítico das novas ideias como motor do crescimento económico tem sido pensado durante décadas, mas foi definitivamente estabelecido em 1957 por um cálculo simples e inteligente: um economista de 32 anos do MIT, Robert Solow, fez o mesmo que Sherlock Holmes para chegar à resposta. Eliminou o outro suspeito principal.

Antes do cálculo de Solow, os economistas não sabiam como atribuir o crescimento económico entre duas causas. Os aumentos na produtividade do trabalho (ou seja, os aumentos de rendimento por homem-hora) podiam dever-se a novas invenções (a chamada «mudança técnica»); ou podiam dever-se a aumentos em «capital» (por exemplo, máquinas, edifícios, etc.) ([5]). Com o pressuposto simples de que os ganhos de capital representam as suas contribuições para o rendimento, Solow calculou a fração de aumentos de produtividade atribuíveis ao aumento do capital. Descobriu (para os Estados Unidos, no período entre 1909 e 1949) que era apenas um oitavo. Os outros sete oitavos devem-se ao outro suspeito, que eram as novas ideias. Solow disse que este «residual» se devia à «mudança técnica» ([6]).

Com este pequeno e simples cálculo, as perspetivas dos economistas sobre o progresso económico mudaram para sempre. Os aumentos dos níveis de vida deixaram de ser vistos como o resultado principalmente de mais e maiores fábricas e do emprego de trabalhadores em condições terríveis: como as fábricas têxteis de Manchester no século XIX ou as fábricas de têxteis do Bangladesh nos dias de hoje. Este simples cálculo criou uma nova imagem das origens do crescimento económico. Na altura em que o cálculo foi feito, nos anos 50, teria sido caracterizado por frases como «Coisas Melhores para Viver Melhor... graças à Química», o lema da DuPont. Para as gerações posteriores, seria Silicon Valley, um nome que emergiria duas décadas e meia depois. Nesta visão, o capitalismo do mercado livre não nos dá apenas a nossa abundância atual de bens e serviços de pessoas que comercializam segundo as suas vantagens comparativas; também nos dá uma abundância cada vez maior graças à aplicação de novas ideias.

O RESIDUAL DE SOLOW E A PESCA DE TOLOS

Quase de certeza que há uma boa parte de verdade no cálculo e na conclusão de Solow. Mas é economia, Aleluia! Reflete a inocência das suas origens nos anos 50. Desde então, fora da economia, os americanos, e em grande medida o resto do mundo, desenvolveram uma perspetiva mais cética do que a visão de Solow das novas ideias como fonte de progresso constante. A história americana teve sempre o seu lado mais negro: em especial, o tratamento dos americanos nativos, dos afro-americanos, dos hispânicos, ásio-americanos, mulheres e homossexuais. Começámos este capítulo com uma referência à Sinfonia *Novo Mundo*. O compositor, Antoni Dvorak, introduziu-lhe temas dos espirituais negros e da dança nativa americana, de forma intencional ([7]). A História Americana Tradicional já não é um crescendo contínuo, que termina, como aconteceu no debate de 50 entre Nixon e Khrushchov, com a superioridade das cozinhas americanas em relação às soviéticas.

Curiosamente, isto leva-nos de volta a uma inferência subtil, mas errada, do cálculo de Solow. Esta inferência errada não é apenas que o progresso se deve sobretudo às novas ideias, mas também que as novas ideias conduzem invariavelmente ao progresso económico. Isto é uma conclusão natural quando as ideias são concebidas apenas como tecnológicas: possibilitam que se produza mais rendimento com menos trabalho. Mas nem todas as ideias, tal como os pensamentos, são acerca de coisas. Muitas das nossas ideias – talvez até o centro do nosso pensamento – são sobre os seres humanos nossos semelhantes. As pessoas mentalmente sadias têm capacidades subtis para perceber os pensamentos dos outros: têm uma teoria da mente. É uma das características mais atraentes da humanidade. Subjaz à nossa compaixão uns pelos outros.

No entanto, a teoria da mente tem também um lado negativo. Significa também que podemos perceber como convencer as pessoas a fazerem coisas que são do nosso interesse e não do delas. Como resultado, muitas novas ideias não são apenas tecnológicas. Não são formas de trocar coisas boas para todos. São novos usos da teoria da mente, sobre como fazer trocas de coisas boas para mim/coisas más para os outros. Estas novas ideias aparecem em todos os capítulos deste livro. Vimos, por exemplo, as *slot machines* viciantes de Las Vegas, as agências de notação que classificam «abacates» podres (i.e. derivados pobres) como AAA; a venda do homem da camisa Hathaway e do senador no cortador de relva; o cachorro estrategicamente colocado na montra. A lista é longa.

Isto significa que o nosso sentido de progresso económico não é tão inequívoco como parece. Os indicadores do crescimento económico (como o rendimento *per capita*) podem refletir corretamente a mudança económica; mas nem toda a mudança é necessariamente para melhor. Espelhando o pensamento da época, o facto de o residual de Solow refletir o «progresso técnico» era apenas um pressuposto tácito. Agora, temos de olhar para o crescimento económico com mais cuidado, a partir de uma perspetiva mais ampla.

Para sublinhar o ponto de que nem todas as invenções que expandem as nossas escolhas são para o melhor, ou que algumas invenções comportam tanto bem como mal, oferecemos três exemplos.

TRÊS INVENÇÕES

Facebook. Uma das melhores coisas ligadas à luz elétrica é o interruptor; permite ligá-la e desligá-la. O Facebook pode ser sempre desligado; mas, segundo os estudantes de Harvard que entrevistámos, os seus utilizadores raramente têm disciplina mental para desligá-lo, mesmo sabendo que isso os faria mais felizes.

Todas as nossas entrevistas seguiram mais ou menos o mesmo rumo. Os entrevistados afirmavam a razão ostensiva para usarem o Facebook. Disseram que era «só para falar com os amigos». Obtinham «informação». Mas depois, em crescendo, como numa peça de Ibsen, emergiam emoções mais intensas, que revelavam uma relação de amor-ódio com o Facebook. O seu uso primário não era, como afirmado no princípio, ligar apenas aos amigos; ao invés, era também o veículo para um «universo alternativo tranquilizador». Aí, os nossos entrevistados obtinham uma validação social que lhes falta noutros sítios.

A vida dos alunos de licenciatura em Yale é competitiva. Por exemplo, um funcionário das admissões disse à turma nova de 2009 que a lista de candidatos era tão rica em talento que se poderiam ter organizado duas turmas diferentes com essa lista: sem remorso por parte do departamento de admissões. Assim, mesmo nesta universidade de elite, a intensidade da concorrência não exclui uma necessidade de reconhecimento. A criação de um universo virtual alternativo é muito possivelmente uma adaptação saudável, com uma divisa de respeito alternativa: como os «gostos» dos amigos no Facebook.

No entanto, isso está também no âmago da relação amor-ódio com o Facebook. Destaca também os desejos dos nossos entrevistados por «gostos». Um deles disse-nos: «Não podemos estar sempre a publicar fotografias do nosso cão, pois é aborrecido. Houve então a obsessão de ser engraçado, excitante ou realmente atraente.» Uma das nossas entrevistadas exprimia nostalgia pelos «velhos tempos», há um ou dois anos, antes de os «gostos» se terem tornado numa mania. Lamentava a corrida aos «gostos».

Falaram-nos também de outra faceta do Facebook, de como era usado antes do tempo dos «gostos». Uma das alunas de Yale disse-nos que os utilizadores do Facebook publicam apenas os seus melhores momentos, os mais invejáveis. Mas esses momentos dificultavam-lhe a validação: «Por vezes... odeio o Facebook... em alturas como agora – quando estou [na invernosa] New Haven e toda a gente [está] em lugares mais quentes... Quero afastar-me, mas, na verdade, fico a olhar para as fotografias de praia das pessoas e vivo através delas.»

Estes resultados das nossas entrevistas em Yale estão em conformidade com as conclusões de uma sondagem feita a alunos da Universidade Humboldt sobre «emoções dos utilizadores do Facebook». Quando questionados por que razão os *outros* se podem sentir «frustrados ou exaustos» com o uso do Facebook, cerca de três quintos (dos 86 por cento dos que responderam à questão) referiram causas sociais: como «inveja», «falta de gostos», «isolamento social» e «não ser convidado» para eventos. As 30 por cento de referências à inveja contrastavam especialmente com a renitência dos respondentes acerca do que sentiam sobre o *seu próprio* uso do Facebook; apenas 1 por cento admitiu isso ([8]).

O Facebook é bom ou mau? Permite apenas expressões de «gosto», mas não de «não gosto»[*]. Isto significa que só as validações positivas são possíveis. Curiosamente, nenhum dos nossos entrevistados mencionou o prazer de dar «gosto» aos amigos. Mas cada «gosto» no Facebook é um ato de generosidade; oferece dignidade e respeito tanto a quem dá como a quem recebe. Além disso, os nossos entrevistados indicaram que o universo virtual do Facebook também interagia, de forma profunda e normalmente positiva, com o universo real. Os seus amigos do Facebook eram, na maioria, amigos reais. De facto, a necessidade que têm de verdadeira amizade era também uma característica essencial da popularidade do Facebook. Se todos os amigos estiverem a publicar no Facebook, ficar de fora é como não ir a uma festa onde está toda a gente.

No entanto, o Facebook não deixa de ter aspetos negativos (como é expresso pelos nossos entrevistados e também na sondagem da Humboldt). Há outra inovação no campo destes aspetos negativos. Robert Morris e Daniel McDuff, dois alunos do *media lab* do MIT, desenvolveram aquilo a que chamam «O Choque de Pavlov», em que o computador de uma pessoa pode ser programado para lhe dar um choque elétrico se o seu tempo no Facebook tiver excedido um certo limite ([9]).

Rankings em toda a parte. Noutro exemplo de inovação (um economista poder-lhe-ia chamar uma «mudança técnica»), considere-se o método adotado pela United Airlines para organizar o embarque dos passageiros. No espírito de um ducado do século XIX, a United criou um monte de honras e estatutos. Num grande avião, a ordem de embarque não depende apenas da classe do lugar do passageiro (First Class, Business Class, Economy Plus e Economy) ([10]); depende também do estatuto de «elite» conferido pela companhia aérea: Global Services, 1K, Premier Platinum, Premier Gold e Premier Silver. Como as pessoas têm a mania dos estatutos, tanto de si mesmas como dos outros, a companhia aérea

---

[*] Embora não tenha um botão de «Não Gosto», desde novembro de 2015 que o Facebook criou uma extensão do botão «Gosto», que permite aos utilizadores mostrarem seis emoções diferentes: Gosto, Adoro, Riso, Surpresa, Tristeza e Ira. (*N. E.*)

descobriu uma notável pesca de tolos. Só tem de relaxar e ver os seus clientes a esforçarem-se, como acumular milhas e pedir cartões Visa da United Airlines, para obterem esses estatutos «de elite» criados pela companhia.

Vemos o embarque no avião como um momento Roz Chast. Roz Chast é a cartoonista da *New Yorker* que desenha pessoas com expressões engraçadas, com balões cheios de palavras que refletem o que lhes vai realmente na alma. Gostaríamos de ver um dos seus *cartoons* em que os balões exprimissem os sentimentos dos passageiros Global Service/First Class sobre os outros passageiros que têm de esperar para se sentarem nas últimas filas do avião. E, vice-versa, gostaríamos de ver balões com os pensamentos dos que não fazem parte das elites. De facto, algumas entrevistas que realizámos (mais uma vez, com alunos de Yale) confirmaram as nossas suspeitas sobre o conteúdo desses balões imaginados. Autoconsciência, disse, numa palavra, uma das nossas entrevistadas. «Quando voo na classe executiva, sinto-me *presunçosa* por poder embarcar primeiro», disse-nos ela ([11]).

É claro que os estatutos que determinam os lugares num avião são inconsequentes. No entanto, há 15 anos, o jornalista Nicholas Lemann escreveu um livro sobre um conjunto de *rankings* que não era inconsequente: referia-se ao Scholastic Aptitude Test (SAT) do Educational Testing Service (ETS) ([12]). Nos anos 30 e 40, bastava ter frequentado uma escola secundária como Exeter ou Groton, por exemplo, e viver em Beacon Hill (Boston) para ser admitido em Harvard. Os reformistas dessa época, que fundaram o ETS e promoveram o SAT, queriam que as admissões tivessem uma base mais ampla; e que se desse também mais valor à «inteligência», que pensavam que podia ser medida por esse exame ([13]). Esta inovação vingou; (segundo Lemann) estes *rankings* substituíram o facto de se ter pais pertencentes à elite social, mas não sem terem problemas específicos. Uma nova «meritocracia» preencheu a lacuna; e agora, o nosso futuro, e até o nosso rendimento, depende cada vez mais de um título universitário. Sem esse título, os Abraham Lincolns, os Harry Trumans ou os Sidney Weinbergs nunca teriam hipótese. O próprio SAT desempenha um papel significativo para determinar a entrada de um jovem no ensino superior. E, agora, os *rankings* na educação estão disseminados. Começam em idades muito tenras, naquilo a que os economistas Garey Ramey e Valerie Ramey chamaram «A Corrida de

Bebés» ([14]). E além do SAT e da escola secundária, os *rankings* invadem outros domínios. As próprias faculdades são classificadas num *ranking* ([15]); os seus alunos também fazem partes de *rankings* (sobretudo se seguirem outros níveis de estudo); as revistas onde os seus professores publicam são classificadas ([16]); bem como os próprios professores, de acordo com o local e a frequência com que publicam ([17]).

Estes *rankings* têm os seus efeitos. Existem enormes incentivos para os alunos estudarem para o exame; para os professores ensinarem para o exame; e para os professores fazerem investigação segundo os «requisitos» da revista. No entanto, os problemas dos *rankings* são muito mais profundos que estas graves distorções. E isto leva-nos de volta aos balões de Roz Chast, se os que estão no topo dos *rankings* olhassem para os que estão em baixo. Parece haver um efeito secundário daquela «presunção». Recordamos que a United Airlines costumava deixar as famílias com crianças embarcarem primeiro. Parece ter surgido uma nova norma acerca da cortesia devida aos passageiros: em abril de 2012, a United alterou a sua política; e esse costume foi posto de lado ([18]).

Tal como em relação ao Facebook, temos sentimentos mistos sobre os *rankings* na educação. Preferimos uma sociedade na qual o ETS desempenha o seu papel a separar quem é bom de quem não é a uma na qual a separação se baseava sobretudo no facto de se ter pais pertencentes à elite social. Mas temos também as nossas reservas sobre um sistema educativo que classifica as pessoas, como uma «elite» certificada, que desrespeita quem tem um *ranking* inferior. Esta nossa ambiguidade reflete a ambiguidade que constitui uma das questões importantes deste livro. Gostamos dos mercados livres? Sim, mas...

A máquina de enrolar cigarros. A ópera *Carmen*, de Bizet, desenrola-se em Sevilha, na Espanha de 1820. A protagonista, a própria Cármen, trabalha numa fábrica de cigarros ([19]). Se a história se desenrolasse 80 anos depois, o mais provável era que tivesse sido representada com outra ocupação: porque, nos anos 80 do século XIX, James Bonsack, da Virgínia, inventou uma máquina de enrolar cigarros que reduziu fortemente o trabalho necessário para produzir cigarros ([20]). O próximo capítulo, sobre o tabaco e o álcool, descreverá o efeito negativo desta invenção sobre o bem-estar humano.

CAPÍTULO 8
TABACO E ÁLCOOL

Nos Estados Unidos modernos, se a pesca de tolos é importante em alguma área é certamente nas quatro grandes dependências: tabaco, álcool, drogas e jogo. Um dependente é alguém cujos verdadeiros gostos foram controlados por uma fraqueza especial: quanto mais o dependente consome esses gostos, mais a fraqueza considera necessário esse consumo ([1]).

Neste capítulo, abordaremos as carreiras díspares do tabaco e do álcool. Em relação ao tabaco, é agora considerado estúpido fumar – até para a maioria dos fumadores, uma vez que 69 por cento dos fumadores adultos dos Estados Unidos desejam deixar de fumar ([2]). Inversamente, diz-se que o álcool – bebido com moderação – é bom para a saúde. Veremos como o fumo caiu neste descrédito, enquanto o álcool tenha mantido a sua reputação.

O FUMO E A SAÚDE

Se recuarmos algum tempo, até aos anos 20, 30 e 40, fumar era considerado um hábito sofisticado. Tornava as pessoas sensuais e tranquilas. Um anúncio famoso da Chesterfield dá-nos a imagem: um homem elegante e uma mulher glamorosa estão romanticamente sentados numa praia. Ele está acender um cigarro. A legenda diz: «Blow some my way.» ([3])

Mas, depois, algo aconteceu. Pela primeira vez desde que fora descoberto pelos Europeus no Novo Mundo em meados de 1500, questionou-se os seus efeitos na saúde ([4]). Contudo, só nos anos 50 é que apareceram as provas estatísticas definitivas. A resposta chegou muito tarde por causa de uma nova invenção. No século XIX, os cachimbos e os charutos não eram raros, mas o tabaco era principalmente mascado e cuspido. Era para isso que serviam os cuspidores. No entanto, por volta de 1880, foi inventada a máquina de enrolar cigarros. Em 1900, o cigarro era apenas uma gota no oceano da indústria do tabaco, com um consumo anual *per capita* nos Estados Unidos de apenas 49. Em 1930, esse número aumentou para 1365; e, em 1950, para 3322 ([5]). O aumento foi coincidente com uma epidemia de cancro do pulmão. Em 1930, ocorreram menos de 3000 mortes por cancro do pulmão. Em 1950, foram 18 000 ([6]).

Em finais dos anos 40, duas equipas de investigadores – uma nos Estados Unidos e outra em Inglaterra – descobriram um teste simples para determinar o papel do fumo nesta epidemia. Compararam as histórias de fumo de pacientes com cancro do pulmão com histórias similares de uma amostra de controlo cuidadosamente correspondente. Nos Estados Unidos, Evarts Graham e Ernst Wynder construíram uma amostra de 684 pacientes de cancro do pulmão e os seus correspondentes em hospitais nos Estados Unidos. Graham, que estava na Washington University Medical Scholl em St. Louis, realizara a primeira remoção de pulmão num paciente com cancro; Wynder era um jovem e ávido estudante de medicina ([7]). Comparando os hábitos de fumo dos doentes com cancro do pulmão com uma amostra correspondente de pacientes masculinos de hospital, descobriram que as correspondências de não cancro eram 7,5 vezes mais prováveis quer para os não fumadores quer para os pouco fumadores ([8]). No início, Graham duvidava de que o fumo de cigarros causasse cancro do pulmão (por que razão, perguntava ele, estava normalmente isolado num pulmão, quando a inalação ia para os dois?); só coassinara o estudo por causa da capacidade de persuasão de Wynder ([9]). Depois de ver os resultados, ele próprio deixou de fumar, convertendo-se à causa antitabágica ([10]).

Entretanto, no outro lado do Atlântico, um par semelhante de um jovem e um idoso – A. Bradford Hill, professor de estatística médica na London School of Hygiene and Tropical Medicine, e Richard Doll, jovem investigador de epidemiologia – obteve resultados definitivos similares numa amostra correspondente de hospitais londrinos. Para os que fumavam mais, as probabilidades de estar no grupo com cancro do pulmão (e não na amostra correspondente) aumentava de forma sistemática (¹¹). Graham e Wynder publicaram os seus resultados no *Journal of the American Medical Association*; Hill e Doll publicaram no *British Medical Journal*. Estávamos em 1950.

Pouco depois, provas não epidemiológicas mostraram ligações biológicas. Quando Graham, Wynder e a sua colega investigadora Adele Croninger cobriram com alcatrão de cigarro as costas de ratos, 59 por cento desenvolveram lesões; 44 por cento tiveram carcinomas em larga escala (¹²). Nenhum dos ratos de controlo ficou tão afetado. Oscar Auerbach e os seus coautores autopsiaram os pulmões de fumadores e de não fumadores; os fumadores tinham maior incidência de precondições para o cancro do pulmão (¹³).

Ao ouvir estas más notícias, a indústria do tabaco elaborou a sua resposta. As grandes tabaqueiras (que consistiam em cinco grandes empresas nos Estados Unidos) eram especialistas em criar imagens. Anteriormente, haviam recrutado os melhores da publicidade para a sua causa. (Os nossos dois amigos Lasker e Ogilvy estavam entre eles; mas, nos anos 50, Lasker tornou-se um combatente destacado contra o cancro (¹⁴); e quando a ligação entre o cancro e o fumo se tornou clara, Ogilvy rejeitou a publicidade aos cigarros.) (¹⁵) As principais tabaqueiras recorreram à firma de relações públicas Hill and Knowlton (¹⁶). A sua função era criar uma nova história, enxertá-la na crescente consciência pública de que as principais revistas médicas estavam a publicar provas fortes de que o tabaco causa o cancro.

A indústria não podia refutar as descobertas de que os pacientes com cancro do pulmão tendiam muito mais a ser fumadores do que os controlos correspondentes; também não podia rejeitar a prova científica que mostrava uma relação entre o alcatrão dos cigarros e o cancro. Seguiram o conselho da Hill and Knowlton para fazerem a melhor coisa possível. Criaram a dúvida. Tal como veremos no capítulo 10, em que o financeiro Michael Milken percebeu que o público teria dificuldade em distinguir dois tipos de «títulos-lixo», a indústria tabaqueira percebeu que o público teria dificuldade em distinguir um «cientista» de outro. Graham, Wynder, Hill, Doll, Croninger, Auerbach e outros haviam produzido provas claras. No entanto, as tabaqueiras sabiam que podiam arranjar outros «cientistas» (sobretudo entre os fumadores) que emitiriam fortemente a sua opinião de que não havia uma relação «provada» entre o tabaco e o cancro. Criaram um instituto de investigação independente, dirigido pelo Tobacco Institute Research Committee independente (o TIRC), supervisionado por um conselho científico consultivo independente (o SAB) ([17]).

As grandes tabaqueiras não procuraram por acaso o diretor do SAB, que seria também o diretor científico do TIRC. Vale a pena rever a carreira e o carácter do homem que escolheram com cuidado, Clarence Little, pois mostra as táticas da indústria, de um modo mais geral, na criação da dúvida. De facto, Little era um cientista famoso. Como estudante graduado de genética, desenvolvera uma estirpe de ratos cruzados. O seu interesse pela genética desenvolveu-se cedo, pois o seu pai, de uma família abastada de Boston (que se reformara cedo do comércio de roupa para criar cães) passou a arte da criação ao filho – começando com uma oferta de pombos aos três anos de idade ([18]). Clarence levou o seu talento para a faculdade, onde, como aluno de licenciatura em Harvard, acasalou um casal de ratos – irmão e irmã. Nos estudos posteriores, adquiriu fama como produtor de ratos cruzados. Na sua descoberta mais importante, conseguiu transplantar tumores de ratos cruzados para ratos híbridos; mas não o contrário ([19]). Quando as tabaqueiras descobriram Clarence, perceberam que tinham ali um homem que «sabia» que o cancro era genético; independentemente dos indícios epidemiológicos que pudessem existir, o cancro *não podia* ser provocado pelo tabaco. Era o resultado de maus genes. Estas ideias sobre a ciência eram reforçadas pelas atividades políticas e sociais de Little. Acreditava na eugenia (os «desvios» devem ser esterilizados); entre outras afiliações, fora presidente do Congresso para o Melhoramento da Raça, em 1928-1929 ([20]).

Little, cujos talentos administrativos também o haviam feito presidente da Universidade do Maine e posteriormente do Michigan, era o homem perfeito para a indústria tabaqueira. Ali estava um verdadeiro crente. Fossem quais fossem os indícios que existissem, não tinha dúvidas de que não fora «provado» que os cigarros causavam cancro ([21]). Acreditava que era necessária mais investigação, mas as bolsas do Tobacco Institute durante a direção de Little não abordariam a relação entre o alcatrão dos cigarros e o cancro. Little era também um barril de energia e exprimia as suas opiniões a plenos pulmões, frequente e memoravelmente (por exemplo, na qualidade de presidente da Universidade do Michigan, afirmou que «alguma da vadiagem mais distinta na América é feita por... professores [universitários]») ([22]).

Com tal porta-voz, com Little e outros homens parecidos no SAB e no TIRC, a Hill and Knowlton insinuava uma nova história na relação entre o tabaco e a saúde. Havia uma «controvérsia científica» se o tabaco causava ou não o cancro. Quando o famoso repórter de investigação da CBS, Edward R. Murrow, apresentou dois programas sobre a «controvérsia», Little foi entrevistado, bem como Wynder. Por muito fortes que fossem as provas sobre o facto de a Terra ser redonda (o tabaco provoca cancro), a televisão colocava-o alegremente ao nível da ideia da Terra plana (o tabaco não provoca cancro), com Murrow a fumar cigarros durante os programas.

Esta história serve de pano de fundo a um documento histórico: o Relatório do Surgeon General de 1964. Este documento abordava esta ambiguidade e tornava claro que não existia debate. Pelo contrário, o relatório afirmava a posição oficial do governo dos Estados Unidos de que, dito de forma muito simples, fumar é estúpido. Na linguagem oficial: o Surgeon General determinou que o Fumo de Cigarros é Perigoso para a Sua Saúde ([23]).

O Surgeon General de John Kennedy, Luther Terry, criara uma comissão de aconselhamento sobre a relação entre o tabaco e a saúde. O relatório emergiu desta comissão, como refletido no seu título oficial: *Fumo e Saúde: Relatório da Comissão de Aconselhamento para o Surgeon General* ([24]). Não só analisou as provas científicas sobre as relações entre o cancro e o tabaco, como também foi muito além dos estudos epidemiológicos anteriores, como os de Graham-Wynder e de Hill-Doll.

O relatório apresentava os resultados combinados de sete estudos diferentes – dos Estados Unidos, Canadá e Grã-Bretanha – sobre morbidade e tabaco. Estes estudos registaram os hábitos tabagísticos de 1 123 000 inquiridos. Em cada um dos sete estudos, os fumadores foram comparados com controlos que não fumavam. Todos os estudos seguiram os indivíduos para saber quantos fumadores haviam morrido: ao todo, morreram 26 223 fumadores; e obtiveram também certificados de óbito em relação à causa da morte. A comissão calculou quantos fumadores teriam morrido se tivessem as mesmas taxas de mortalidade por doença e por idade que os não fumadores correspondentes. O valor esperado era muito menor: 15 654. Na terminologia do relatório, os fumadores tinham uma taxa de «mortalidade em excesso» de 68 por cento ([25]). A mortalidade em excesso não ocorreu apenas – como se poderia pensar – devido a cancro do pulmão, em que o rácio de mortes reais para esperadas foi 10,8, ou a bronquite e enfisema, em que o rácio era 6,1. Era transversal por doença. Por exemplo, para a doença coronária, o rácio era 1,7. As lacunas entre as mortes reais dos fumadores e as suas mortes esperadas nesses sete estudos combinados eram tão grandes que – associadas a outras provas científicas incriminadoras –, daí em diante, uma pessoa sensata teria dificuldade em afirmar que o tabaco não era perigoso para a saúde.

Desde este relatório, tem decorrido uma batalha de 50 anos entre as grandes tabaqueiras e os movimentos sociais antitabaco que então foram aparecendo. As grandes tabaqueiras obtiveram algumas vitórias. Nos Estados Unidos, recorrendo aos direitos de livre expressão, as grandes tabaqueiras conseguiram evitar requisitos intrusivos de rotulagem; ao contrário dos Estados Unidos, a Austrália obriga a que os maços de cigarros contenham imagens tenebrosas: por exemplo, de pulmões cancerosos ([26]). As grandes tabaqueiras estão também autorizadas a fazer publicidade na imprensa escrita, mas não na televisão nem na rádio ([27]). No acordo decorrente do processo judicial interposto por 46 governos estaduais, as tabaqueiras concordaram em pagar 206 mil milhões de dólares por despesas incorridas pelos estados por problemas de saúde provocados pelo tabaco. Mas este foi um preço muito baixo pelo que estava também implícito no pacote do acordo: isenção de quaisquer outras responsabilidades ([28]).

As grandes tabaqueiras podem ter obtido algumas vitórias; mas também os movimentos contra o tabaco. E, em cada uma destas vitórias, a autoridade da História do Tabaco Provoca Cancro, que emana sobretudo do Relatório do Surgeon General, tem sido fundamental. As vitórias dos movimentos contra o tabaco, por seu lado, têm desempenhado um papel importante na difusão da História. Na primeira dessas vitórias, um advogado de 26 anos, John Banzhaf, em Nova Iorque, apresentou uma queixa na Federal Communications Commission (a FCC). Segundo a queixa, de acordo com a doutrina do uso justo no seu licenciamento, se as estações de televisão publicitavam cigarros, tinham a obrigação de dar igual tempo de interesse público para apresentar os malefícios do tabaco. De forma surpreendente, a FCC concordou, atribuindo, porém, apenas um terço, e não tempo igual como fora solicitado ([29]). Os anúncios antitabaco, com as suas imagens grisalhas e ocasional humor macabro, foram tão eficazes que as tabaqueiras tiverem de se proteger. Aceitaram uma proibição de toda a publicidade na televisão a produtos de tabaco ([30]). Os primeiros anúncios contra o tabaco e a proibição subsequente da publicidade na televisão afetaram o equilíbrio na guerra entre as duas narrativas: fumar é estúpido (antitabaco) e fumar é fixe (tabaqueiras).

O movimento contra o tabaco obteve outra vitória surpreendente. Além de criarem dúvida científica, como parte importante da sua defesa, em especial contra a responsabilidade, as grandes tabaqueiras destacavam o direito de escolha dos fumadores. No entanto, o movimento contra o tabaco virou este argumento a seu favor: se os fumadores têm direito a escolher, os não fumadores veem-lhes negados esse direito em espaços fechados. Nesta mutação do argumento das tabaqueiras, o *seu* fumo em espaços fechados é perigoso para a *minha* saúde; como fumador, *você* está a violar os *meus* direitos. O Arizona, que é um paraíso para quem sofre de problemas respiratórios, revelou-se terreno fértil para o movimento dos fumadores passivos. Em 1973, baniu o fumo em espaços públicos ([31]). Atualmente, em toda a América, vemos funcionários de escritório, à porta, a fumarem os seus cigarros. Os seus rostos culpados difundem, sem necessidade de palavras, a história de que fumar é estúpido; ninguém quer ser um deles.

Após o Relatório do Surgeon General, o fixe transformou-se gradualmente em estúpido. É onde estamos agora. 42 por cento dos adultos americanos (53 por cento de homens; 31 por cento de mulheres) fumavam nessa altura ([32]); agora, quase 18 por cento fumam (20,5 por cento de homens; 15,3 por cento de mulheres) ([33]). A proporção de fumadores na população diminuiu de forma estável 0,5 por cento por ano nos últimos 15 anos ([34]). Não há só uma percentagem mais pequena da população que agora fuma: os que fumam, fumam menos. Em 1965, os fumadores fumavam uma média de 1 maço e três oitavos por dia; agora, fumam uma média de 9 décimos de um maço ([35]).

Ainda bem que há este progresso. Mas o copo ainda está meio vazio. O US Centers for Disease Control calcula que quase 20 por cento de todas as mortes nos Estados Unidos de 2005 a 2009 foram provocadas pelo tabaco ([36]). (Mesmo considerando a possibilidade de este grande número poder ser uma estimativa excessiva, não há dúvida de que o tabaco é extremamente perigoso para a saúde.) E todos temos memórias tristes. Para nós (George e Bob), é a Eva, Joe, John, Peter, Miguel, Margaret, Richard, Fischer, Anthony... e muitos outros; nossos amigos. Para outros – esperamos que não para o leitor – é pior: um pai ou uma mãe, irmão ou irmã, filho ou filha. E se a economia se globalizou, o mesmo aconteceu com o tabaco, largamente impulsionado pelo tabaco americano, «a fumarem à sua maneira».

Contrariando a pesca das tabaqueiras, o movimento contra o tabaco tem um ativo que continua a ser poderoso: a história de que fumar é estúpido. O Relatório do Surgeon General de 1964 desempenhou um papel importante na criação inicial e na difusão desse ativo.

Vale a pena colocar a nossa história das grandes tabaqueiras no contexto mais vasto deste livro: se alguma vez existiu um equilíbrio da pesca, foi este. As grandes tabaqueiras seguiram as estratégias que descrevemos porque eram lucrativas. E tiveram a sorte – mas não muita – de encontrar Clarence Little para apoiar a sua causa. Era um cientista talentoso, mas também imensamente teimoso, que exagerava o papel da genética como causa do cancro, excluindo as causas ambientais, como os cigarros. O seu recrutamento para a causa da dúvida foi só mais um aspeto do equilíbrio da pesca: sem Little, as tabaqueiras teriam apenas escolhido a pessoa seguinte da sua lista.

ÁLCOOL

Embora exista agora consenso sobre os malefícios do tabaco, o mesmo já não acontece em relação ao álcool. Neste caso, a história do consenso seria que o alcoolismo é um problema grave; mas também é relativamente raro. Esta é uma conclusão natural das estatísticas sobre o alcoolismo do National Institute of Alcohol Abuse and Alcoholism. Segundo o NESARC – ou seja, o National Epidemiologic Survey on Alcohol and Related Conditions –, 13 por cento dos jovens do sexo masculino (dos 18 aos 29 anos) mostram indicações de «dependência do álcool»; para os de meia-idade (45 aos 64 anos), esta fração caiu para menos de 3 por cento da população. Para as mulheres, a prevalência é muito menor: 6 por cento para as jovens dos 18 aos 29 anos, e 1 por cento para as de idade entre os 45 e os 64 anos ([37]). As estatísticas do Centers for Disease Control apresentam uma mensagem análoga. Pelas suas contas, o consumo excessivo de álcool representa cerca de 3,5 por cento de todas as mortes ([38]). Estas estatísticas resumem aquilo que julgamos ser a imagem dominante dos malefícios do álcool na sociedade americana. O álcool tem malefícios graves. Afeta muitas pessoas no total, mas, para além dos exageros da juventude, os seus efeitos durante a vida concentram-se numa fração relativamente pequena da população. Ao mesmo tempo, pensa-se normalmente que o álcool é um ingrediente necessário para uma festa ou para uma comemoração. Os publicitários usam este tema, mostrando pessoas divertidas e bonitas com bebidas na mão. Com imagens deste tipo, abordar a questão dos malefícios do álcool é um pouco como arrotar em público.

Contudo, decidimos, embora não sem discussão considerável entre nós, que sim, devemos arrotar em público porque, independentemente do que o NESARC ou outros estudos possam mostrar, há também indícios que sugerem uma imagem alternativa: que os malefícios do álcool podem ser comparáveis aos malefícios do tabaco, afetando não apenas 3 ou 4 por cento da população, como um pequeno problema crónico da vida, mas afetando 15 a 30 por cento da população; o número mais alto se, em especial, incluirmos também os membros mais afetados da família dos alcoólicos.

Os principais indícios para esta visão decorrem de um estudo invulgar. Nos anos 30, o fundador de uma então cadeia próspera de lojas populares (W. T. Grant) foi convencido pelo diretor dos serviços de saúde de Harvard a financiar um estudo prolongado da vida de alunos de Harvard ([39]). Estes alunos seriam escolhidos pela sua saúde mental e física. O objetivo era descobrir os determinantes de uma vida feliz, como demonstrado por esses jovens cujo privilégio e realização já lhes tinham dado um impulso nessa direção ([40]). 268 estudantes das turmas de 1939 a 1944 ([41]) foram escolhidos para o estudo, que prosseguiu durante mais 75 anos, passando por quatro diretores diferentes. O terceiro diretor, George Vaillant, foi o cronista especial do Harvard Grant Study, como é agora denominado ([42]).

A principal descoberta deste estudo foi o papel do álcool nas vidas daqueles que, de outro modo, seriam homens privilegiados. Em algum momento das suas vidas, 23 por cento foram diagnosticados como abusadores de álcool [43]. Quase 7,5 por cento sofreram de «dependência do álcool» [44]. Além disso, segundo Vaillant, esta dependência era para eles não um problema passageiro de juventude, mas sim uma doença crónica, física e mental debilitante. Em média, não só morreram em idades mais jovens do que os seus colegas não alcoólicos [45], como também o álcool lhes destruiu a capacidade de se relacionarem com outros.

De forma surpreendente, Vaillant demonstra que o abuso do álcool afeta negativamente a personalidade. Antes do estudo de Harvard, os psiquiatras julgavam que o alcoolismo era provocado sobretudo por infâncias difíceis. Nesta perspetiva bastante freudiana, era o resultado natural de mães e pais maus e frios. Os psiquiatras tinham provas mais que suficientes para essas opiniões: viam em primeira mão o queixume nos seus sofás (talvez induzido pelo psiquiatra) dos pacientes abusadores de álcool sobre as suas infâncias miseráveis e abusivas. No entanto, os dados do estudo de Harvard providenciaram um controlo único sobre essas queixas. No início do estudo, os entrevistadores habilidosos não interrogaram apenas os alunos sobre as suas infâncias; visitaram as suas casas e entrevistaram os pais. Estas entrevistas iniciais mostraram que os alcoólicos não eram diferentes dos seus colegas mais sóbrios. Pelo contrário, parecia que o próprio alcoolismo lhes alterara as personalidades, transformando-os em pessoas queixosas [46]. Vaillant chega a uma conclusão mais geral: o alcoolismo privava as suas vítimas da capacidade de terem intimidade – a capacidade que ele via como a base da felicidade dos seus colegas mais sóbrios. Além disso, havia outro lado negativo nesse malefício, uma vez que os alcoólicos também lesavam as suas mulheres e os seus filhos. Estas consequências emergiam nas profundas entrevistas psiquiátricas. Mas eram visíveis nas estatísticas frias e duras, nas taxas elevadas de divórcio, quando os maridos ou as mulheres eram alcoólicos [47].

Um exemplo das vidas arruinadas dos homens de Harvard dependentes do álcool pode ser visto na história de «Francis Lowell» [48]. Formou-se com *magna cum laude*; combateu na Segunda Guerra Mundial; conquistando três estrelas de batalha pelo seu papel na travessia do Reno e do Rur no avanço aliado sobre a Alemanha; fez parte dos 10 por cento dos melhores alunos da sua turma da Harvard Law School; e entrou numa prestigiada sociedade de advogados de Nova Iorque. A sua vida devia estar bem encaminhada. No entanto, à medida que o tempo ia passando, as bebedeiras de fim de semana que iniciara na universidade tornaram-se frequentes. A mulher que conhecera quando tinha vinte e poucos anos, que seria o amor da sua vida, rejeitou a sua proposta de casamento quando tinha 30 anos; disse que ele bebia demasiado. Ambos continuaram a viver com as mães aos fins de semana até à morte da mãe da namorada, 23 anos depois; pouco tempo depois, ela casou com outro homem. A partir de então, o pobre Francis só tinha um confidente: ele próprio. Continuou a sua prática da advocacia; mas agarrava-se à garrafa depois do almoço de sexta-feira e continuava o fim de semana de bebedeira durante o domingo, o que explicava muitas vezes as suas faltas à segunda-feira.

Não vemos aqui provada a perspetiva de Vaillant. As provas devem ser necessariamente subjetivas. Mas outro indício oferece uma imagem similar. Em 2006, o jornalista do *Oakland Tribune* Dave Newhouse foi a uma reunião do 50.º aniversário da sua turma da Menlo-Atherton High School. Em 1956, antes de se ter tornado o centro de «Silicon Valley», Menlo Park/Atherton era uma zona do tipo da série televisiva *Leave It to Beaver*: um subúrbio modesto. Para a reunião, Newhouse entrevistou 28 colegas de turma e publicou as memórias deles num livro intitulado *Old Bears* ([49]). Estes velhos colegas contam as suas histórias de alegrias e tristezas com uma honestidade aparentemente notável. Nesta altura das suas vidas, parecem querer dizer a verdade.

Para a maioria dos Old Bears, o ponto focal das suas vidas realizadas consiste no amor pelos seus maridos e mulheres. No entanto, para uma minoria significativa, um papel crítico foi desempenhado, ao invés, pelo álcool. Para 6 dos 28, em algum momento das suas vidas o álcool ocupou o centro do palco. O presidente da turma, que era também a sua estrela de futebol, casou com a sua amada da escola secundária; abriu um escritório de advocacia em Palo Alto; foi pai; mas acabou por se divorciar e, pouco depois, foi parar à prisão de San Quentin após várias detenções por condução sob a influência de álcool ([50]). Outra das antigas colegas casou com um dos seus professores de inglês em Stanford; mas começou a beber de tal maneira que perdia os sentidos. O alcoolismo não lhe arruinou a vida; divorciou-se, acabou por recuperar e obteve uma cátedra de francês na Rutgers em Newark ([51]). O primeiro casamento do carpinteiro Bill Lawson durou 24 anos; a sua mulher, Susan, disse que ele bebia demasiado. Bill discordava; separaram-se e manteve-se solteiro nos 14 anos seguintes (quase até à altura da reunião) ([52]). Uma quarta Old Bear aguentou 22 anos de um segundo casamento com um alcoólico, antes de lhe pôr termo ([53]). E outros dois, incluindo o próprio Newhouse, diziam ter cicatrizes permanentes do alcoolismo dos pais ([54]). As histórias dos Old Bears refletem assim, com uma amostra mais pequena e menos rigorosa, o retrato de Vaillant dos graduados de Harvard mais velhos e, de certo modo, de nível social mais elevado.

Isto leva-nos de volta à nossa questão básica sobre o álcool e os seus efeitos. Há razões para o NESARC e outras medidas estatísticas do abuso do álcool poderem esconder os seus efeitos. Vaillant vê o principal sintoma do alcoolismo como a perda, pelas suas vítimas, da capacidade de ter intimidade. Na nossa perspetiva, esta doença psicológica, se as observações de Vaillant estiverem corretas, é verdadeiramente destrutiva do bem-estar. O NESARC baseia-se nas definições do abuso e dependência do álcool do DSM da Associação Americana de Psiquiatria. O «Abuso do álcool» é determinado por uma resposta positiva a uma bateria de questões como: «Já teve problemas escolares ou profissionais por causa do álcool ou já ficou doente por causa do álcool?» A condição mais grave depende da resposta positiva a pelo menos três questões como: «Já teve algum período em que bebeu durante mais tempo do que desejaria?» ([55]). As respostas ao questionário do NESARC são totalmente confidenciais, com a disposição especial de não serem conhecidas nem pelos entrevistadores. Mas isto não significa que os respondentes digam a verdade. Como os Alcoólicos Anónimos veem a admissão de que «sou alcoólico» como parte essencial da cura, é de esperar que os indivíduos alcoólicos se esforcem na negação. Esta suposição está em conformidade com um facto: os respondentes do NESARC admitem um consumo de álcool que corresponde apenas a 51 por cento do total de vendas nos Estados Unidos ([56]). Talvez sejam necessários entrevistadores habilidosos, como Newhouse e Vaillant, e também o momento e o lugar certos, para obter um verdadeiro diagnóstico de alcoolismo; sobretudo se, segundo Vaillant, os verdadeiros malefícios do álcool forem as mudanças subjetivas e difíceis de observar na personalidade.

De forma surpreendente, o nosso conhecimento sobre o alcoolismo e os seus malefícios deixa-nos na mesma posição em que estávamos em relação ao tabaco em finais dos anos 40. Lembremos que até o experiente cirurgião pulmonar Graham tinha dúvidas sobre o papel do tabaco como causa do cancro do pulmão. No entanto, a nossa falta de conhecimentos sobre os efeitos do álcool não é uma coincidência. Um diagnóstico de cancro do pulmão é mais fácil de determinar do que uma perda de afeto. Mas há outra razão pela qual o nosso conhecimento da magnitude dos malefícios do abuso do álcool oferece tantas dúvidas. Os resultados inequívocos dos estudos sobre o cancro do pulmão levaram o Surgeon General a criar uma história muito mais poderosa. Na falta de uma história similar, os estudos sobre o álcool continuam a ter muito pouco financiamento. Em comparação com o cancro, a epidemiologia e a investigação sobre o álcool são águas paradas.

Mas isto leva-nos de volta ao tema principal deste livro, a pesca de tolos. Na falta da investigação necessária, somos especialmente suscetíveis a ser pescados como tolos, pois não sabemos se temos a história correta.

Existem muitos Interesses que sustentam as dúvidas sobre os malefícios do álcool: os produtores de cerveja, vinho e bebidas brancas; os retalhistas; e os restaurantes. Vemos a marca deles em muitos sítios. A principal é a sua oposição aos impostos. Em termos nominais, os impostos sobre o álcool quase não mudaram desde o fim da Lei Seca, quando foram aplicados impostos moderados sobre o álcool (não demasiados altos, pois isso encorajaria a produção clandestina) como método de controlo. Philip Cook, da Duke University, calcula em termos econométricos que uma duplicação do preço do etanol (ou seja, o tipo de álcool das bebidas alcoólicas) reduzirá a sua procura em 40 por cento ([57]). Embora ninguém possa jurar pela sua pele que este será o «verdadeiro» efeito do aumento dos preços (ou dos impostos), diferentes métodos de cálculo parecem apoiar, de forma encorajadora, os mesmos resultados qualitativos: se o imposto sobre o etanol aumentar, a quantidade de etanol vendido diminuirá ([58]). Igualmente encorajadores, outros indicadores, como a taxa de mortalidade devida a veículos motorizados, a taxa de mortalidade devida a quedas, a taxa de suicídio e até a mortalidade devida à cirrose, sugerem que o aumento dos impostos afetará não só os que bebem ligeiramente, como também os que bebem em grande quantidade ([59]).

No entanto, é desencorajador que o público não tenha aproveitado este método de controlo do álcool, que tem até a vantagem de as receitas poderem ser usadas para baixar outros impostos. Isto é visível tanto ao nível federal como estadual. Em 2013, o imposto federal sobre uma lata de cerveja era 5 cêntimos; sobre uma garrafa de vinho, 21 cêntimos; e sobre uma garrafa de bebida espirituosa (uísque, vodca ou gin), 2,14 dólares [60]. Os impostos estatais também são moderados. Por exemplo, em Massachusetts, o estado cobra uma taxa de 1 cêntimo sobre uma lata de cerveja; o imposto sobre o vinho é de 11 cêntimos; e sobre uma garrafa de bebida espirituosa, 80 cêntimos [61].

Escolhemos Massachusetts como exemplo por causa de um alarido recente que ilustra o poder da indústria de bebidas para nos pescar como tolos ao manter os impostos baixos. Num raro exemplo de habilidade, o Senado do Massachusetts, como parte de uma lei geral para reduzir o défice do estado, votou um imposto de 6,25 por cento sobre as vendas de bebidas espirituosas, destinado a ser gasto no tratamento da dependência do álcool e das drogas. A legislação foi aprovada; mas o imposto não esteve em vigor durante muito tempo. Os vendedores de bebidas protestaram vivamente. As suas vendas, disseram eles, estavam a diminuir fortemente, pois os clientes atravessavam a fronteira para comprar bebidas nas lojas do estado vizinho do New Hampshire. No ano seguinte, os vendedores de bebidas patrocinaram um referendo especial para revogar o imposto. Um dos seus principais argumentos (que foi apresentado no próprio resumo do referendo) era que já havia impostos estatais sobre o álcool: «dupla taxação, um imposto sobre um imposto.» É claro que não se referiu que o imposto cobrado (por exemplo) era apenas de um cêntimo por uma lata de cerveja. O referendo e o seu sucesso ilustram a razão e o modo e como a indústria tem tido tanto êxito a manter esses impostos tão baixos (embora se deva também dizer que os vendedores de bebidas do Massachusetts são especialmente afortunados; a maioria dos outros estados não isenta as bebidas de impostos) [62].

Tem havido algum sucesso na moderação do abuso do álcool. A associação MADD (Mothers against Drunk Driving) foi criada em 1982 por Candace Lightner, cuja filha de 13 anos fora morta por um condutor embriagado. O homem fugiu do local, deixando o corpo na estrada. Nos anos 70, na maioria dos estados, a idade mínima legal para adquirir álcool fora reduzida para os 18 anos, que correspondia à diminuição nacional da idade para votar. A MADD fez uma campanha bem-sucedida no sentido de aumentar a idade mínima para beber para os 21 anos. Fez também pressão para a redução dos níveis de álcool no sangue que determinam a ebriedade e para a realização de operações stop aleatórias com medidores de álcool ([63]). O movimento tem obtido um sucesso considerável. Desde 1982, as mortes *per capita* devidas à condução sob o efeito de álcool caíram 72 por cento. (Durante o mesmo período, as mortes rodoviárias *per capita* sem o envolvimento de álcool também caíram, mas apenas 6 por cento.) ([64])

A MADD destaca a sua missão educativa e, em especial, a sua difusão da história da condução sob o efeito de álcool. A MADD mobilizou a imagem do condutor ébrio que mata a vítima inocente. Mais de 82 por cento das mortes por condução sob o efeito de álcool são do próprio condutor (66 por cento) ou de um ocupante (16 por cento) ([65]). Os protagonistas da MADD são quase sempre transeuntes inocentes; por vezes, um passageiro ocupante, mas nunca o próprio condutor ([66]). Vale a pena observar que esta história da vitimização inocente, bem como o seu sucesso, é um paralelo exato da história dos fumadores passivos. Tal como os fumadores à porta dos edifícios, com os seus cigarros como orelhas de burro, difundem a imagem de que fumar é estúpido, as histórias das vítimas por condução sob o efeito de álcool desempenharam um papel significativo na moderação do consumo. Desde 1981, o consumo de etanol *per capita* nos Estados Unidos caiu 18 por cento ([67]).

CAPÍTULO 9
FALIR PELO LUCRO

Neste capítulo, vamos abordar a crise financeira que está agora quase esquecida, a chamada crise das sociedades de poupança e crédito (S&L) de 1986-1995. Vale a pena regressar a esta crise de há algumas décadas para se compreender melhor a verdadeira natureza da pesca mais difícil de observar que ocorre muitas vezes no mundo financeiro.

As associações de poupança e crédito são uma forma de instituição bancária que se tornou popular nos Estados Unidos em inícios do século XX. Modeladas a partir das sociedades britânicas de crédito imobiliário, estas instituições bancárias ajudaram os pequenos aforradores a acumularem algum dinheiro e a obterem empréstimos para adquirir uma casa ou um automóvel. O objetivo é louvável. No entanto, nos anos 80, muitas S&L tornaram-se instrumentos dos pescadores, o que levou à falência dessas sociedades. Estas falências não tiveram uma dimensão minúscula. A sua resolução custou ao contribuinte cerca de 230 mil milhões de dólares ajustados à inflação ([1]). Apesar de mais dispendiosas, a redução do crédito e a queda dos preços dos ativos devido à crise poderá ter sido uma causa importante da recessão de 1990-1991 ([2]).

A crise das S&L ilustra os problemas de um equilíbrio da pesca num tempo relativamente recente, mas numa situação institucional diferente. Teve a forma de pesca a que o economista Paul Romer e um de nós, George, chamaram «falir pelo lucro» ([3]). (Agradecemos a Paul por nos ter autorizado a basear este e o próximo capítulo nesse trabalho conjunto anterior.) Veremos um mundo onde a economia normal, na qual as empresas maximizam os seus lucros, está virada ao contrário; um mundo onde a pesca, na forma de contabilidade enganadora (e por vezes fraudulenta) leva à falência; mas que é ainda um meio para obter riqueza.

PILHAGEM

Só uma criança faria esta pergunta. Por que é que os tribunais de insolvência adquirem imediatamente as empresas quando estas vão à falência? A resposta é muito óbvia: se a empresa só tiver 125 000 dólares e dever 77 000 ao Pedro e 243 000 ao Paulo, alguém tem de decidir como é que os 125 000 dólares devem ser divididos. O tribunal faz a aquisição para garantir que o Pedro não seja injustamente (i.e., ilegalmente) pago antes de o Paulo reaver a sua parte. Esta é a versão infantil da razão pela qual os tribunais tomam imediatamente conta de uma empresa quando esta vai à falência.

Mas há também uma resposta mais subtil (para adultos, que compreendem os factos mais subtis da vida). Se os donos de uma empresa solvente pagarem hoje a si próprios um dólar da empresa, diminuem o que podem distribuir amanhã a si próprios por esse dólar mais os seus retornos. Por isso, os donos de uma empresa solvente não têm incentivo especial para tirar dinheiro hoje. Pelo contrário, se os donos de uma empresa falida tirarem mais um dólar da empresa, não sacrificarão nada amanhã. Porquê? Porque a empresa falida já está a esgotar todos os seus recursos, pagando a todos os Pedros e Paulos. Como não restará nada para os donos, têm os mesmos incentivos económicos que o exército de Gengis Cão quando marchava pela Ásia: aquilo que não tomarem hoje, nunca verão amanhã. O incentivo deles é pilhar.

Neste capítulo, veremos uma situação em que as S&L sofreram uma falência económica. Contudo, os supervisores não intervieram. Ao invés, ao não quererem «resgatar» as S&L, deixaram-nas ficar abertas. Para quem tinha poucos escrúpulos, havia lucros maciços a obter com a aquisição de uma S&L que estava em insolvência. Podiam ser adquiridas por tuta e meia. Pedir o máximo de dinheiro emprestado possível. E depois, graças à pesca da contabilidade criativa (ou fraudulenta), arranjar maneira de canalizar esse dinheiro emprestado para fora da S&L e depois para os próprios bolsos [4].

COMO TUDO COMEÇOU

Em inícios dos anos 80, nos Estados Unidos, a inflação aumentara para 13,5 por cento ([5]). Paul Volcker, presidente da Reserva Federal, abordou o problema apertando a economia. Deixou as taxas de juro subirem a pique; a taxa de juro das obrigações do Tesouro dos Estados Unidos a três meses, as obrigações mais seguras do mundo, subiu para 14 por cento em 1981 ([6]). No outono de 1982 e na primavera de 1983, a taxa de desemprego subiu além dos 10 por cento ([7]). Nesta guerra contra a inflação, as S&L do país – bancos pacíficos onde as pessoas guardavam as suas poupanças e que financiavam aquisições de casas – eram danos colaterais. Faziam hipotecas de 30 anos com juros fixos a 5, 6 e 7 por cento ([8]). Precisavam de depósitos para sustentar esses empréstimos hipotecários. E como iriam lidar com a concorrência dos fundos de mercado monetário em rápida ascensão, que eram uma alternativa conveniente para os consumidores guardarem as suas poupanças? ([9]) Qualquer economista diria que as S&L iriam falir: não necessariamente no sentido contabilístico – que dependeria das normas contabilísticas –, mas no sentido económico. O dinheiro que fluía dos pagamentos dos investimentos das S&L (quase totalmente na forma das hipotecas com taxas de juro fixas) não chegava para atrair os depósitos necessários para financiar essas hipotecas ([10]).

Para complicar, a FSLIC – a Federal Savings and Loan Insurance Corporation, que garantia as contas das S&L – não tinha suficiente no seu fundo fiduciário para compensar a diferença entre aquilo que as S&L detinham e aquilo que deviam. Os depósitos existentes das S&L só podiam ser pagos com uma injeção do governo federal. Mas foi preciso esperar pela administração George H. W. Bush para que esses fundos fossem autorizados. Entretanto, esse uso de fundos era impensável e a lata foi sendo pontapeada ao longo da estrada.

PONTAPEAR A LATA

Com esses pontapés na lata, descobrimos a resposta à pergunta infantil: o que realmente acontece quando as instituições falidas não são adquiridas pelos tribunais ou encerradas pelos seus supervisores? A curto prazo, um problema menor, que poderia ter custado cerca de 33 mil milhões a

49 mil milhões de dólares aos contribuintes (em dinheiro atual) é ampliado para um problema que custa pelo menos 4,5 vezes mais ([11]). Pior, o prejuízo indireto da crise foi ainda maior. Os mercados imobiliários da Califórnia e do Texas expandiram-se; e depois contraíram-se ([12]). Como veremos no próximo capítulo, também é possível que as S&L economicamente falidas tenham impulsionado uma mudança permanente na finança empresarial americana – mas estamos a adiantar-nos na nossa história.

Havia várias maneiras para Washington adiar o dia de prestação de contas das S&L. E o governo introduziu uma série de mudanças nas regulamentações, que, dado que as S&L se encontravam em graves dificuldades, estavam condenadas a falhar. No início, os reguladores permitiam que as S&L pagassem um ligeiro diferencial acima do limite que os seus concorrentes, os bancos comerciais, podiam pagar sobre os depósitos de poupanças. No entanto, quando as taxas de juro subiram para os dois dígitos em inícios dos anos 80, os bancos deixaram de ser os principais concorrentes das S&L; passaram a ser os fundos do mercado monetário, que eram novos na altura; e não tinham limites. A política falhou. O regulador das S&L, o Federal Home Loan Bank Board, também introduziu pequenas alterações na contabilidade que permitiriam que as S&L operassem mesmo falidas ([13]). Esta terapia também não foi suficientemente forte.

Assim, o problema passou para o Congresso. Estávamos na época da desregulação. A ideia era que as S&L, que estavam quase falidas na altura por causa do aumento das taxas de juro, podiam sair dessa situação se fossem desreguladas. O que foi esquecido, e talvez também não compreendido na altura, era uma lição conhecida por todos os pais de bebés. Se deixar o seu filho de um ano fora do parque de brincar (se o desregular), terá de o vigiar com mais cuidado e não com menos.

Assim, as S&L foram deixadas fora do parque de brincar. O Depository Institutions Deregulation and Monetary Control Act, de 1980, eliminou o limite (na altura, um pouco acima de 5,5 por cento) que as S&L podiam pagar sobre os depósitos ([14]). Isto deu às S&L um aprovisionamento quase ilimitado de fundos, pois as grandes instituições como os bancos e as firmas de corretagem não se importavam de lhes emprestar dinheiro desde que os juros pagos fossem suficientemente altos (e sobretudo porque a FSLIC garantia também o reembolso, pelo menos até um certo limite) ([15]). As S&L estavam limitadas aos créditos à habitação. Mas até esta limitação foi atenuada. Pelo Garn-St. Germain Act de 1982, podiam agora emprestar até 10 por cento dos seus depósitos a construtores, e os reguladores das S&L trataram de forma liberal esta condição ([16]). As S&L não só podiam cobrar uma taxa de originação de 2,5 por cento, como também o empréstimo podia incluir os pagamentos de juros que o construtor devia pagar enquanto o projeto estava a ser executado ([17]).

PESCA DE TOLOS PARA UMA BOA PILHAGEM

E havia então muitas maneiras de fazer uma boa pilhagem. Mas o esquema básico era sempre o mesmo: adquirir uma S&L; aumentar várias vezes a sua «base de depósitos» aceitando depósitos de grandes instituições; emprestar a um «construtor» que faz pagamentos enormes a amigos dos donos da S&L, sem a intenção de reembolsar o empréstimo à S&L, como prometido. A S&L, entretanto, pode apresentar grandes lucros, pois o «construtor» pode pagar os juros com o dinheiro que lhe foi emprestado. A contabilidade fraudulenta está na base da pesca-pilhagem.

Esta estratégia foi usada centenas de vezes por muitas S&L, que se expandiram rapidamente e acumularam milhares de milhões de dólares em ativos. A Empire Savings and Loan of Mesquite, Texas, ilustra a «Estratégia do Texas» ([18]). Segundo esta estratégia, um grupo de construtores em conluio começava por comprar e revender propriedades a preços cada vez mais elevados. Os preços destas transações forneciam a base para avaliações favoráveis, que eram usadas para um empréstimo para construção. Depois, com o empréstimo na mão, a construção tornava-se uma fonte de honorários generosos para o construtor e os seus amigos. O construtor podia pagar altas taxas de juro sobre o empréstimo à S&L (incluindo pontos generosos logo no início); nunca havia necessidade de o dinheiro sair do próprio bolso do construtor, pois o empréstimo inicial podia também, de forma generosa, incluir os pagamentos de juros para o prazo compreensivelmente longo até à conclusão do projeto. No esquema mais simples (embora não exatamente o usado na Empire), o construtor, cujos talentos de construção haviam sido reconhecidos e suportados pela S&L, podia reconhecer reciprocamente a promessa da S&L – uma promessa que, segundo as disposições correntes, seria sinalizada pelos altos lucros correntes e pelo balanço em expansão da S&L ([19]). Assim, o construtor e os seus amigos podiam adquirir um bom bloco de ações na S&L. O único limite efetivo aos retornos desta estratégia era a habilidade das S&L para encontrarem novos indivíduos com registos criminais e financeiros limpos que estivessem dispostos a desempenhar o papel de construtor, pois as regulamentações ainda impunham um limite sobre o quanto a S&L podia emprestar a uma pessoa ou a uma empresa. A Empire oferecia comissões a quem encontrasse um novo «construtor» potencial. Em *Inside Job*, livro premiado sobre a crise das S&L, Stephen Pizzo, Mary Fricker e Paul Muolo descrevem os «condomínios vazios e arruinados construídos com empréstimos da Empire Savings and Loan perto de Dallas» ([20]). Alguns locais de habitação estavam cheios de materiais de construção a apodrecerem ao sol. Mas havia muitos outros assim: placas vazias de cimento, que foram mais tarde denominadas «plataformas de aterragem marcianas» por um procurador americano com talento para a descrição ([21]).

A PASSAGEM PARA OS MERCADOS IMOBILIÁRIOS

Os efeitos imediatos das S&L são visíveis no mercado imobiliário comercial de Dallas dessa altura. O acompanhamento habitual das altas taxas de desocupação é o colapso da construção. Foi isto que aconteceu na cidade vizinha de Houston. A construção caiu de imediato para 2 por cento do pico do seu valor anterior quando a taxa de desocupação atingiu os 32 por cento. Mas, em Dallas, com a taxa de desocupação a atingir os 32 por cento, a construção prosseguiu ([22]).

Os magnatas locais do imobiliário atribuíram a culpa às S&L fora de controlo. Em junho de 1982, Mark Pogue, da Lincoln Properties, já afirmava: «Todos temos de ter mais cuidado... Como é que este mercado vai absorver estes milhões de metros quadrados?» ([23]). Um ano depois, em outubro de 1983, McDonald Williams, da respeitável Trammell Crow, lançou um aviso sobre a construção excessiva. Atribuía a culpa à «pressão que as S&L exercem sobre o imobiliário comercial... Penso que vão continuar a levar-nos a construir demasiado» ([24]). Um ano depois, com o *National Real Estate Investor News* a relatar que «os veteranos de Dallas [estavam] espantados com a explosão da construção», Dan Arnold, da

Swearingen Company, deu esta explicação: «As instituições financeiras e prestamistas têm dinheiro que precisa de ser aplicado.» ([25]) Ainda mais tarde, em junho de 1985, Wayne Swearingen observou: «Temos construtores com edifícios vazios, e os prestamistas estão a dar-lhes dinheiro para construírem mais. Tenho de culpar os prestamistas. Quero que me mostrem onde é que esses construtores vão buscar fluxo de caixa... As leis da oferta e da procura não estão a reger o comportamento do mercado. A construção contínua com altas taxas de desocupação parece estar relacionada com o financiamento de novas construções e não com a procura.» ([26])

As leis da oferta e da procura, na verdade, estavam a funcionar: como pesca de tolos, ao estilo da pilhagem. O dono de uma S&L podia obter todo o dinheiro que quisesse pagando uma taxa de juro suficientemente alta, passar esse dinheiro a amigos, que depois, se fossem suficientemente espertos, podiam passar esse dinheiro já lavado de volta para ele. Não é por acaso que a Máfia, que desenvolveu aptidões especiais na arte de lavar dinheiro, desempenhou um papel importante na pilhagem das S&L ([27]).

LIÇÃO IGNORADA

Vale a pena observar que aquilo que aconteceu com as S&L devia ter servido de aviso para o que aconteceria cerca de 20 anos depois no início do *Crash* de 2008. Mais uma vez, veríamos cascatas de pesca. Não seriam cascatas de valores inflacionados de propriedades, para serem vistos, ao estilo de Mesquite, como garantias para empréstimos. Ao invés, seriam cascatas de avaliações de hipotecas: o logro nas avaliações passou para as obrigações baseadas em hipotecas sobrevalorizadas.

O próximo capítulo mostra como a pilhagem das S&L desenvolveu metástases no mercado de títulos-lixo no início da nossa nova era de ganância. As S&L, que iriam falir em breve, desempenharam um papel importante na expansão do mercado de títulos-lixo, que serve de base a aquisições hostis de empresas ainda maiores – o que antes era considerado impossível.

CAPÍTULO 10

MICHAEL MILKEN PESCA COM TÍTULOS-LIXO COMO ISCO

O trabalho de um homem, Michael Milken, nos anos 70 e 80, mudou para sempre a finança dos Estados Unidos. Os executivos das grandes corporações americanas deixaram de acreditar que as suas empresas eram demasiado grandes para serem desafiadas por salteadores empresariais a ameaçarem aquisições hostis porque agora os salteadores podiam adquirir até empresas enormes sem necessidade de muito capital. O que permitiu isto foi a aquisição por endividamento (*leveraged buyout*), na qual a empresa de um salteador podia acumular dinheiro graças a uma dívida enorme (por meio de títulos de alto rendimento ou «lixo», desenvolvidos por Milken) para adquirir uma empresa muito maior. As aquisições por endividamento aumentaram maciçamente tudo o que se relacionava com fusões e aquisições empresariais, em especial os riscos e os reembolsos potenciais. A par da consciência dos lucros potencialmente enormes (e ignorando os riscos potencialmente enormes) havia novas ideias sobre o que um CEO podia ganhar: por exemplo, na aquisição por endividamento da RJR Nabisco, com o paraquedas dourado de 45,4 milhões de dólares dado a Edward Horrigan, o CEO da subsidiária de tabaco (1); e um prémio talvez ainda maior para Ross Johnson, CEO de toda a empresa ([2]). Nessa altura, tais quantias não eram consideradas pequenas. E, como veremos, os pagamentos de Milken também não eram pequenos, mesmo pelos padrões atuais. Segundo o especialista em remunerações Graef Crystal, qualquer CEO modestamente pago podia, nesta nova era, contratar facilmente um consultor para mostrar ao seu conselho de administração que outros, como ele, ganhavam não centenas de milhares de dólares, mas milhões ou até dezenas de milhões ([3]). A era do «excesso» (termo de Crystal) começara. Muitos dos títulos que Milken criou falharam depois, resultando naquilo que é conhecido como a crise de títulos-lixo dos anos 80. Mas a causa da crise não deve ser vista apenas como devida aos crimes deste homem, que transgrediu a lei. De forma mais profunda, foi consequência de um equilíbrio económico com uma oportunidade de pescar tolos. Serve como outro exemplo do papel das notações financeiras enganadoras.

A REDESCOBERTA DE OURO NO NORTE DA CALIFÓRNIA

O ouro foi descoberto mais do que uma vez no norte da Califórnia. Em 1969, foi encontrado num lugar especialmente estranho; num livro obscuro de 1958, numa biblioteca da Universidade da Califórnia, em Berkeley. O descobridor, um licenciado em gestão dos subúrbios de Los Angeles, foi Michael Milken. O livro intitulava-se *Corporate Bond Quality and Investor Experience*, de W. Braddock Hickman. O livro de 536 páginas, cheio de quadros, era uma descrição altamente técnica da experiência dos investidores com títulos de vários níveis de notação. O quadro 1 do livro de Hickman resume a revelação ([4]). De 1900 a 1943, as obrigações de empresas de baixo nível (que tinham uma notação abaixo do grau de investimento e, por isso, pouco indicadas para o investimento de bancos comerciais ou de companhias de seguros) tiveram um desempenho surpreendentemente bom. Depois de subtraídas as suas perdas por incumprimento, estas obrigações tiveram um retorno médio anual de 8,6 por cento; inversamente, as obrigações de investimento de alto nível tiveram retornos médios de apenas 5,1 por cento. Estes altos retornos das obrigações de baixo nível sugeriam que estas obrigações eram, de facto, mais seguras. Apesar de o período entre 1900 e 1943 ter incluído os anos terríveis da Grande Depressão, as suas perdas por incumprimento eram ainda menores que 1 por cento ao ano.

No entanto, tal como o ouro tem de ser extraído do solo antes de ter valor, o mesmo acontecia com o *Corporate Bond Quality and Investor Experience*. O livro fora publicado há mais de uma década; vendera apenas 934 exemplares (⁵); e os dados relatados já tinham 15 anos na altura da publicação. Milken, com o seu jeito para as vendas, teve de extrair o ouro. Quando lançou a sua carreira, em meados dos anos 70, levava um exemplar do livro de capa castanha de Hickman para as reuniões com investidores. A sua habilidade para as vendas resultou no nome título--lixo (*junk bond*) para a dívida de baixo nível, embora o próprio Milken evitasse utilizá-lo. Em 1975, o *Wall Street Journal* publicou um artigo aprovador de primeira página sobre Milken: «O Lixo de um Homem é a Bonança de Outro». A transação de títulos, dizia o artigo, tornou-se «o jogo mais rápido da cidade» (⁶). Milken tornara-se numa superestrela. E só concluíra o curso há cinco anos.

Segundo as palavras de John Locke, as pessoas costumam cometer a falácia de «tomar as palavras pelas coisas» (⁷). Neste caso, o erro pode ser pensar que os títulos-lixo de uma década são iguais aos títulos-lixo de outra. Têm o mesmo nome, *títulos-lixo*, e, por isso, pode esperar-se que os investidores tolos lhes reajam da mesma maneira, ainda que sejam emitidos por instituições cujas reputações estão a ser minadas. Talvez os títulos-lixo tivessem sido iguais ao que eram antes de 1943 se não fosse Michael Milken. Mas não foi isso que aconteceu.

O erro cognitivo explorado por Milken é descrito na obra de Gary Smith, de 2014, intitulada *Standard Deviations: Flawed Assumptions, Tortured Data, and Other Ways to Lie with Statistics* (⁸). O capítulo «Maçãs e Ameixas» descreve as oportunidades para o embuste decorrentes de se fazerem pressupostos convenientes mas tácitos que comparam coisas diferentes sob o mesmo nome. Milken fazia equivaler dois tipos diferentes de títulos-lixo sem mentir. As *maçãs* seriam os «anjos caídos» emitidos por empresas outrora bem-sucedidas e agora em dificuldades; estes eram o tipo de títulos-lixo estudados por Hickman. As *ameixas* seriam o novo tipo de títulos-lixo, que Milken iria criar. Os títulos-lixo anjos caídos, de facto, haviam tido um desempenho surpreendente até 1943. Para Milken, como pescador, o desafio consistia em criar outro tipo de título-lixo: não um título-lixo anjo caído, mas um novo título-lixo recentemente emitido, com ele próprio como corretor da nova emissão.

A história de Miken começa quando assume o primeiro cargo depois de se licenciar em Berkeley e de ter feito um MBA na Wharton School of Business. Trabalha num banco de investimento um tanto decadente em

Filadélfia, o Drexel Harriman Ripley, que, graças a uma série de fusões, evoluiu com um considerável capital adicional para o Drexel Burnham Lambert. Dois anos depois de ter começado a trabalhar, Milken convenceu o seu novo patrão, Tubby Burnham, a usar 2 milhões de dólares desse capital adicional para abrir uma corretagem de obrigações de baixo nível. Num instante, estava a fazer um lucro de 100 por cento. Estávamos na era «pré-Milken», quando estes ganhos significavam muito dinheiro ([9]).

Mas esses dois milhões de dólares foram apenas o princípio das oportunidades para o intermediário no eixo do mercado de títulos-lixo. Sempre que há uma diferença entre a oferta e a procura dos preços correntes, o intermediário pode capturar alguma da diferença entre o preço que os compradores estão dispostos a pagar e o preço que os vendedores estão dispostos a aceitar. E o jovem Milken estava agora em posição de ser o intermediário dominante num mercado que, se fosse bem dirigido, podia ser realmente enorme.

Não há dúvida de que havia procura para esses títulos-lixo e, depois, as vendas de Milken dispararam. O evangelho segundo Braddock Hickman parecia dizer que Milken podia apresentar retornos de 3,5 por cento ([10]). Tudo o que tinha de fazer era atrair com esta história gestores de carteiras em bancos, fundos de pensões e companhias de seguros. Estes gestores de grandes quantias eram conhecidos por procurarem retornos mais elevados nem que fossem alguns pontos base – ou seja, alguns centésimos de 1 por cento.

Contudo, não só havia uma enorme procura desses títulos com taxas de juro elevadas, como também, potencialmente, havia uma oferta enorme desses títulos. Tanto quanto se podia ver, recuando até inícios do século XIX, os retornos sobre ações haviam sido enormes. A diferença entre o retorno das ações e o retorno das obrigações é tão grande que ganhou um nome: prémio de capital. O prémio de capital era tão grande que, por exemplo, um fundo fiduciário de 100 000 dólares iniciado em 1925 e investido em títulos do Tesouro podia valer 1,3 milhões de dólares 70 anos depois, em 1995; no entanto, o mesmo fundo fiduciário investido e reinvestido em ações podia valer mais de 80 milhões de dólares ([11]). Se uma pessoa tivesse a sorte de ter tido uma bisavó moderadamente rica que investisse num fundo de ações deste tipo, essa pessoa não seria pobre.

Os homens que rodeavam Milken e que pensavam nos títulos-lixo em inícios dos anos 80 perceberam que podiam fazer grandes lucros com a aquisição de uma empresa pagando aos acionistas existentes os preços das ações em vigor, com os proveitos da venda de títulos-lixo. Escolhendo uma empresa média, os retornos sobre os capitais eram de tal maneira grandes que podiam pagar os juros dos títulos-lixo. Mas era possível fazer ainda melhor adquirindo uma empresa cujo custo de trabalho pudesse ser fortemente reduzido: por exemplo, reduzindo os salários, despedindo trabalhadores desnecessários ou procurando um fundo de pensões com mais do que o capital legalmente exigido. Ou podiam adquirir uma firma cuja administração fosse incompetente, substituindo-a por outra. Para Michael Milken e para a sua máquina de propaganda e de corretagem, os títulos emitidos nestes ataques podiam ser uma fonte enorme de oferta de títulos.

Pode haver alguns obstáculos para chegar ao ouro, mas todos os mineiros sabem que o minério tem de ser minado e depois refinado, por muito puro que seja. Há sempre dificuldades. O mesmo acontecia com os ataques. O negócio é a negação do ócio porque envolve sempre complicações. Havia três grandes obstáculos para os salteadores e para Milken no acesso aos retornos das ações subavaliadas. Mas a sua operação estava bem montada para lidar com todos esses obstáculos.

O primeiro obstáculo era o tempo. Se os alvos de uma aquisição hostil estivessem bem prevenidos, podiam montar uma defesa. Podiam aumentar os próprios fundos para uma aquisição pela administração ou podiam procurar um parceiro preferido para a aquisição – um chamado cavaleiro branco. Mas Milken tinha solução para isto. Enquanto ia expandindo as suas operações, um número cada vez maior dos seus clientes anteriores devia-lhe a prosperidade. A este respeito, os que haviam adquirido S&L terão sido particularmente úteis; podiam usar os ativos dessas S&L para responder às sugestões de Milken. Num processo posterior contra Milken interposto pela Federal Deposit Insurance Corporation (FDIC) e pela Resolution Trust Corporation, alguns dos donos proeminentes de S&L eram Thomas Spiegel, do Columbia Savings and Loan, Charles Keating, da Lincoln Savings and Loan, e David Paul, da CenTrust ([12]). A First Executive Life Insurance, de Fred Carr, terá também fornecido a Milken outro pote de milhares de milhões de dinheiro de outras pessoas ([13]). Para as S&L, a aplicação laxista das leis federais sobre a segurança dos depósitos deu-lhes um enorme impulso para o que podiam contribuir. E essas mesmas regulamentações laxistas permitiam que as S&L pagassem taxas de juro suficientemente altas sobre os depósitos para terem dinheiro disponível. Assim, quando Milken lhes falava de uma nova oportunidade, o palpite era levado a sério. Em 1985, estava de tal maneira convencido de que iria fechar um negócio de fazer saltar os olhos que a Drexel só precisou de emitir uma carta a dizer que estava «altamente confiante» de que podia fazer o financiamento. Como foi demonstrado no negócio de Carl Icahn com a Philips Petroleum, Milken conseguiu angariar 1500 milhões de dólares em 48 horas ([14]). Com estas capacidades extraordinárias, Milken e os seus homens podiam tomar de surpresa uma administração sob o seu alvo. O salteador podia fazer a sua oferta tão rapidamente que o alvo só tinha algumas horas para se defender.

Vale a pena observar que Milken tinha ainda outros meios, para além de financiar títulos-lixo, de recompensar quem o ajudava nos seus negócios. Em muitas páginas do processo *FDIC v. Milken*, são alegadas as maneiras como Milken canalizava dinheiro para os seus amigos. Por exemplo, segundo a acusação, foi dada a Thomas Spiegel a oportunidade de adquirir em parceria *warrants* (uma forma especial de opção de compra de ações) na aquisição da Storer Communications – um negócio que foi largamente financiado através da sua Columbia Savings and Loan; Spiegel pagou 134 596 pela sua quota da parceria: em pouco tempo, este investimento teve um lucro de 7 milhões de dólares ([15]). A acusação alega também que, em 30 de novembro de 1987, a Lincoln Savings and Loan, de Charles Keating, e uma subsidiária adquiriram mais de 34 milhões de dólares de títulos-lixo na aquisição da Beatrice International Food Company; nesse mesmo dia, comprou 234 383 ações de capital da empresa adquirida ([19]).

Fred Carr foi tratado de uma forma diferente: as aquisições que ajudou a financiar investiriam depois os fundos de pensões dos seus trabalhadores na sua First Executive Life, que, mais tarde, foi à falência ([17]). Isto sugere que, à medida que os amigos de Milken iam enriquecendo, todos tinham bons motivos para comprar o que ele tinha para vender ([18]).

Havia, porém, um segundo obstáculo aos salteadores: o chamado problema do empecilho ([19]). Normalmente, um salteador teria de pagar um prémio considerável acima do preço de mercado corrente. Por exemplo, na aquisição instigada por Milken da Revlon pela Pantry Pride de Ronald Perelman em 1985, a Pantry Pride foi obrigada a aumentar a sua oferta inicial de 47,50 dólares por ação para 58,00 dólares. Mas o aumento seria proibitivo se a Pantry Pride fosse demasiado respeitável. Nesse caso, os acionistas podiam ter decidido ficar como acionistas minoritários e, depois, vender as suas ações. Afinal de contas, se Warren Buffett quisesse adquirir uma empresa da qual o leitor detivesse ações, teria de pensar duas vezes antes de as vender ou – usando um termo mais técnico – antes de fazer uma «oferta pública» das suas ações. Não seria bom deter ações de uma empresa controlada por este homem bom, famoso pelo seu julgamento financeiro impecável? Mas, por contraste, a Pantry e Perelman, em 1985, eram desconhecidos. A Pantry Pride tinha um valor líquido de 145 milhões de dólares (comparado com os mil milhões de dólares da Revlon); era uma cadeia de supermercados que emergira recentemente, em 1981, de um processo de resolução de falência. Além disso, Perelman era um «salteador», a quem a administração existente da Revlon era obstinadamente oposta. Isto significava que os acionistas existentes tinham uma escolha muito fácil: oferecer as suas ações a um preço com esse «prémio considerável» ou ficar e ver o que aconteceria depois. Problema do empecilho resolvido [20].

As «cartas de confiança» e as reputações dos salteadores ajudaram assim a resolver dois problemas às aquisições que gerariam a oferta enorme de títulos-lixo. Mas Milken tinha um terceiro obstáculo, desta vez no lado da procura. Os títulos-lixo e as obrigações recentemente emitidos cujos retornos e taxas de incumprimento haviam sido avaliados por Hickman podiam ser obrigações de baixo nível, que fazia delas similares num aspeto, mas, noutro aspeto, totalmente diferentes. As velhas obrigações cujas taxas de incumprimento haviam sido calculadas eram obrigações de empresas que tinham sido inicialmente emitidas como de alto nível, mas que depois tinham caído nos tempos difíceis. Veja-se o caso da Pennsylvania Railroad: quando se afundou, os seus títulos eram como anjos caídos. Mas os títulos de Milken eram diferentes: eram lixo desde o início. Se andássemos à procura de um animal de estimação, seria um erro escolher um *pit bull* porque os estudos mostraram que outro tipo de «cão», o Labrador, era melhor para a família. De forma similar, pode ser um erro encher a carteira com novas emissões da Drexel Burnham Lambert porque Braddock Hickman e outros observadores posteriores tinham dado notas altas a anjos caídos.

Milken enfrentava então o seguinte pesadelo. Se fosse percebido que o lixo recentemente emitido e os anjos caídos eram diferentes, isto poderia estragar-lhe todo o esquema. As estatísticas disponíveis disfarçavam de alguma maneira. O professor de finanças da NYU e o seu antigo aluno Scott Nammacher haviam encontrado taxas médias de incumprimento de 1,5 por cento ([21]). Este número é enganador porque os títulos-lixo têm maiores taxas de incumprimento à medida que envelhecem, e o mercado estava a crescer muito depressa. Usar desta maneira uma média das taxas de incumprimento era como inferir as taxas de mortalidade de uma população com um avô e 100 crianças de 10 anos.

O enviesamento acabaria por ser percebido, mas, pelo menos durante algum tempo, Milken teve uma maneira de distrair os cães que podiam ladrar e mantê-los em silêncio. Quando os títulos-lixo estavam perto de entrar em incumprimento, havia um procedimento legal – chamado oferta de troca (segundo a Seção 3(a)(9) do Securities Act de 1933) – pelo qual podiam ser restruturados e não contar como um incumprimento ([22]). Milken podia restruturar as coisas de modo que os títulos à beira de incumprimento pudessem ser oferecidos num negócio ligeiramente melhor com uma troca coreografada pela Drexal, ajudado e instigado por outro negócio da china. Num estudo distinto, Paul Asquith do MIT e David Mullins e Eric Wolff da Harvard Business School mostraram que quase 30 por cento dos novos títulos-lixo emitidos em 1977 e durante os anos 80 haviam entrado em incumprimento em finais de 1988; incluíam 10 por cento que estiveram envolvidos em trocas, mas que depois entraram em incumprimento ([24]).

De inícios a meados dos anos 80, o esquema de Milken desenvolveu-se de forma epidémica. Todos os anos, em março, a Drexel realizava a High-Yield Bond Conference de Milken. Em 1985, esta gala ganhou o nome de Baile dos Predadores; atraiu 1500 participantes ao Beverly Hilton e ao Beverly Hotel ([25]). Estes financeiros tinham o potencial de biliões de dólares – dinheiro deles próprios ou financiados pelos títulos – para serem gastos em aquisições hostis. O negócio dos títulos-lixo estava a prosperar tão bem que, em 1986, a Frexel deu ao grupo de corretagem de Milken – que se mudara de Nova Iorque para Los Angeles em 1978 – 700 milhões de dólares em prémios. Milken, encarregado de distribuir esses prémios, deu 550 milhões a si próprio ([26]). Pode ter sido ganancioso. Mas ele era o empresário do mercado dos títulos-lixo; as suas atividades afetavam todas as empresas americanas; no cálculo da finança, talvez o merecesse. Nunca esta quantia havia sido paga num só ano a um executivo nos Estados Unidos ([27]).

Grande parte do que Milken fazia era perfeitamente legal. A pesca é legal desde que não ultrapasse os limites daquilo que os bons advogados são contratados para explicar a pessoas como Milken. Além de ser legal, o tipo de pesca de Milken foi descrito, em certas dimensões, como heroico. Michael Jensen, da Harvard Business School, afirmava que as aquisições como as concebidas por Milken tornariam a sociedade mais rica. Na sua descrição, um movimento de aquisições afastaria as administrações incompetentes e, assim, aumentaria a prosperidade para todos ([28]). No entanto, este argumento omite o outro lado da moeda: as aquisições hostis podem também afastar os gestores fiéis; os lucros das aquisições podem decorrer, ao invés, da quebra da confiança dos empregados em relação às suas expectativas de pagamento, benefícios, condições de trabalho e pensões ([29]).

O fim da história de Milken é invulgar. Normalmente, os pescadores nunca são apanhados. Mas Milken foi parar à prisão. O FBI seguiu uma cadeia interna de corretagem até Ivan Boesky, um corretor que adquirira fama instantânea pelo seu desvio do tipo de discurso normal de começo de ano na UC Berkeley, dizendo: «Penso que a ganância é saudável.» ([30]) Quando Boesky se viu ameaçado pela sua participação na cadeia, viu a oportunidade para outro negócio. Faria um acordo judicial em troca de provas contra Milken. Boesky era uma figura menor na órbita de Milken, mas, com um gravador escondido, obteve as provas que iriam abrir a investigação a Milken. Para evitar ser julgado por 98 acusações, e também para proteger o irmão, Milken declarou-se culpado em seis das acusações. Uma destas acusações relacionava-se com a sua compra de títulos a Boesky, com a promessa de deixar Boesky comprá-las de volta. Este negócio era ilegal pelas regras da SEC contra o «estacionamento» de títulos; permitia a Boesky pagar menos impostos, mas sem risco para ele ([31]). É um esquema indicativo do desdenho de Milken pelo interesse público; mas é também indicativo da sua generosidade para com a maioria dos parceiros dos seus negócios: podia ganhar, mas os sócios também ganhavam. Alguns meses após a acusação, a operação de corretagem de Milken no Wilshire Boulevard, em Los Angeles, foi encerrada e, depois, toda a empresa-mãe, a Drexel Burnham Lampert, foi à falência [32]. As seis acusações em que Milken se declarou culpado, como o «estacionamento», não mandariam normalmente uma pessoa para a prisão. Costumavam resultar numa multa. Para nós, as ofensas mais graves ao interesse público estavam no processo cível que citámos, interposto pela FDIC e pela Resolution Trust Corporation. Este processo acusou Milken, e outros alegados «conspiradores», de uso colusivo de dinheiro de outras pessoas [33]. O caso foi resolvido com um acordo em tribunal; a parte do acordo de Milken foi de 500 milhões de dólares [34].

SEIS OBSERVAÇÕES

Podemos fazer seis observações que colocam o fiasco de Milken numa perspetiva mais ampla.

Observação 1. A operação de Milken com os títulos-lixo demonstra dois tipos de pesca informacional já vistos nos capítulos anteriores. Combinava notações distorcidas (os seus títulos-lixo distinguiam-se pouco dos anjos caídos de Hickman) com contabilidade enganadora das S&L, que estavam economicamente falidas. Alegadamente, as S&L faziam aquisições sugeridas por Milken e este canalizava as recompensas.

Observação 2. Nos capítulos anteriores, introduzimos o tema das «histórias». A propósito de Milken, uma história dizia que ele era um génio que descobrira novas maneiras de criar literalmente dinheiro. Outra história dizia que os seus títulos-lixo teriam as mesmas taxas baixas de incumprimento que os anjos caídos de Hickman.

Observação 3. Milken impulsionou a nova desigualdade. Os anos 80 assistiram a aumentos acentuados na proporção do decil de topo do rendimento, do 1 por cento de topo do rendimento, e do 1 por cento de topo dos salários [35]. O efeito indireto das operações de Milken sobre estas mudanças nunca será possível de quantificar; também pensamos que Milken, por muito inteligente que fosse, estava apenas um passo à frente de outros em operações de conceção de aquisições que alteravam os padrões anteriores da remuneração dos executivos. A nossa teoria do equilíbrio dos mercados para a pesca e a criação de grandes fundos de capital privado na atividade das aquisições sugere que as aquisições como as de Milken teriam quase certamente acontecido na sua ausência. Mas ele estava lá – proeminentemente – na criação.

Observação 4. Os títulos-lixo de Milken ilustram outro exemplo da pesca de tolos nos mercados financeiros. Dois capítulos anteriores demonstraram cadeias entre a pesca e os mercados financeiros. Com os títulos-lixo de Milken, tal como na crise de 2008, os efeitos da pesca também se espalharam para muito longe do seu local de origem. Os títulos-lixo desempenharam um papel significativo na onda de aquisições de inícios e meados dos anos 80: muito longe da sua base de pesca das S&L e das companhias de seguros [36].

Observação 5. As operações de Michael Milken demonstram as forças que orientam o equilíbrio da pesca. Usando a nossa analogia anterior, quando chegou à «caixa de pagamentos» após a sua formação em Wharton, descobriu oportunidades de lucro. Iria subscrever um novo tipo de título-lixo, diferente dos anjos caídos. Os três «obstáculos» que ultrapassou (como descrito) mostram por que razão essas oportunidades na caixa de pagamentos não haviam sido anteriormente aproveitadas. Milken foi o primeiro a perceber como os ultrapassar.

Observação 6. Isto leva-nos à observação prática mais importante deste livro. Os valores dos ativos são altamente voláteis. A imagem que apresentámos mostra as principais razões disso. Um bestiário completo de pescas – como a mineração da reputação, a pilhagem, a contabilidade enganadora, as histórias extravagantes nos *media*, os discursos de vendas de consultores de investimento, de empresas de investimento e de agentes imobiliários, e as narrativas de riquezas vindas de lado nenhum – são largamente responsáveis. Os prejuízos dessa volatilidade são limitados desde que os perdedores nas recessões sejam apenas os que foram enganados. No entanto, há uma cadeia de perdas adicionais quando os ativos inflacionados foram adquiridos com dinheiro emprestado. Neste caso, as falências e os receios de falência alastram como uma epidemia: mais falências e mais receios de falência. E depois o crédito acaba; e a economia estagna.

Na economia como na medicina, as epidemias exigem uma reação imediata e drástica. Dois episódios dramáticos do século passado dão-nos duas experiências contrastantes: sobre o que acontece quando existe tal reação e quando não existe. A reação ao Grande *Crash* de 1929 foi pequena e lenta. E o mundo entrou numa mini-Idade Média. Durou 15 anos, entre a Depressão de 1930 e a Segunda Guerra Mundial. O colapso de 2008 tinha perspetivas similares ao *Crash* de 1929. Mas, inversamente, as autoridades fiscais e os bancos centrais de todo o mundo intervieram rapidamente em coordenação e num volume adequadamente alto. A recuperação tem sido fraca; mas, graças a Deus, não entrámos numa mini-Idade Média como a da época anterior.

Há agora uma opinião em toda a parte de que as autoridades fiscais e monetárias não deviam ter reagido de forma tão rápida ou tão vigilante em 2008-2009. Segundo esta perspetiva, a expectativa da intervenção na altura da crise foi a sua primeira causa. (Na linguagem económica, diz-se que o aumento dos valores dos ativos ocorreu por causa do «risco moral».) Mas, pelo contrário, a nossa visão da finança, bem como os factos pormenorizados que sustentam a nossa visão, mostra que, quando ocorrem aumentos nos valores, isto acontece por causa da exuberância irracional, ajudada e fomentada por pescas. A irracionalidade exuberante não pensaria nos retornos que podia acumular se as autoridades fiscais e monetárias interviessem para manter a economia e o fluxo do crédito; ou, no caso extremo, se os seus bancos ou as suas empresas fossem «resgatados». Estas considerações, se existiram, foram marginais na euforia que antecedeu o *Crash* de 2008. Os vendedores com preços inflacionados estavam a fazer lucros; e, no outro lado dos negócios, com as suas expetativas determinadas por fragilidades, os compradores que pagavam esses preços inflacionados «sabiam» que estavam a fazer a coisa certa; mesmo que não o estivessem. Dançavam enquanto a música tocava.

O fracasso para ver a necessidade de uma intervenção rápida e imediata na crise financeira baseia-se numa economia que ignora fatores como a pilhagem, a mineração da reputação e a exuberância irracional.

Baseia-se numa lógica deficiente que também nos diria para eliminarmos os bombeiros, porque não haveria então incêndios já que as pessoas seriam mais cuidadosas.

Há muitos anos que percebemos, para grande pena do mundo, o que acontece quando não há intervenção eficaz no momento de um colapso financeiro; quando se deixa a epidemia seguir o seu curso. A nossa análise indica não só que existem forças endémicas e naturais que tornam o sistema financeiro altamente volátil, como também indica que, face ao colapso financeiro, é altura de intervir. Não podemos ter outra mini Idade Média.

CAPÍTULO 11
A RESISTÊNCIA E OS SEUS HERÓIS

O equilíbrio da pesca que descrevemos neste livro é difundido, mas não generalizado. Isto porque temos indivíduos que resistem ao incentivo do lucro e agem como líderes empresariais, líderes governamentais, líderes de pensamento, líderes religiosos. A economia tradicional (o «modelo puramente económico») não pressupõe uma sociedade civil, mas, de facto, vivemos numa comunidade de pessoas que se preocupam umas com as outras. Já mencionámos alguns heróis neste livro. Vamos agora concentrar-nos na natureza do seu heroísmo de resistência à pesca, nos feitos destes heróis, e também naquilo que lhes escapa.

Na verdade, em grande medida, são estes heróis que fazem o sistema de mercado livre funcionar tão bem. Não são as ações puras dos mercados que nos dão a cornucópia de que desfrutamos, pois este mesmo sistema de mercado livre cria manipulações e logros cada vez mais sofisticados.

Relativamente a toda a história passada, as pessoas dos países desenvolvidos estão a viver muito bem. As mulheres em mais de 50 países e os homens em 11 países têm esperanças de vida superiores a 80 anos ([1]). Os automóveis modernos podem ter os seus problemas e avarias, mas agora incluem sempre cintos de segurança; com raras exceções, os automóveis já não são – como Ralph Nader disse há 50 anos – «inseguros a qualquer velocidade» ([2]). De forma notável, até fevereiro de 2013, não houve uma única morte relacionada com acidentes de aviação comercial nos Estados Unidos durante quatro anos ([3]). Não são apenas os aviões que têm um registo perfeito, mas também os pilotos e os mecânicos que os mantêm no ar.

Com estes registos de segurança e de qualidade dos produtos, perguntamos: terá sido puramente o sistema de mercado que nos trouxe este sucesso? Qual é o papel dos nossos heróis? Neste capítulo, tentaremos dar uma resposta pelo menos aproximada a estas questões. Na nossa opinião, quando podemos avaliar as qualidades dos bens, serviços e ativos que compramos – ou quando essas qualidades podem ser rigorosamente classificadas e quando também compreendemos essas qualidades e classificações –, então, em grande parte, temos o que esperamos. Os heróis deste capítulo reduziram a pesca isolando a pesca informacional num espaço do difícil de medir/difícil de avaliar. (O Capítulo 2, sobre a crise financeira, ilustrou um exemplo desse espaço. Os riscos de incumprimento dos títulos hipotecários eram difíceis de classificar; os compradores pensavam que estavam a comprar abacates bons. Mas estavam enganados. E estes enganos provocaram a Grande Recessão.) Mas estes heróis, como veremos no próximo capítulo (conclusão), são muito menos eficazes contra a pesca psicológica. Se eu tiver o desejo de arruinar o meu orçamento ou a minha dieta, há poucas proteções contra essa vontade.

OS PROTETORES DAS NORMAS

Dos nossos heróis, os primeiros são os que avaliam e impõem a avaliação das normas de qualidade.

Desde o início do século XX que tem havido um progresso notável na nossa capacidade de avaliar as qualidades dos produtos e de os classificar. Este progresso permitiu a normalização. Podemos ver isto em Harvey Washington Wiley e na criação da Food and Drug Administration. O nosso herói Wiley era um químico. E, como já vimos, a nova química – em grande parte proveniente da Alemanha, onde Wiley trabalhara no Imperial Food Laboratory ([4]) – permitiu a realização de testes aos conteúdos dos alimentos e dos medicamentos a fim de se poder detetar a etiquetagem errada dos ingredientes.

Durante grande parte do século XIX, a responsabilidade constitucional do governo dos Estados Unidos de «fixar a norma dos pesos e das medidas» foi assumida por um pequeno gabinete no departamento do Tesouro; mas, em 1901, foi transferida para o novo National Bureau of Standards. Pouco tempo depois, esta agência estava a ser usada para analisar as aquisições federais de todo o governo. Com um orçamento de apenas 2 milhões de dólares, dizia-se que poupava 100 milhões de dólares por ano, em aquisições de 300 milhões de dólares (⁵).

Em 1927, Stuart Chase e Frederick Schlink, dois dos nossos heróis, escreveram um livro de grande sucesso, *Your Money's Worth*. (Mais tarde, Chase recebeu o crédito de ter cunhado a frase «The New Deal») (⁶). Descreveram não só o trabalho do National Bureau, mas também a normalização, a classificação e a certificação em muitas indústrias diferentes – realizado por uma mistura notável de ação do governo, de organismos privados e de entidades sem fins lucrativos. Em grande parte, esta atividade passava despercebida e era tomada como garantida: o produto de heróis desconhecidos. Dois exemplos ilustram isto: a classificação do trigo e a certificação dos aparelhos elétricos.

Nos livros e artigos de economia, o trigo é a mercadoria arquetípica pura e simples, comprada e vendida em mercados competitivos. No entanto, ao contrário do que acontece nos livros, o trigo real vem em muitas variedades diferentes, com muitas classificações e muitas imperfeições possíveis. Há um ificar e categorizar, a fim de que possa ser facilmente doria por carga. A Grain Inspection, Packing, and Sto- n do departamento de Agricultura dos Estados Unidos classificação oficial do trigo por categoria: oito clas-, (como o trigo duro, o *red spring*); categorias de 1 a 5 alqueire; presença de grãos danificados ou de matérias de outras classes; e a consideração de dejetos animais, rotalária, vidro, pedras e outras substâncias estranhas, e grãos danificados por insetos); e mais categorizações segundo outras condições (conteúdo de cravagens, alho ou morrão e tratamento impróprio) (⁷).

As empresas licenciadas pela GIPSA inspecionam cerca de metade dos cereais produzidos nos Estados Unidos (⁸). Mas existem outras disposições comuns (⁹). Os produtores de cereais costumam fazer as suas próprias inspeções ou contratam alguém para fazer isso. As leis sobre o armazenamento de cereais a respeito da inspeção, encargos e condições de armazenamento adicionam mais proteção; os produtores de cereais podem obter uma licença federal ou estadual, com a obrigação de obedecerem às suas respetivas restrições (¹⁰). Como resultado, o trigo é facilmente transacionado e o comprador sabe o que está a comprar.

O mercado de aparelhos elétricos fornece outro modelo para a fixação de normas. Os artigos de lar como as luzes elétricas e os extintores são normalmente testados pela Underwriters Laboratories; fundada em 1894 como uma entidade sem fins lucrativos, é a organização que está por detrás das marcas de certificação com as letras UL dentro de um círculo grosso que aparecem nos aparelhos elétricos americanos. Os fabricantes pagam à UL para testar e certificar os seus produtos ([11]). As normas para o equipamento elétrico nos Estados Unidos, por seu lado, são normalmente fixadas por uma organização independente, o American National Standards Institute, originalmente copatrocinado (sob um nome diferente) em 1918 por cinco sociedades de engenharia (incluindo o American Institute of Electrical Enginnering e a American Society of Mechanical Enginners) e três departamentos americanos (Guerra, Marinha e Comércio) ([12]). Estas normas não garantem apenas a segurança; promovem também a uniformidade. Pense na utilidade das tomadas e ligações elétricas normais por país; nas dimensões normais dos pneus de automóvel; e nas bitolas e engates ferroviários normais.

Em *Your Money's Worth*, Chase e Schlink foram além da recomendação de que os produtos tenham normas. Apelavam a que os consumidores tivessem acesso ao mesmo tipo de avaliação de produtos que o governo usava tão bem nas suas aquisições. Poucos anos após a publicação do livro, criaram uma organização para fazer isso mesmo ([13]). Algum tempo depois, após uma história complicada em que os empregados sindicalizados se revoltaram e assumiram o poder, esta organização transformou-se na atual Consumers Union, que produz a revista *Consumer Reports* ([14]). Tem uma circulação de 7,3 milhões de exemplares e avalia todos os tipos de coisas, desde frigoríficos a automóveis, aparelhos de ar condicionado e videojogos ([15]). As classificações beneficiam não só os consumidores que ficam a conhecê-las diretamente, mas também todas as outras pessoas, já que os fabricantes entram numa corrida competitiva entre si para obterem classificações positivas. A Consumers Union pode ser a mais venerável das organizações de ativismo dos consumidores, mas é uma entre muitas. A principal organização de defesa dos direitos do consumidor, a Consumer Federation of America, tem mais de 250 organizações filiadas, que, por seu lado, se dedicam à investigação, educação, defesa e serviço dos consumidores ([16]). Contudo, este número talvez nos dê apenas uma imagem conservadora da atividade geral. Parece que estamos a ter êxito com algo mais do que uma pequena ajuda dos amigos.

Há outra faceta no ativismo dos consumidores – para além da avaliação das classificações, categorizações e avaliações. Essa outra faceta do ativismo dos consumidores preocupa-se parcialmente com o valor e a segurança do produto, mas apenas como um subproduto de um compromisso mais profundo: que o consumo das pessoas é um ato de cidadania; e que a cidadania implica obrigações morais. Estes movimentos com base cívica e da sociedade civil nos Estados Unidos datam pelo menos do tempo da recusa da importação pelos colonos americanos dos produtos britânicos nos anos 1760 e 1770 (mais famosamente celebrada pelo «Tea Party», que despejou a carga da British East India Company no porto de Boston); no século seguinte, pouco antes da Guerra Civil, os abolicionistas boicotaram também os produtos produzidos por escravos [17]. Um bom exemplo dos compromissos morais, naquilo que pode ser visto como o início dos tempos modernos, é a National Consumers League, fundada por Florence Kelley em 1899.

Kelley foi uma das grandes mulheres americanas, e os objetivos e as operações da League derivam do seu carácter e da sua consciência social vigorosos. Aos 33 anos de idade, depois de se ter formado em Zurique, foi nomeada inspetora principal das fábricas do estado do Ilinóis, um cargo impressionante para uma mulher daquele tempo. Filha de um congressista republicano, quacre e abolicionista, decidiu viver com os pobres na casa de abrigo de Jane Addam em Chicago [18]. A League defendia que, como consumidores, somos os empregadores indiretos dos trabalhadores das fábricas que produzem o que compramos; assim, tal como os donos da fábrica que os empregam diretamente, temos também a responsabilidade moral pelo seu bem-estar. A League inspecionava as condições de trabalho, tal como Kelley fazia no estado do Ilinóis, e conferia a sua «Etiqueta Branca» aos produtos que passavam as suas inspeções [19]. Esta etiqueta atestava a segurança do próprio produto. A compra da Etiqueta Branca servia assim dois fins: compromisso com a sociedade civil e segurança para a família do consumidor.

No capítulo 6, vimos outro exemplo desta simbiose entre a preocupação com as condições dos trabalhadores e a segurança dos produtos. Lembremos que, em *A Selva*, Upton Sinclair denunciou o trabalho escravo da indústria de processamento de carne de Chicago. No entanto, o público ficou especialmente chocado com a denúncia do livro sobre aquilo que entrava nos seus estômagos. Hoje, o movimento «comprar para um mundo melhor» continua a ser um dos suportes do ativismo do consumidor. Pensemos nos nossos amigos que compram o Prius; nos consumidores de carne e aves criadas ao ar livre; e nos Estudantes Unidos contra as Fábricas Ilegais. E, em 2015, a National Consumers League continua viva e de boa saúde, prosseguindo a visão de Kelley: atualmente, luta, entre outras coisas, contra o trabalho infantil com abuso de nicotina nos campos de tabaco do sul dos Estados Unidos [20].

HERÓIS EMPRESARIAIS

Os homens de negócios com consciência e bons produtos têm motivos morais e económicos para afastarem os pescadores e desenvolveram algumas formas de fazer isso. Em 1776, em Londres, foi criada uma organização chamada «The Guardians, or Society for the Protection of Trade against Swindlers and Sharpers» [21]. Aceitavam queixas dos consumidores por escrito; apoiavam processos legais em nome deles; expulsavam os membros com práticas negociais pouco éticas; e forneciam certificados impressos para os membros apresentarem como testemunho de «bom crédito e boa reputação». Os Guardians continuam a existir, numa reincarnação moderna nos Estados Unidos, como Better Business Bureaus (BBB). A confiança dos BBB nas queixas dos consumidores parece tão óbvia que é tomada por garantida. No entanto, providencia um meio subtil para os membros agirem contra concorrentes de menor qualidade. Se empresas membros fizerem queixas contra eles, há boa razão para ceticismo, por causa do potencial conflito de interesses; mas como os próprios fazem as queixas (que também são verificadas pelos BBB), são credíveis.

Outra proteção contra a pesca vem das normas das comunidades empresariais. Nell Minow é uma destacada ativista que pratica a denúncia pública como um dissuasor notavelmente eficaz para o mau comportamento [22]. Afirmou que os diretores das grandes empresas americanas são fortemente sensíveis às suas reputações: «são as pessoas mais sensíveis do mundo à reputação» [23] Além dos médicos (o juramento de Hipócrates) ou dos advogados (o juramento dos advogados), quase todas as organizações têm os seus princípios declarados. Um exemplo é a National Association of Realtors, com o seu código de ética de mais de 16 páginas ([24]); ou as Câmaras do Comércio, presentes em quase todas as comunidades americanas de alguma dimensão, com os seus princípios de ética. Mais pessoalmente, no âmbito familiar, quando o bisavô de George foi à falência, com uma dívida de cerca de meio milhão de dólares, em Baltimore por volta de 1900, os filhos assumiram as dívidas do pai. Por seu lado, a comunidade empresarial de Baltimore providenciou-lhes um rico *franchise* – a representação local dos automóveis Studebaker – para que pudessem cumprir essas obrigações: nos dois lados, um exemplo de ética empresarial na prática.

HERÓIS DO GOVERNO

A resistência à pesca de tolos seguiu ainda outro rumo: na evolução das normas legais que nos protegem. Um processo do Supremo Tribunal dos Estados Unidos, *Laidlaw v. Organ*, estabeleceu o princípio duplo de *caveat emptor/caveat venditor* (cautela do comprador/cautela do vendedor) como fundamento do direito comercial dos Estados Unidos. Logo que soube, na manhã de 19 de fevereiro de 1815, que o Tratado de Gante que terminava a guerra de 1812 fora assinado, o comerciante de tabaco de Nova Orleães Hector Organ correu (antes de a notícia se espalhar) para a Laidlaw and Company; comprou 111 tonéis de tabaco – 54,7 toneladas. Organ previa que o bloqueio naval britânico seria levantado e o preço do tabaco iria subir. Na compra desses tonéis, Organ pode ter sido um pouco traiçoeiro; evitou a questão sobre se sabia alguma coisa de especial ([25]). Mas o presidente do Supremo Tribunal, John Marshall, decidiu que, na ausência de fraude, seria demasiado complicado para os tribunais decidirem quem devia dizer o quê a quem e quando ([26]). Ao invés, *caveat emptor/caveat venditor*.

Este princípio legal pode ser visto como um convite aberto à pesca de tolos, mas desde esse tempo que uma linhagem de heróis legais a tem dissuadido, tornando a lei mais flexível (e mais razoável). Mesmo nessa altura, no tempo de Marshall e de Organ, o *caveat emptor* não era absoluto: como vimos, havia alguma proteção contra a fraude. Agora, temos proteção considerável contra a negligência.

A este respeito, um caso marcante, *MacPherson v. Buick Motor Car Company*, é ilustrativo. Em maio de 1910, Donald McPherson, que gravava nomes em lápides, comprou um Buick no vendedor local em Schenectady, no estado de Nova Iorque [27]. Usava o automóvel para se deslocar aos locais de trabalho no campo. No entanto, em julho seguinte, a roda traseira do lado esquerdo partiu-se; os seus raios eram feitos de madeira podre. O automóvel capotou e MacPherson ficou preso debaixo da viatura; sofreu danos nos dois olhos e ferimentos graves no braço direito [28]. Processou a Buick. Benjamin Cardozo, que estava na altura no Tribunal da Relação de Nova Iorque e que, mais tarde, foi juiz do Supremo Tribunal, decidiu que a Buick fora negligente. Ainda que MacPherson tenha adquirido o automóvel a um vendedor (e não diretamente à Buick), e ainda que a roda tenha sido fornecida à Buick por um fabricante conceituado, a Buick continuava a ter responsabilidade. Devia ter previsto a possibilidade de um acidente grave futuro e inspecionado as rodas, o que não fizera [29]. (Cardozo e MacPherson estão também na nossa lista de heróis.)

O direito americano providencia proteção jurídica contra a pesca de tolos de outra maneira para além da fraude e da negligência. Todos os estados americanos promulgaram uma forma de Código Comercial Uniforme [30]. O código visa colmatar disposições omissas nos contratos, para não sermos apanhados de surpresa [31]. Impõe uma obrigação de «boa-fé» nos contratos comerciais e faz também outra distinção entre «consumidores» e «comerciantes» [32]. Esta distinção significa que os consumidores típicos têm menos responsabilidade na inspeção das letras miúdas do que os «comerciantes» alegadamente mais sofisticados.

As proteções que citámos são úteis, mas o *caveat emptor* não desapareceu. Um exemplo mostra a ambiguidade da sua aplicação, sobretudo entre compradores sofisticados. Três decisões de dois processos judiciais sobre o ABACUS, um veículo de investimento criado pelo Goldman Sachs por ordem do financeiro John Paulson, demonstram esta ambiguidade. O Goldman criara este veículo de investimento, que permitia que os investidores apostassem na eventualidade de incumprimento em títulos hipotecários. O investidor John Paulson desempenhara um papel importante na sua criação; como base, escolhera títulos hipotecários com grande probabilidade de incumprimento [33]. Alegadamente, os investidores foram enganados sobre a posição que Paulson iria assumir: terão sido levados a acreditar que ele iria tomar uma posição longa (apostando que os incumprimentos de hipotecas seriam raros); ao invés, Paulson tomou uma posição curta (apostando que os incumprimentos seriam comuns) ([34]). Paulson embolsou cerca de mil milhões de dólares; os do outro lado da aposta perderam quase a mesma quantia ([35]). A SEC fez uma queixa contra o Goldman Sachs e contra o seu administrador Fabrice Tourré. O caso contra o Goldman foi resolvido num acordo, com uma multa de 550 milhões de dólares ([36]); além disso, concordou em alterar as suas práticas comerciais, ainda que não tenha admitido a culpa. Mas o caso contra o administrador Tourré, que montara e vendera o esquema, foi a tribunal. Tourré tornar-se-ia famoso por *emails* enviados à namorada como «Vendi alguns fundos Abacus a viúvas e órfãos que encontrei no aeroporto» ([37]). O júri não foi compreensivo; Tourré foi considerado culpado de seis acusações de fraude ([38]) e multado em mais de 825 000 dólares ([39]). Mas houve ainda outro processo judicial, interposto pela ACA Capital Management, que perdera 120 milhões de dólares no negócio. Este caso foi encerrado. Veredicto: «como uma «entidade comercial altamente sofisticada», a ACA devia saber melhor ([40]).

Se o leitor comprar uma torradeira, não precisa de ler as letras miúdas. Mas se o seu fundo de pensão entrar num contrato com responsabilidades potenciais de centenas ou milhares de milhões, já não pode haver essa tolerância. O *caveat emptor*, portanto, está vivo e de boa saúde, em especial no mundo dos mercados financeiros e, provavelmente, dos investidores sofisticados; e dá licença para pescar.

HERÓIS DA REGULAÇÃO E A QUESTÃO DA CAPTURA DA REGULAÇÃO

Temos proteção governamental contra a pesca não só com o direito contratual, que nos permite agir judicialmente se alguma coisa correr mal, mas também com as regulações. A primeira grande agência reguladora dos Estados Unidos foi a Interstate Commerce Commission, fundada em 1887, para proteger os cidadãos locais das atividades comerciais predatórias das companhias ferroviárias e de outros abusos ([41]). Desde esse tempo, foram criadas muitas agências reguladoras, desde a Consumer Product Safety Commission (CPSC) à Federal Deposit Insurance Corporation (FDIC) e à Nuclear Regulatory Commission (NRC) ([42]). No entanto, os benefícios desta sopa de letras da regulação na economia não são inquestionáveis.

Na segunda metade do século XX, desenvolveu-se a teoria de que, para além da corrupção, os reguladores do governo são normalmente capturados pelos regulados. Em 1955, o politólogo Marver Bernstein propôs a ideia de que as agências reguladoras são criadas quando o público está indignado com algum abuso, mas depois deixa rapidamente de prestar atenção. Os regulados capturam depois os reguladores, oferecendo-lhes subornos ou empregos para os amigos e familiares, ou contribuições de campanha aos políticos com funções de supervisão. As empresas reguladas concentram a atenção na mudança das regulações que os afetam, enquanto o público geral ignora a captura, confuso com a pletora de regulações que vai para além da sua compreensão. Alegadamente, as empresas reguladas transformam então os reguladores numa força policial para seu próprio benefício, que afastam os concorrentes pela aplicação rígida de regras cuja justificação é falaciosa ([43]). Este argumento parece familiar (*ver capítulo 5* sobre a política).

De forma ainda mais sinistra, esta teoria afirma que a criação governamental de autoridades reguladoras é sub-repticiamente instigada pelas próprias entidades reguladas. São as primeiras defensoras das regulações porque sabem que podem abusar delas ([44]). A isto foi chamado a «teoria económica da regulação», por se basear na premissa normal dos economistas de que a maior parte daquilo que acontece numa economia deriva de alguma maneira da busca do interesse próprio ([45]).

Mas a teoria da captura tem os seus problemas. As provas que a apoiam são normalmente facciosas, baseadas em histórias anormais quando os reguladores falham, e sem procurarem as histórias talvez muito mais comuns, nas quais os reguladores trabalham arduamente e cumprem os seus deveres; as provas usadas têm também baixos níveis de causalidade ([46]). Igualmente importante, a captura não existe apenas a preto e branco, tudo ou nada; ao invés, tem vários tons de cinzento ([47]). Os estudos em *Preventing Regulatory Capture*, organizado por Daniel Carpenter e David Moss, demonstram aquilo a que chamam captura fraca: há influência dos Interesses, mas a regulação impõe restrições e, em suma, serve o bem público ([48]). Vimos este caso no capítulo 6 sobre os alimentos e os medicamentos. Ninguém iria querer voltar à licenciosidade do século XIX, que permitiu a Panaceia de Swaim e o Matador de Micróbios de Radam. Mas vimos depois como os fornecedores de medicamentos mudaram para a pesca aos reguladores. Descrevemos como a FDA se torna vulnerável à pesca pelas empresas que regula dando-lhes cinco níveis de liberdade na conceção de ensaios clínicos e na divulgação dos resultados. A manipulação da FDA pela Merck, no caso do Vioxx, é ilustrativa. No entanto, a admissão da lógica de que, só porque a regulação tem problemas, estaríamos melhor sem nenhuma, implicaria, do mesmo modo, que, porque as mulheres, os filhos e os amigos dão por vezes problemas, nunca deveríamos casar, ter filhos ou amigos.

E, para regressar ao tema principal deste capítulo – o papel dos heróis –, George vive em Washington e conhece muitos heróis reguladores, que trabalham longas horas e fins de semana para proteger a nossa segurança financeira e pessoal. Conhece muitos que, durante a crise financeira, trabalharam de forma tão árdua que sofreram doenças (como ataques cardíacos). E também conhece alguns que mudaram para Wall Street, não por ser isso que desejavam desde sempre, mas antes como alívio das exigências de 24 horas e sete dias por semana do serviço público. Sim, entre os reguladores também há muitos heróis. Não os nomearemos aqui, mas conhecemo-los pessoalmente.

RESUMO

A característica comum dos exemplos muito diferentes de heroísmo citados neste capítulo é uma atitude ética e altruísta por parte dos líderes, nas empresas, no governo ou noutros lados, que convencem o público a adotar normas e instituições. Como disse Benjamin Cardozo em 1889 num discurso de início do ano na Columbia University, não exigimos uma «comunidade absoluta» como no socialismo, pois isso vai contra o fomento da ação económica ([49]). Diríamos que deve haver uma comunidade moral e, no seio desta, um mercado livre de ação individual. Esta comunidade moral tem tido sucesso na luta contra a pesca informacional.

Contudo, estamos ainda muito vulneráveis à pesca psicológica. Qualquer criança que tenha comido demasiado gelado sabe o significado da frase «tens o que querias». Os gregos até tinham uma história sobre isso: lembremo-nos de Midas. Podemos limitar a pesca ligada à informação; no entanto, é mais difícil limitar a pesca psicológica; e isto leva-nos ao próximo capítulo.

PARTE 3
CONCLUSÃO E POSFÁCIO

CONCLUSÃO
EXEMPLOS E LIÇÕES GERAIS: NOVA HISTÓRIA NA AMÉRICA E AS SUAS CONSEQUÊNCIAS

Iniciámos este livro num sítio, mas vamos acabá-lo noutro. No princípio, introduzimos a pesca de tolos com exemplos daquilo que é agora a economia comportamental tradicional: era a lista de Cialdini (na introdução sobre o equilíbrio da pesca). Recordemos que Cialdini elaborou uma lista de seis influências psicológicas específicas pelas quais as pessoas podiam ser manipuladas.

No entanto, à medida que o nosso livro evoluía, surgiu uma nova ênfase. Esta ênfase deu uma caracterização geral muito melhor dos motivos por que as pessoas são pescadas. Desde o capítulo sobre o *marketing* e a publicidade (capítulo 3) que temos vindo a dizer que as pessoas são pescáveis porque as «histórias» que contam a si próprias são um dado importante para as suas decisões. Por que é que este modo de tomada de decisão nos torna tão manipuláveis? Por causa dos meandros típicos da história; ramifica-se. A maior parte da pesca, de uma maneira ou de outra, consiste em enxertar novos ramos nas velhas «histórias» que as pessoas contam a si próprias; por vezes, também envolve a substituição da velha história por uma nova.

Há outra maneira equivalente de exprimir a mesma ideia. Uma das aptidões humanas mais fundamentais é a nossa capacidade de nos focarmos em algumas coisas e não noutras. Poderíamos ter chamado «focos» às «histórias» que as pessoas contam a si próprias quanto tomam decisões. Esta ideia torna imediatamente óbvia a razão pela qual as pessoas são pescáveis, e dá-nos uma pista sobre como a pesca é realizada, pois a manipulação do foco é a base de duas profissões: os carteiristas e os mágicos têm aptidões especiais para nos desviarem a atenção; depois, fazem o seu golpe de mãos.

Antes de escrevermos o capítulo anterior, revimos os nossos muitos exemplos, desde o Cinnabon®. Esta análise demonstrou que, em todos eles, a pesca ocorreu porque o pescador se aproveitou do foco errado do tolo. Em alguns casos, o pescador, tal como o mágico e o carteirista, foi quem criou esse foco errado. Também olhámos para a lista de influências psicológicas de Cialdini; cada uma delas pode ser vista como o resultado de um foco errante do tolo.

A PRÓPRIA PESCA DE TOLOS É UMA HISTÓRIA

Isto leva-nos à mensagem mais fundamental de *À Pesca de Tolos*. Escrevemos este livro para compensar aquilo que considerávamos ser outro foco errado. Há uma história sobre os mercados livres que é muito aceite nos Estados Unidos e que também tem influência no estrangeiro. Esta história decorre de uma interpretação pouco sofisticada da economia tradicional. Diz que as economias de mercado livre, sujeitas às ressalvas da distribuição do rendimento e das externalidades, produz o melhor dos mundos possíveis. Que se deixe toda a gente ser «livre para escolher», diz o mantra, e teremos um paraíso terrestre, tão próximo do Jardim do Éden quanto o permitirem a tecnologia atual, as nossas capacidades humanas e a distribuição do rendimento.

Nós (os autores) vemos a cornucópia que os mercados livres criaram. No entanto, tal como todas as moedas têm dois lados, o mesmo acontece com os mercados livres. O mesmo engenho humano que produz a cornucópia serve também a arte do vendedor. Os mercados livres produzem o que é bom para mim e o que é bom para ti; mas também produzem coisas que são boas para mim e más para ti. Fazem as duas coisas, desde que se realize lucro. O mercado livre pode ser a mais poderosa ferramenta humana. Mas, tal como todas as ferramentas poderosas, é também uma espada de dois gumes.

Isto significa que precisamos de proteção contra os problemas. Toda a gente que tem um computador sabe isto. O computador abre-nos ao mundo de maneiras muito diferentes. Todos sabemos que temos de tomar precauções contra a pesca e contra os vírus. Todos sabemos que outros nos enviam *emails* a pedirem-nos para fazermos coisas que não são boas para nós, mas que são boas para eles. Todos sabemos, reciprocamente, que fazemos o mesmo. Todos sabemos que podemos ficar dependentes do computador, com as suas seduções de jogos, o Facebook e muitas outras atrações ([1]). Abrimo-nos a estes aspetos negativos, que são uma forma de mercado livre, por causa das vantagens; mas só um verdadeiro tolo poderia pensar que não há desvantagens ou que não é preciso tomar precauções.

Em contraste, a história económica proeminente nos Estados Unidos (e talvez a dominante) desde os anos 80 é que os mercados livres – sujeitos às ressalvas já mencionadas, que são normalmente mais consideradas na sua infração do que na sua observância – são sempre bons para nós; desde que sejamos livres para escolher.

A ERA DA REFORMA

Há um período importante da história dos Estados Unidos, de cerca de 1890 a 1940, chamado a Era da Reforma. Três movimentos separados estão identificados com esta reforma: o Populismo agrário dos anos 90 do século XIX, liderado por William Jennings Bryan; o Progressismo do bom governo, de 1900 a 1920, liderado por Theodore Roosevelt; e o experimentalismo do New Deal, liderado por Franklin Delano Roosevelt. Estes movimentos, bem como os seus objetivos, foram muito diferentes, mas, no fim do período, emergiu uma visão nova e mais vasta do papel do governo a todos os níveis – sobretudo ao nível federal – do que a dos nossos antepassados em 1890 ([2]).

Se olharmos para os anos logo após a Segunda Guerra Mundial, talvez depois da Era da Reforma, havia um consenso notável: o governo podia ser um contrapeso útil aos excessos dos mercados livres. É verdade que havia algum desacordo entre os republicanos e os democratas, mas, na prática da política interna dos Estados Unidos, a diferença era de tom e não de essência. O presidente republicano Dwight Eisenhower – não intencionalmente ([3]) – nomeou um republicano para a presidência do Supremo Tribunal que inverteu a história americana, e também uma decisão anterior desse tribunal, para ilegalizar a segregação racial nas escolas; além disso, quando o governador do Arcansas, Orval Faubus, desafiou essa decisão em Little Rock, Eisenhower enviou tropas federais. Também apadrinhou o sistema de autoestradas interestaduais. Eisenhower era um republicano, mas, nos dois casos, estava disposto a usar o governo quando isso servia as necessidades do povo.

Com as presidências democratas de John F. Kennedy e de Lyndon Johnson, estas práticas prosseguiram: Kennedy usou os estímulos keynesianos para «voltar a pôr a economia a funcionar»; também propôs legislação de direitos civis, que Lyndon Johnson cilindrou através do Congresso após a morte de Kennedy. Johnson também criou o Medicare. Quando a presidência passou para os republicanos, com Richard Nixon, as reformas não terminaram. Nixon criou a Environmental Protection Agency; também supervisionou os aumentos maciços dos benefícios da Segurança Social ([4]). Assim, a história nacional dos Estados Unidos – tanto democrata como republicana – viu muitos papéis diferentes para o governo. É claro que não funcionou de forma perfeita: esta não é questão. Mas, segundo a história nacional dominante da época, o governo podia servir de maneiras muito diferentes ([5]).

A NOVA HISTÓRIA LEGITIMADA

Mas, depois, uma história alternativa ganhou predominância: «Nesta crise presente, o governo não é a solução para o nosso problema; o governo é o problema.» Com estas palavras – normalmente citadas sem a frase «nesta crise presente» –, no seu Primeiro Discurso Inaugural, Ronald Reagan deu o seu aval a uma nova história nacional ([6]). É fácil de acreditar que o governo é o problema (sem qualificação): se pensarmos que os mercados funcionam na perfeição desde que as pessoas sejam livres para escolher. No entanto, com as externalidades, com uma distribuição injusta dos rendimentos e com a pesca de tolos, os mercados não funcionam na perfeição. Neste caso, há um papel potencial para o governo. A Era da Reforma mostrou que o governo, usado eficazmente, pode ser realmente benéfico. Esta tornou-se agora a Velha História.

A Nova História está errada: isto porque a sua caracterização da economia é errada. A sua caracterização da história dos Estados Unidos também é errada. Durante muitos anos, no tempo da Era da Reforma e para além dela, assistimos a uma grande expansão da atividade governamental. Por cuidadosa tentativa e erro, em resposta à experiência dolorosa, implementámos programas governamentais e leis que abordam as verdadeiras necessidades: Segurança Social, Medicare, supervisão dos títulos financeiros, seguro de depósitos, sistema de autoestradas interestaduais, ajuda aos pobres, supervisão de alimentos e de medicamentos, proteção ambiental, leis de segurança automóvel, leis contra o abuso das hipotecas, direitos civis e igualdade do género. Só para nomear algumas. Uma história dura e longa – de quase um século na altura da chegada de Reagan à presidência – evoluiu para um sistema de governo que serve o povo.

A Nova História – que o governo é o problema – é em si mesma uma pesca de tolos. É atrativa e tem agora alguma credibilidade: sobretudo porque as histórias sobre o que corre bem são mais difíceis de vender pelos jornalistas do que as histórias sobre o que corre mal. Os repórteres com histórias do tipo «Os funcionários da SEC são funcionários públicos excelentes e muito trabalhadores» perdem rapidamente o emprego. Assim, as notícias sobre o governo referem-se sobretudo aos seus defeitos. Além disso, a dependência do público de que esses programas governamentais funcionem bem é mais uma razão por que são «notícia»: quando não funcionam.

TRÊS EXEMPLOS

Ao longo deste livro, o nosso método tem consistido em combinar a teoria económica, que forma a base de todos os capítulos, com exemplos que ilustram as suas aplicações. Este método sugere o modo como concluiremos. Vamos dar três exemplos que colocam em contraste a economia da Velha História com a da Nova História. Cada um destes exemplos mostrará que a rejeição das reformas que decorrem da tentativa e erro da experiência para se ajustar à economia da Nova História ignora crucialmente o papel da pesca de tolos.

A SEGURANÇA SOCIAL E A SUA «REFORMA»

Apresentámos as nossas ideias sobre a pesca de tolos a muitas audiências diferentes. Com frequência, perguntam-nos: «O que fazem em relação a isso?» – em especial, relativamente ao estilo de Suze Orman sobre os gastos excessivos. Há uma resposta óbvia. Muitos livros de conselhos financeiros exortam as pessoas a fazerem um orçamento e a respeitá-lo. A senadora Elizabeth Warren e a sua filha, Amelia Tyagu, propõem uma regra geral ([7]). Afirmam que as pessoas devem dividir os seus salários em três partes: 50 por cento para as coisas essenciais; 30 por cento para o que se deseja; e 20 por cento para poupanças, para um período difícil e para a velhice. É um bom conselho, especialmente porque uma maneira fácil de gastar em excesso é definir as necessidades (i.e, as coisas essenciais) de forma demasiado lata; também permite os «desejos», como flores ocasionais ou idas ao restaurante, que dão algum sabor à vida. Basicamente, o conselho delas coincide muito com o de Suze Orman: não ter preocupações financeiras implica não ultrapassar o orçamento.

A orçamentação cautelosa é a forma mais direta de lidar com o problema das baixas poupanças. Mas, em muitos casos, isto não é assim tão direto, pois, no decurso da vida, a orçamentação cautelosa é psicologicamente difícil. Dada esta dificuldade, o governo dos Estados Unidos arranjou uma forma de prevenir as piores consequências das baixas poupanças. O sistema nacional de Segurança Social reduz fortemente a pobreza dos idosos. Com a Segurança Social, não precisamos de esperar que as pessoas, uma a uma, aprendam, ao estilo de Warren-Tyagi, a pôr de lado os sempre difíceis 20 por cento. Encontrámos uma solução mais simples. A Segurança Social reduz o rendimento das pessoas através de uma taxa (de 6,2 por cento do rendimento auferido, atualmente até 118,500 dólares, cobrada tanto aos empregados como aos empregadores ([8])); utiliza os fundos coletados para dar às pessoas um rendimento significativo na velhice. A eficácia deste programa é notável. Quando os benefícios foram aumentados nos anos 60, a taxa de pobreza das pessoas com mais de 65 anos de idade declinou de forma acentuada, caindo de 35,2 por cento em 1959 para 15,3 por cento em 1975 ([9]). Para as pessoas com mais de 65 anos, a Segurança Social é a fonte dominante de rendimento não decorrente do trabalho. Não contando com o rendimento auferido e outros subsídios do governo como os benefícios para os veteranos, constitui 94 por cento para os que fazem parte dos 20 por cento da base da distribuição do rendimento; 92 por cento, no percentil 20 a 30; 82 por cento, no percentil 40 a 60; e 57 por cento, no percentil

60 a 80. Só para os 20 por cento do topo é que a Segurança Social representa menos de metade do rendimento não decorrente do trabalho. Mas, mesmo nesta categoria do topo, ainda que distorcida pela inclusão dos que têm grandes pensões e dos muito ricos, está longe de ser inexistente; ainda é 31 por cento ([10]). Se retirássemos o rendimento da Segurança Social, a taxa de pobreza dos americanos com mais de 65 anos aumentaria de 9 por cento para 44 por cento ([11]).

Assim, a Segurança Social consegue compensar significativamente os gastos excessivos relacionados com a pesca de tolos. Em conjunto com o Medicare e a detenção de 80 por cento da casa aos 60 anos de idade ([12]), os americanos idosos podem comprar um presente ocasional para os netos. Este alívio do problema das poupanças baixas também não entra pela porta da frente a dizer às pessoas o que devem gastar. O governo tem sido uma grande ajuda. (Observe-se que outros programas do governo aliviam problemas mais imediatos de poupanças baixas. A política macroeconómica do pleno emprego significa que a maioria dos receios do desemprego será de curta duração; o seguro de desemprego facilita a procura de um emprego; e o seguro de incapacidade facilita a vida aos que não podem ter um emprego.)

Dada a independência da grande maioria da população da Segurança Social, seria surpreendente que um político tentasse alterá-la. No entanto, a crença na Nova História é tão grande que houve uma séria ameaça. Em 2004, a Administração George W. Bush propôs «privatizar» uma parte importante do programa. O programa modificado daria maior liberdade de escolha. Os empregados poderiam reter até 4 pontos percentuais das suas contribuições de 6,2 por cento para a Segurança Social ([13]). Poderiam investir esse dinheiro num fundo mútuo aprovado à sua escolha. Na reforma, o pensionista ficaria com o dinheiro do seu fundo; mas teria também de reembolsar ao sistema de Segurança Social o dinheiro usado para a constituição desse fundo. Isto é razoável, pois os pagamentos reduzidos para o sistema de Segurança Social seriam usados para constituir o fundo. A proposta, de forma engenhosa, dizia que o reembolso ocorreria através da redução dos pagamentos da Segurança Social, como se o reformado tivesse contraído um empréstimo; a taxa de juro sobre esse empréstimo seria de 3 por cento mais a taxa de inflação ([14]).

Confessamos uma admiração considerável pelo uso do plano da lógica da liberdade de escolha; mas também confessamos que é francamente disparatado. É como conceder à parte mais vulnerável da população um empréstimo para especular no mercado bolsista ou no mercado de obrigações, com dinheiro do governo – com o reembolso desse empréstimo a começar, com uma alta taxa de juro, na data da reforma.

Um de nós, Bob, fez algumas simulações, com os retornos de ações e obrigações retirados de dados históricos americanos de 100 anos, para saber se isto fazia sentido ([15]). Na verdade, havia uma situação em que o plano era muito bom para os reformados. Se os retornos das ações refletissem o seu desempenho nos Estados Unidos durante os últimos 100 anos, um investidor que aplicasse todo o dinheiro em ações ganharia uma boa quantia. Mas isto implica dois pressupostos extremos. As estratégias de carteiras com uma mistura mais normal de ações e obrigações, mesmo com essas altas taxas de retornos das ações, resultariam, em média, em ganhos pequenos. E seriam arriscadas: o plano básico (para o trabalhador médio, baseado em participações ajustadas ao ciclo de vida das ações e obrigações) resultaria em perdas em 32 por cento das vezes. Com o pressuposto mais provável relativo aos retornos das ações, de que refletem as dos outros países e não os retornos extraordinários dos Estados Unidos durante o último século, o plano não seria apenas arriscado; resultaria em perdas em 71 por cento das vezes na carteira básica. A carteira só de ações teria perdas em 33 por cento das vezes, e os ganhos médios seriam então pequenos.

A Administração Bush fez desta proposta uma iniciativa prioritária no início do seu segundo mandato. Foi abortada quando se revelou pouco popular. Dez anos depois, parece pouco provável que regresse ao topo da agenda da reforma da Nova História; e a privatização da Segurança Social *à la* Bush metamorfoseou-se na privatização do Medicara *à la* Paul Ryan. A disposição mais importante do Plano Ryan é acabar com o Medicare para os que cheguem aos 65 anos depois de 2022. Ao invés, receberiam *vouchers* para pagarem um seguro médico no mercado privado. As poupanças orçamentais ocorrem no Plano porque os *vouchers* são indexados aos preços no consumidor e não aos custos dos cuidados de saúde, que aumentam muito mais depressa. No entanto, estas poupanças têm um lado negativo. O Congressional Budget Office calculou que, no ano 2030, o indivíduo típico com mais de 65 anos estaria a pagar do seu bolso 68 por cento dos custos com os seus cuidados de saúde, e não 25 por cento com a continuação do Medicare ([16]). Este plano e as propostas republicanas de orçamento dele decorrentes baseiam-se bastante na Nova História. Retiram o governo das costas do povo americano, ao estilo da primeira década do século XXI.

REGULAÇÃO DOS VALORES MOBILIÁRIOS

Os jornais estão cheios de variadas crises orçamentais do governo. Só para mencionar algumas: no ensino básico e secundário; no ensino superior público; nas «infraestruturas»; no sistema judicial; nos Centros de Controlo de Doenças; no financiamento da investigação científica e para combater o aquecimento global. Em todas as áreas, deve haver sempre alguma crise orçamental, no sentido em que os recursos não devem ser tratados como gratuitos (para que o dinheiro dos contribuintes seja gasto de forma devida). Mas estas múltiplas crises vão além da orçamentação racional. Se, segundo a Nova História, o governo é visto como um «problema» e não como uma ajuda, as agências do governo terão de se esforçar para manter os seus orçamentos, sejam quais forem as verdadeiras necessidades.

A regulação dos valores mobiliários é uma das funções mais essenciais do governo. A regulação da contabilidade empresarial e das notações dos valores mobiliários desempenha um papel importante para manter o público adequadamente informado. Já introduzimos a noção de «desperdício» de John Galbraith, que é a acumulação de malversação financeira não descoberta. No capítulo 2 (sobre a crise financeira), vimos como a ruína do grande desperdício do *subprime* e o congelamento subsequente dos mercados de ativos desencadearam a Grande Recessão. Dada a responsabilidade essencial da US Securities and Exchange Commission para combater os desperdícios, é especialmente importante saber se o seu orçamento também foi afetado pela Nova História.

Um olhar rápido pelo orçamento da SEC sugere que é muito provável que seja inadequado. Em 2014, a SEC supervisionou cerca de 50 *biliões* de dólares de ativos, com um orçamento de 1400 *milhões* de dólares ([17]). Isto é apenas um pouco mais que 1/4 de 1/100 de um cêntimo por dólar dos ativos sob vigilância. Duas comparações reforçam a nossa ideia de que essa quantia é demasiado pequena. O Bank of America, uma entidade em parte supervisionada pela SEC, gasta consideravelmente mais só em *marketing* do que todo o orçamento da SEC ([18]); as despesas dos fundos mútuos são, em média, 1,02 cêntimos por dólar de ativos detidos, ou 400 vezes mais do que as da SEC por dólar de ativos supervisionados ([19]).

Se os gastos da SEC são tão baixos, deve haver sinais disso. No capítulo 2, vimos o fracasso da SEC na regulação dos derivados ou das agências de notação, quando era realmente importante. Existem também indicadores diretos, no interior da agência, de fundos insuficientes. Como exemplo, considerem-se as declarações do juiz Jed Rakoff do Tribunal Distrital do Distrito Sul de Nova Iorque, que, de forma controversa, recusou ratificar um acordo da SEC com o Citicorp, que ele considerava demasiado comprometedor ([20]). Rakoff dizia que, desde 2008, sobretudo por falta de fundos, com raras exceções, a SEC apenas processava empresas – e não indivíduos – por irregularidades ([21]). As questões dos custos desempenham um papel importante nesta decisão: isto porque, juridicamente, é mais fácil perseguir as empresas do que os indivíduos. No entanto, os efeitos dissuasores da perseguição das empresas são muito fracos, pois as penalizações contra as organizações são repartidas pelos acionistas; por outro lado, as penalizações contra os indivíduos visam os responsáveis diretos.

O caso Madoff fornece um segundo exemplo, muito pormenorizado, do funcionamento da SEC, e, como veremos, das consequências dos défices orçamentais. Agora todos sabemos como o grande pescador de tolos Bernard Madoff enganou investidores ricos num esquema à Ponzi. Todos os meses, os investidores recebiam um relatório que mostrava como os seus ativos geridos por Madoff haviam valorizado, com uma regularidade impressionante. Harry Markopolos, um analista quantitativo de investimentos, de Whitman, Massachusetts, debruçou-se sobre o esquema e apresentou as suas suspeitas à delegação regional da SEC em Boston. Afirmava que os retornos elevados e regulares de Madoff (entre 1 e 2 por cento ao mês) desafiavam as leis da finança ([22]). Madoff dizia que a regularidade se devia a uma estratégia de investimento chamada «colar». Dizia que comprava opções para reduzir as perdas extraordinárias e equilibrava isso com as vendas das opções, que reduziam os ganhos extraordinários (²³). Embora esta estratégia possa ter conferido regularidade aos ganhos, Markopolos achava que, para Madoff, seria demasiado dispendioso realizar os altos proveitos que dava aos seus investidores. Um esquema tipo Ponzi foi então sugerido, uma vez que, para praticar esse colar, seria necessário que Madoff fizesse mais transações de opções que todo o mercado dos Estados Unidos (²⁴).

Apesar de convincentes, as suspeitas de Markopolos enfrentaram resistência na SEC. As suas primeiras queixas à delegação da SEC em Boston, em 2000 e 2001, foram rapidamente esquecidas (²⁵). Mas Markopolos persistiu e a delegação regional de Nova Iorque, com jurisdição sobre Madoff, decidiu abrir uma investigação em novembro de 2005. Meaghan Cheung, diretora da delegação, e Simona Suh, procuradora, ficaram responsáveis pelo caso (²⁶). No entanto, juntamente com Doria Bachenheimer, que fez as nomeações, pareciam depositar mais suspeitas em Markopolos, o queixoso, do que em Madoff, o objeto da queixa. Todas pensavam que Markopolos tinha interesses próprios. Bachenheimer exprimiu-o de forma sucinta: ele era um caçador de «recompensas» (²⁷). Mas havia também uma clara diferença cultural entre Markopolos, um analista quantitativo, e a equipa que lidava com o caso. Bachenheimer volta a exprimi-lo: as queixas dele eram «teorias». Não cumpria os requisitos que um advogado exigia de um delator, de alguém com informação interna sobre irregularidades que poderia prestar um testemunho credível em tribunal (²⁸). Também não ajudava que o agora zangado Markopolos tenha insultado Cheung numa conversa telefónica ao dar a sua opinião sobre a SEC (²⁹). Assim, quando Madoff foi convocado à SEC e entrevistado por Cheung e Suh, já estavam boas para ser pescadas – como se viu, por um dos grandes mestres da arte. Não foram encontradas nenhumas provas de fraude e o caso acabou por ser arquivado.

Para nós, aqui, o interesse não está nos pormenores do caso de Madoff, mas sim naquilo que indica sobre a suficiência do financiamento da SEC de um modo mais geral. Apesar dos erros cometidos pela delegação de Nova Iorque, há indicadores de que a equipa era constituída por funcionários públicos dedicados, que se preocupavam com a SEC e com a sua missão (³⁰). No entanto, a equipa de investigação revelou pouco entendimento das queixas ou motivos de Markopolos. Esta incompreensão poderia ter sido resolvida se a equipa contasse com alguém especializado na finança. Além disso, muito possivelmente, se não fosse a desmoralização que acompanha a negação da Nova História do respeito pelos reguladores, com salários e horários de trabalho adequados, a queixa de Markopolos e/ou a defesa de Madoff teriam sido sob uma luz diferente. Nunca saberemos se um financiamento mais generoso teria feito diferença. Mas sabemos que a investigação não funcionou muito bem e que é consistente com a antiga expressão «tens aquilo por que pagaste». Um quarto de 1/100 de um cêntimo não é muito; e este aperto em relação às agências do governo tem sido encorajado, não só na SEC, pela perspetiva da Nova História de que «o governo é o problema».

CITIZENS UNITED

O nosso terceiro exemplo decorre da esfera política do nosso livro. No nosso capítulo sobre política (capítulo 5), vimos que o dinheiro que vem das partes interessadas é usado para pescar votos nas eleições americanas.

Há mais de um século que se promulgam leis de campanhas federais que visam eliminar estes problemas da influência. O Tillman Act de 1907 proibia que as empresas fizessem contribuições diretas para campanhas políticas. As Federal Elections Campaign Act Emendments de 1974 estabeleceram a Comissão Federal de Eleições; também impuseram limites às contribuições para campanhas eleitorais e aos gastos das campanhas. No entanto, não foi preciso muito tempo para que se descobrissem maneiras, através de «amigos» políticos como comités de ação política (CAP), de contornar essas leis sobre as contribuições diretas. Sem contribuições diretas, os CAP podiam ainda ajudar nas campanhas políticas. Isto colocava um problema incómodo: como controlar os CAP e outros «amigos» interessados sem violar os direitos constitucionais da liberdade de expressão. Depois de anos de disputas, em 2002, o Congresso chegou a um compromisso e promulgou o Bipartisan Campaign Reform Act (lei popularmente conhecida como McCain-Feingold) ([31]). Numa das suas disposições importantes, as empresas, os sindicatos e as organizações sem fins lucrativos eram proibidos de financiar anúncios que mencionassem um candidato no período de 30 dias antes de umas eleições primárias ou de 60 dias antes de umas eleições gerais.

Em 2007, uma organização de direita sem fins lucrativos envolvida no debate político, a Citizens United, decidiu desafiar esta disposição. Produziu um documentário, intitulado *Hillary: The Movie*, que planeava distribuir pela televisão por cabo. O filme seria gratuito para os espectadores, que o obteriam a pedido, mas a Citizens United pagaria 1,3 milhões de dólares por este serviço a uma empresa de transmissão de conteúdos por cabo. A Citizens United solicitou um parecer à Comissão Federal de Eleições para saber se a distribuição do filme estaria em conformidade com a lei McCain-Feingold durante o período das eleições primárias de 2008, nas quais Hillary Clinton seria candidata. Depois de ter recebido um parecer negativo, recorreu da decisão[32]; o recurso foi negado no tribunal distrital e foi depois levado ao Supremo Tribunal.

Dado que *Hillary: The Movie* não seria transmitido de forma geral, o caso podia ter sido facilmente decidido com base em princípios restritos. Mas o Supremo Tribunal decidiu-o com base nos princípios muito gerais da Primeira Emenda em relação aos direitos de liberdade de expressão ([33]). A opinião maioritária por cinco votos oferece um exemplo especialmente claro do pensamento da Nova História, com o seu fracasso em considerar a pesca de tolos. A nossa perspetiva sobre a liberdade de expressão é muito parecida com nossa visão dos mercados livres. Vemos ambos como fundamentais para a prosperidade económica; e a liberdade de expressão como especialmente fundamental para a democracia. No entanto, tal como a pesca de tolos tem um lado negativo para os mercados livres, tem também um aspeto negativo para a liberdade de expressão. Tal como os mercados, a liberdade de expressão também requer regras para distinguirem o funcional do disfuncional. Qualquer pessoa que já tenha organizado uma reunião sabe isto. Até as assembleias municipais mais democráticas têm regras. Por analogia, por tentativa e erro, desde o Tillman Act que o Congresso tem tentado estabelecer essas regras.

O juiz Anthony Kennedy redigiu a opinião maioritária, acompanhado de John Roberts, Antonin Scalia, Clarence Thomas e Samuel Alito. A decisão negava explicitamente a distinção entre a liberdade de expressão dos indivíduos e a liberdade de expressão das empresas. No entanto, de forma mais básica, parecia não ver atentado à liberdade de expressão desde que as regras fossem cumpridas. Uma passagem crítica revela a base da decisão: «Ao retirar o direito de expressão a alguns e ao dá-lo a outros, o Governo priva a pessoa ou classe desfavorecida do direito de usar a expressão para tentar estabelecer mérito, posição e respeito pela voz de quem fala. O Governo não pode, por estes meios, privar o público do direito e privilégio de determinar por si próprio que vozes e que locutores merecem consideração. A Primeira Emenda protege a voz e o locutor e as ideias que fluem de cada um.» ([34]).

Mas a pesca de tolos diz-nos que o argumento de Kennedy era errado: não pode haver absolutos nas regras de liberdade de expressão, da mesma maneira que não se permitiria que alguém tocasse música em alto volume na Speakers' Corner no Hyde Park (onde, por direito, todos os britânicos, por mais tresloucados que sejam, podem expressar as suas opiniões). Parece que Kennedy trata a liberdade de expressão apenas como transmissão de informação, sem consideração pelo seu papel de persuasão e, inevitavelmente, com a sua pesca de tolos. Numa passagem anterior, afirma: «O discurso é um mecanismo essencial da democracia, pois é o meio de tornar os governantes responsáveis perante o povo. O direito dos cidadãos de inquirir, ouvir, falar e usar informação para alcançar um consenso é uma precondição para o autogoverno esclarecido e um meio necessário para protegê-lo.» ([35]). É claro que concordamos. Mas o que ele não diz é igualmente importante para o caso em apreciação. O discurso é também uma forma de convencer outras pessoas a agirem no *nosso* interesse. Se as pessoas são pescáveis, é também uma forma de convencê-las a comportarem-se de uma maneira que seja do nosso interesse, mas não necessariamente do interesse *delas*.

É senso comum, como John Paul Stevens escreveu no texto de discordância, tratar as empresas de maneira diferente das pessoas. Lamentava a aparente falta de consideração da opinião maioritária pelo «eleitoralismo». A pesca não faz parte da Nova História. Stevens recordou o Tribunal de que há indícios de que as empresas (bem como os sindicatos) costumam pedir favores a um congressista e, depois, contribuem para os anúncios negativos contra os opositores do congressista, de maneira a que este tenha apenas publicidade positiva e pareça superior. As empresas ou os sindicatos notificam então o congressista para se certificarem de que sabe o que fizeram por ele. Nos bastidores, o congressista agradece ([36]). Steven afirma: «Existem ameaças de corrupção mais destrutivas para uma sociedade democrática do que o simples suborno. No entanto, a compreensão da maioria em relação à corrupção deixaria os legisladores impotentes para lidar com os abusos mais discretos ([37]).

Metaforicamente, temos de impor limites àqueles que têm recursos para usar grandes megafones que podem abafar as mensagens dos que têm menos recursos. O nosso exemplo anterior (no capítulo 5, sobre a política) da corrida eleitoral para o Senado entre Grassley e Small, em 2004, indica que as regras já conferem grande vantagem aos que têm recursos para dominar a radiodifusão. A decisão da Citizens United é, portanto, um exemplo no domínio político dos perigos de substituir o pensamento da Velha História pelo da Nova História. O veredicto baseado na Nova História não levou em conta a necessidade de um compromisso cuidadoso para reduzir os problemas da pesca de tolos.

Lawrence Lessig, professor de Direito em Harvard, propôs um plano para um compromisso desse tipo. Os cidadãos americanos receberiam do governo um *voucher* para doarem até um total de 50 dólares aos seus candidatos preferidos. Poderiam ainda dar mais 100 dólares do seu bolso a cada candidato. Em contrapartida, os candidatos que aceitassem estes donativos teriam de renunciar aos donativos de outras forças (incluindo dos CAP) ([38]). Lessig calcula o custo em 3 mil milhões de dólares por ano ([39]). Contudo, dadas as distorções na democracia que já vimos, isto seria uma verdadeira pechincha: a verdadeira função dos congressistas deixaria de ser a angariação de dinheiro. Poderiam começar a trabalhar em prol das necessidades das pessoas.

CONCLUSÃO

Os nossos três exemplos – a legislação da Segurança Social, a regulação dos valores mobiliários e a lei de financiamento das campanhas – abrangem uma boa parte da nossa discussão em todo o livro. Demonstram a importância de ter a história nacional correta. A Nova História impregnou a política americana, como mostram os nossos três exemplos, no que diz respeito à relação entre o governo e as famílias (Segurança Social), à relação entre a finança e a sua supervisão (regulação dos valores mobiliários), e à relação entre o sistema jurídico e o eleitorado (lei de financiamento das campanhas). De um modo mais geral, em todas as situações, mostrámos que a Nova História é apenas meio verdadeira.

Os mercados livres dão liberdade de escolha às pessoas. Mas também lhes dão liberdade para pescar e ser pescadas. A ignorância destas verdades é uma receita para o desastre.

Através de uma perspetiva americana, com exemplos sobretudo americanos, demonstrámos que as histórias, e em especial a história nacional, importam. No entanto, é claro que a pesca de tolos não é um fenómeno apenas americano; ocorre em toda a parte. Uma história nacional funcional requer, entre outras coisas, uma interpretação correta de como a economia e a política funcionam realmente. Tem de levar em conta não só os aspetos positivos dos mercados e da democracia, mas também os aspetos negativos. E entre estes inclui-se, de forma importante, a pesca de tolos.

POSFÁCIO
A IMPORTÂNCIA DO EQUILÍBRIO DA PESCA

Demos vários exemplos da pesca de tolos. Mas isto deve ter levantado uma questão no espírito de alguns leitores. O que há de novo neste livro em relação à economia atual? Os economistas não sabem todos da existência da pesca de tolos? Curiosamente, a resposta a esta questão é «sim», no sentido em que, quando nós, os economistas, vemos um caso de pesca de tolos, podemos identificá-lo e compreender as suas causas. Mas será que a sabedoria convencional sobre os mercados livres nos dá um conhecimento instintivo de quando e como ocorrerá? A resposta é «não» ([1]).

A maioria dos países aprendeu a respeitar os mercados livres, e com razão. Providenciam altos níveis de vida. A economia ensinou-nos que os mercados competitivos serão «eficientes» porque, segundo pressupostos relativamente aceites, foi demonstrado que, no equilíbrio, o bem-estar de uma pessoa não pode ser melhorado sem o sacrifício de outra. Em suma, a economia costuma descrever os mercados competitivos como funcionando «bem» – embora também haja necessidade de intervenção para resolver os problemas adicionais das «externalidades» e da distribuição de rendimentos «injusta», o que pode ser feito com intervenção mínima por meio de impostos e subsídios adequados.

Mas nós temos uma perspetiva diferente – e também mais geral – sobre as pessoas e os mercados. Esta perspetiva impregna este livro. Não questionamos os manuais de economia sobre os méritos dos mercados livres: podemos atravessar com a imaginação as fronteiras da China para a Coreia do Norte e, depois, voltar a atravessar a fronteira para a Coreia do Sul.

No entanto, não exageremos o nosso elogio aos mercados. Podem funcionar muito bem (como os manuais descrevem) se todos os pressupostos adequados estiverem alinhados. Mas todos os homens têm o seu ponto fraco e, por isso, todos nós estamos muitas vezes menos do que perfeitamente informados; e, com frequência, temos dificuldade em saber o que realmente queremos. Como subproduto destas fraquezas humanas, podemos ser enganados. Esta pode ser a natureza humana, mas é contrária aos homens de pau que povoam as nossas palestras de economia. E se as pessoas são menos que perfeitas, os mercados livres competitivos não serão apenas o terreno para nos providenciar aquilo de que necessitamos e que queremos. Serão também o terreno para a pesca de tolos. Serão apanhadas num equilíbrio da pesca.

Um exemplo desta diferença de perspetiva pode ser visto numa longa e acesa discussão com um amigo e colega generoso. Concordou em ouvir uma apresentação de *À Pesca de Tolos*. Depressa se concentrou na questão deste capítulo. Havia alguma coisa que os economistas normais não soubessem já? Explicámos que *À Pesca de Tolos* analisa o papel dos mercados quando as pessoas têm fragilidades, e, assim, os mercados não são eficientes; e os que têm fragilidades podem potencialmente ser enganados. Era errado, disse ele, combinar a «patologia» com a economia tradicional.

No entanto, no que respeita a economia atual, este é um dos pontos mais fundamentais do livro. Pensamos que – tal como nos manuais e no quadro mental normal de quase todos os economistas – é errado imaginar ver apenas o funcionamento saudável (*i.e.*, «eficiente») dos mercados, com as patologias económicas descritas como devidas às externalidades ou à distribuição dos rendimentos. Pensamos que as economias são mais complicadas – e também mais interessantes – do que esta perspetiva normal. Achamos também que esta divisão de pensamento (entre saudável e patológico) não só é descuidada e errada, como também tem muitas consequências.

Porquê? Porque isto significa que a economia moderna falha naturalmente a abordar o logro e o engano. A ingenuidade e a suscetibilidade das pessoas ao logro são varridas para debaixo do tapete. Hoje, em 2015, os economistas olham para a crise financeira mundial de 2008; e pelo menos alguns de nós perguntam: porquê? Não perguntamos apenas por que é que o *Crash* ocorreu, o que agora compreendemos em termos gerais. Mas os economistas olham para si próprios. Perguntamo-nos por que é que tão poucos previram a crise. É impressionante que tão poucos economistas tenham previsto o que iria acontecer ([2]). Existem cerca de 2,5 milhões de artigos e listas de livros sobre a finança e a economia no Google Scholar ([3]). Isto pode indicar que não há macacos economistas suficientes para escreverem aleatoriamente o *Hamlet*, mas deveriam ser suficientes para gerar alguns estudos que dissessem como o Countrywide, o WaMu, o IndyMac, o Lehman e muitos outros iriam, a curto prazo, falir. Devíamos saber que as suas posições nos títulos hipotecários e nos *swaps* de incumprimento de crédito eram frágeis. Nessa altura, devíamos também ter previsto as vulnerabilidades futuras do euro.

Pensamos que esta lacuna enorme nos diz que os economistas (incluindo os da finança) ignoram ou menosprezam sistematicamente o papel do engano e do logro no funcionamento dos mercados. Já apontámos para uma razão simples por que são ignorados: a compreensão dos economistas dos mercados exclui esses fatores de forma sistemática. A patologia, como o nosso amigo tornou claro, é vista sobretudo como devida a «externalidades». Mas isto significa ignorar que os mercados competitivos, pela sua própria natureza, criam logro e engano como resultado dos mesmos motivos de lucro que nos dão a prosperidade. Se os economistas tivessem visto adequadamente os mercados como uma espada de dois gumes, teriam de certeza pensado que os derivados financeiros, os títulos hipotecários e a dívida soberana iriam correr mal. Mais de um punhado de nós teria feito soar o alarme.

FRACASSO NA GUERRA CONTRA O CANCRO

Em *The Emperor of All Maladies*, o médico e investigador do cancro Siddartha Mukherjee descreve um erro similar na análise e tratamento do cancro ([4]). Usando a linguagem dos economistas, nesta analogia há doenças que podem ser vistas como devidas a «externalidades». Estas doenças têm origem bacteriológica ou viral; na maioria dos casos, têm curas muito simples. Basta descobrir um medicamento ou uma vacina que mate o invasor externo do corpo. Mas na nossa analogia da externalidade, em economia, a «doença» é o malefício para os que estão a jusante; a cura é um imposto sobre o tabaco.

Mas o cancro, diz Mukherjee, é diferente. Não é causado por um invasor externo como um vírus ou uma bactéria. Ao invés, é provocado pela mesmas forças naturais da nossa fisiologia saudável. Desenvolve-se como uma mutação das nossas células. Da mesma maneira que as nossas células saudáveis têm defesas poderosas contra o ataque, as mutações têm as suas próprias defesas. O problema não é as defesas do corpo não funcionarem suficientemente bem; no caso das malignidades, estas defesas funcionam demasiado bem. As células malignas cancerosas são demasiado resistentes ao ataque; recusam morrer. A natureza do cancro reside na extensão da nossa própria fisiologia benigna nessas mutações. Há uma analogia exata com a *pesca de tolos*. Resulta da extensão do funcionamento benigno dos mercados onde toda a gente é sofisticada ao funcionamento desses mercados onde algumas pessoas são ingénuas.

Nos anos 70, os defensores de uma Guerra contra o Cancro fizeram pressão para um «compromisso nacional na conquista do cancro» ([5]). Com a promulgação do National Cancer Act de 1971, muito mais recursos federais foram dedicados à investigação do cancro. Poder-se-ia pensar que este aumento do financiamento não podia ser prejudicial. Mas, curiosamente, Mukherjee vê esta «guerra» como um erro. A sua busca de uma cura rápida e fácil trivializou o problema; uma cura rápida e fácil só seria encontrada se o cancro tivesse uma causa básica: por exemplo, um vírus ([6]). Mas estas ideias simplistas da causa do cancro desviaram a atenção da descoberta da sua natureza fundamental. As reduções fortes da mortalidade do cancro só ocorreriam depois de ter sido melhor compreendido; quando foi mostrado que era o resultado de mutações, cuja capacidade de se defenderem era uma extensão das próprias defesas saudáveis do corpo.

Afirmamos que a visão dos economistas em relação aos mercados padece do mesmo excesso de simplificação. A economia tradicional pode pensar que as patologias económicas são apenas «externalidades». Mas a capacidade de os mercados livres engendrarem muitos tipos de pesca de tolos não é uma externalidade. É inerente ao funcionamento dos mercados competitivos. E os mesmos motivos de lucro que nos providenciam uma economia rica e benigna se toda a gente for totalmente racional são os mesmos que nos dão as patologias económicas da pesca de tolos.

TRABALHO PRÉVIO SOBRE A PESCA DE TOLOS

É claro que existem percursores de *À Pesca de Tolos*. Descreveremos aqui alguns artigos que são representativos dos 200 000 (grosseiramente calculados, mais uma vez pelo Google Scholar) que referem a distinção entre os «sofisticados» e os «ingénuos», ou entre os «informados» e os «não informados». O artigo típico deste género, como nos nossos exemplos, combina os sofisticados com os ingénuos de alguma maneira especial. E depois percebe, por vezes como ponto focal, mas normalmente como questão lateral, que, sim, no contexto especial descrito, os sofisticados/informados aproveitam-se dos ingénuos/não informados.

Para o primeiro exemplo, recordemos a introdução de Stefano DellaVigna e Ulrike Malmendier sobre os contratos leoninos dos *health clubs*: são contratos fáceis de assinar, mas difíceis de cancelar. No seu exemplo, DellaVigna e Malmendier descrevem a estratégia dos *health clubs* como um aproveitamento da situação presente dos clientes ([7]). O forte peso que os clientes colocam no presente leva-os a adiarem «só para amanhã» o que podiam fazer hoje; mas depois, quando o «só para amanhã» chega, torna-se presente e voltam a adiá-lo.

Xavier Gabaix e David Laibson mostraram outra forma de os vendedores se aproveitam dos compradores, neste caso porque alguns atributos do produto são difíceis de ver ([8]). Na terminologia deles, esses atributos são «velados». Implicitamente, perguntam: que arroz é que os restaurantes serviriam se os clientes não soubessem distinguir entre Basmati e Uncle Ben's? O motivo do lucro diz que os restaurantes escolheriam o mais barato.

O exemplo de Gabaix e Laibson dos atributos velados diz respeito às impressoras de jato de tinta. Os compradores concentram-se no preço das *impressoras*. No entanto, o custo subsequente dos tinteiros é significativo em relação ao custo inicial da impressora (em média, cerca de dois terços) ([9]). O custo relevante não vem da forma inicial da impressora: é o custo total de imprimir uma página. Numa sondagem aos compradores de um modelo da Hewlett-Packard, apenas 3 por cento dos inquiridos sabiam o custo da tinta na altura em que compraram a impressora ([10]). E isto não é uma coincidência. Segundo Gabaix e Laibson, para o comprador de uma impressora, o seu preço é muito claro. Também é fácil encontrá-lo na Internet. Mas tente encontrar o preço da tinta necessária. Esta informação foi dispersa por diferentes sítios; os fabricantes da impressora cobriram intencionalmente esse atributo ([11]). E, pelos dados da sondagem, fizeram-no com sucesso ([12]).

Um de nós (Rob) realizou outro teste para a teoria dos atributos velados. Fora convencido por anúncios televisivos a comprar comida *gourmet* para o seu gato *Lightning*. Nos anúncios, os gatos comem animados e contentes. Mas será que a comida de gato *gourmet* sabe mesmo bem? Bob provou-a. Os sabores anunciados que parecem atraentes para os humanos – peru, atum, pato e carneiro – não pareciam estar lá. Parecia concretizar-se a previsão de Gabaix-Laibson sobre este atributo normalmente velado. Contudo, temos de ter o cuidado de admitir que este não foi o teste definitivo. Se o *Lightning* pudesse ter falado, poderíamos realmente saber ([13]).

O mundo da finança também oferece bons exemplos em que os tolos sofrem às mãos dos mais espertos. A economia simples da finança apresenta conclusões que não são verdadeiras. A proposição fundamental é que os preços das ações refletem o seu «valor fundamental». Isto significa que o preço das ações é igual aos retornos futuros esperados apropriadamente descontados (de fontes como dividendos e recompras de ações). Mas isto não pode ser verdade. Existe demasiada volatilidade nos preços das ações para que isso seja verdade ([14]). E há também todos os tipos de acontecimentos estranhos nos mercados financeiros em relação à história simples. Por que é tão alto o volume de transações? Por que é que os negociantes de ações conservam as suas ações durante tão pouco tempo? A lista é longa.

A maioria dos economistas da finança (mas não todos!) reconheceu que o modelo simples tem deficiências sérias. Assim, passaram a descrever um mercado bolsista (e outros mercados de ativos) com dois tipos de pessoas ([15]). Por um lado, os negociantes «informados». São os que compreendem realmente o mercado bolsista; são pessoas intrépidas que, segundo a teoria, orientariam os preços das ações para o seu valor «fundamental» se fossem dominantes. Mas há também os negociantes «não informados», que não compreendem esses fundamentos. Os professores de finança chamam-lhes «negociantes ruído», porque se diz que estes compradores de ações negoceiam não com base nos fundamentos, mas em «ruído» aleatório. Uma boa imagem deles podem ser os compradores de ações das dot.com, dos anos 90, antes de a bolha rebentar ([16]). Os negociantes ruído podem explicar muitas das «anomalias» nos preços das ações: incluindo o alto retorno das ações em relação às obrigações e a forte variação dos preços das ações relativamente aos seus fundamentos ([17]).

A análise das transações baseadas em ruído tem sido um bom paradigma de investigação. Nos modelos matemáticos, ocorre a pesca de tolos, pois os investidores sofisticados aproveitam-se dos negociantes-ruído. De facto, estes modelos podem até gerar fórmulas explícitas para o respetivo «bem-estar» dos negociantes informados e não informados ([18]).

Estes exemplos da economia e da finança ilustram o grande número de trabalhos que contrastam os ingénuos com os sofisticados; os informados com os não informados. Os sofisticados/informados ficam quase melhor do que os ingénuos/não informados. Sempre que isto acontece, há pesca de tolos.

A DIFERENÇA

Apesar do muito que se tem escrito sobre os ingénuos e os não informados na economia comportamental e na finança, continua em aberto a questão sobre o nosso papel. Talvez não haja aqui nada de novo. Ainda assim, esperamos que tenha gostado deste livro e das suas histórias. Mas também esperamos ter providenciado uma nova perspetiva. Iremos agora descrever três casos em que este livro apresenta uma perspetiva que, muito possivelmente, é nova em relação à economia atual.

O PAPEL DO EQUILÍBRIO NOS MERCADOS COMPETITIVOS

A primeira destas perspetivas diz respeito à posição da economia comportamental na economia. O pensamento fundamental dos economistas, como indicámos na introdução e abordámos no início deste capítulo, emana de Adam Smith. A visão central dos economistas é em termos dos famosos talhantes, cervejeiros e padeiros de Smith; respondem de forma competitiva às necessidades dos consumidores e decidem quanto devem fornecer, com base naquilo que os consumidores estão dispostos a pagar. Este sistema tem um equilíbrio insistente. Se a economia não estiver neste equilíbrio, há uma oportunidade para obter lucro. Neste caso, é de esperar que alguém aproveite a oportunidade. Tal como se diz que a natureza tem «horror ao vazio», espera-se que os sistemas económicos tenham horror às oportunidades de lucro não aproveitadas. Em termos das nossas imagens, se não houvesse uma banca a vender Cinnabons® ou afins, no aeroporto ou no centro comercial, alguém abriria uma em breve.

Esta maneira geral de pensar, com a sua insistência no equilíbrio geral, tem sido o sistema nervoso central do pensamento económico desde há quase dois séculos e meio. No entanto, a economia comportamental (já iremos à finança) parece estranhamente divorciada disso. Os nossos dois exemplos da economia comportamental, de DellaVigna-Malmendier e Gabaix-Laibson, são ilustrativos. No estilo agora exigido para um artigo de revista, os seus modelos e exemplos são muito especiais. Na descrição de DellaVigna-Malmendier dos *health clubs*, todos os atletas iniciantes têm fraquezas especiais de enviesamento presente. O modelo de Gabaix-Laibson dos mercados velados também é especial: fornecem um modelo ilustrativo da procura e oferta de um bem básico e de um complemento; alguns consumidores são sofisticados e outros são míopes, e as empresas decidem se vão ou não cobrir o preço do complemento ([19]). Segundo as normas dos artigos de revistas de economia, esses artigos provam que a pesca de tolos existe. Provam-no dando modelos e exemplos em que a pesca é inegável; mas a exigência das revistas dessa inegabilidade tem um custo. Significa que a generalidade da pesca de tolos não pode ser descrita.

E é aqui que entra este livro. A descrição da pesca de tolos num quadro de equilíbrio geral ao estilo de Adam Smith, que é o modelo do pensamento de todos os economistas, sugere a sua generalidade. Esta generalidade leva-nos à inevitabilidade da pesca.

Regressemos à questão sobre por que é que os economistas não viram a crise financeira: se tivéssemos pensado na pesca de tolos como um fenómeno geral que ocorre quando as pessoas têm fraquezas informacionais ou psicológicas que podem ser lucrativamente exploradas – ou quando essas fraquezas podem ser lucrativamente criadas –, os economistas poderiam procurar as pescas que, a curto prazo, conduziram ao *crash*.

PREFERÊNCIA REVELADA NÃO DESAFIADA

Há outra razão por que a economia comportamental e a finança comportamental, com as suas descrições especiais dos enviesamentos e dos mercados, não perceberam a ubiquidade da pesca de tolos. Um preceito comum da economia tradicional é que as pessoas só fazem as escolhas que lhes maximizam o bem-estar. Este pressuposto tem até um nome elegante, «preferências reveladas»: as pessoas revelam aquilo que as melhora pelas suas escolhas ([20]). É claro que este pressuposto está em contradição com o nosso conceito da diferença entre aquilo que as pessoas realmente querem (o que é bom para elas) e o que pensam que querem (os gostos determinados pelas suas fraquezas). A particularidade da economia comportamental (como o enviesamento presente) e a incorporação desses enviesamentos em situações especiais do mercado (como a concorrência monopolista) – reforçaram a ideia de que as diferenças entre o que as pessoas querem e os seus gostos determinados pelas fraquezas não são a norma. Talvez devam ser consideradas caso a caso, mas apenas como exceções raras. Esta mensagem não é propositada, mas a apresentação da economia comportamental, talvez de forma inconsciente, tem esta implicação.

A maioria dos economistas, portanto, sente que pode estar confortável a pensar que as escolhas das pessoas refletem o que realmente querem, com a ideia adicional de que o número e as consequências das decisões disfuncionais são pequenos. Esta perspetiva é consistente com a observação de que, pelo menos nos países desenvolvidos, a maioria das pessoas consegue suprir intencionalmente as suas necessidades básicas. Esta intencionalidade pode levar-nos a crer que a diferença entre a otimalidade de Pareto no nosso verdadeiro bem-estar e a otimalidade de Pareto no nosso bem-estar determinado pelas nossas fraquezas é inconsequente. Esta diferença pode revelar-se no nosso contrato com um *health club* ou na compra de tinteiros de impressora. Mas isto são exceções e, portanto, a preferência revelada é correta: na maioria dos casos.

No entanto, pensar em geral sobre a pesca, como fazemos, levou-nos, pelo contrário, a perceber que a pesca de tolos não é um incómodo ocasional. Está em toda a parte. E não afeta apenas muitas decisões; em certos casos, tem efeitos consideráveis no bem-estar. Os nossos exemplos foram cuidadosamente escolhidos não só para mostrar a possibilidade da pesca de tolos, mas também para mostrar a sua ubiquidade e a sua importância geral nas nossas vidas económicas. Servem para contrariar a ideia da economia tradicional (não comportamental) de que as pescas fazem pouca diferença, porque, na maioria das vezes, escolhemos o que é bom para nós.

A nossa incorporação da pesca de tolos no equilíbrio geral com gostos determinados pelas fraquezas vai, pois, além da economia comportamental corrente, apontando para uma verdade que é natural para qualquer um que pense em termos da teoria geral do equilíbrio. Esse pensamento considera a inevitabilidade da pesca. Mais uma vez, voltemos ao nosso «exemplo favorito»: no equilíbrio geral, se uma banca de Cinnabon® no aeroporto puder fazer lucro – na falta de algo parecido –, então estará presente. Assim, se tivermos uma fraqueza – se tivermos uma maneira de sermos pescáveis –, os pescadores estarão à espera. Da mesma maneira que o padeiro, o cervejeiro e o talhante estarão presentes se tivermos os recursos para pagar o que querem para fornecer o pão, a cerveja e a carne, os vigaristas estarão presentes para nos pescarem como tolos.

ENXERTO DE HISTÓRIAS

Em relação à economia comportamental, *À Pesca de Tolos* traz outro contributo. Tal como é atualmente escrita, a economia comportamental segue os dados experimentais produzidos pelos psicólogos. No nosso imaginário, as pessoas tomam decisões disfuncionais: segundo os seus gostos determinados pelas fraquezas e não segundo os seus verdadeiros gostos. Os psicólogos têm as suas listas destas motivações disfuncionais.

Concordamos que as pessoas têm os enviesamentos destas listas. Mas um objetivo importante deste livro, para além da sua noção de equilíbrio da pesca, consistiu em ver esses enviesamentos de uma forma muito mais geral. Tal como os economistas (*ver capítulo 1* sobre as preocupações financeiras e Suze Orman) impõem os seus pressupostos a respeito de como os consumidores se comportam (pensando, por exemplo, que fazem orçamentos escrupulosos), os psicólogos, bem como os economistas comportamentais que os seguem, pensam que os decisores operam segundo algum modelo, normalmente da lista de Cialdini. Da mesma maneira que os economistas injetaram muita ingenuidade na preparação das possíveis «restrições» enfrentadas pelos decisores, os psicólogos compilaram uma lista impressionante de possíveis comportamentos «não racionais». Mas, na nossa opinião, que é partilhada pela maioria dos sociólogos e dos antropólogos, essas listas têm um problema. Podemos muito bem ver as pessoas a comportarem-se de acordo com algum enviesamento da «lista»; mas podem não se comportar assim. Os economistas, os psicólogos e os sociólogos, de um modo mais geral, deviam ser mais inclusivos: devemos incluir qualquer pensamento, consciente ou subconsciente, que pode ser a base das decisões das pessoas.

A este respeito, de acordo com os sociólogos e os antropólogos sociais, encontrámos uma forma muito geral de descrever os quadros mentais subjacentes às decisões das pessoas. A segunda metade de *À Pesca de Tolos* retirou gradualmente a velha pele das listas dos enviesamentos comportamentais feitas pelos economistas comportamentais; ao mesmo tempo, em crescendo, também reformulámos o nosso argumento nos termos desta nova perspetiva. Por um lado, é inclusivo das listas de enviesamentos psicológicos subjacentes às decisões disfuncionais; por outro, é muito mais geral.

Alcançámos esta maior generalidade dando uma imagem dos quadros mentais que esclarecem as decisões das pessoas. Chamámos-lhes «as histórias que as pessoas contam a si próprias». Esta descrição tem, para nós, uma vantagem adicional. Permite-nos ver, de forma inteiramente natural, como ocorre a maioria da pesca de tolos. A pesca é uma maneira de levar alguém a tomar uma decisão em benefício do pescador, mas não em benefício do tolo. Dado que as nossas decisões se baseiam normalmente nas histórias que contamos a nós próprios sobre a nossa situação, isto dá-nos uma caracterização clara da motivação que nos permite compreender como ocorre a maioria da pesca de tolos.

Dá também à economia uma nova variável. Esta variável é a história que as pessoas contam a si próprias. Além disso, torna natural a ideia de que as pessoas tomam decisões que podem estar muito longe de maximizar o seu bem-estar, e de que essas histórias são bastante manipuláveis. Se mudarmos o foco das pessoas, podemos mudar as decisões que tomam.

RESUMO

Em suma, pode nada haver neste livro que seja considerado «nova economia». Se quiséssemos reinventar a economia, não teríamos razão nem seríamos convincentes. Mas o nosso objetivo era um pouco diferente. Consistiu em mostrar que a pesca de tolos nos leva a conclusões bastante diferentes dos resultados comuns da velha economia. A economia moderna, com os seus mercados muito livres, providencia-nos, aos que vivem em países desenvolvidos, um nível de vida que faria inveja a todas as gerações anteriores. Mas não nos enganemos. Também nos dá a pesca de tolos. E isso também tem consequências para o nosso bem-estar.

AGRADECIMENTOS

Este livro pode versar sobre a manipulação e o logro, mas temos de reconhecer que também existe muita, e sublinhamos *muita*, bondade no mundo. Está cheio dos heróis que descrevemos no capítulo 11. Muitos desses heróis generosos constituem a base deste livro.

Um dos grandes prazeres depois de termos concluído este livro é escrever estes agradecimentos: podermos agradecer às muitas pessoas que contribuíram para este projeto. Este livro não é obra apenas de dois autores sentados sozinhos numa sala, a pensarem na frase que viria a seguir. Pelo contrário, as ideias deste livro, bem como o trabalho subjacente ao seu desenvolvimento, são em grande parte uma compilação daquilo que aprendemos com os nossos amigos, sobretudo da comunidade económica, e também com os extraordinários assistentes de investigação que nos ajudaram.

Os nossos primeiros agradecimentos vão para os nossos colegas cujas ideias básicas e fundamentais dão corpo a este livro.

Em primeiro lugar, queremos agradecer a Paul Romer, que foi coautor de um estudo com George sobre «Pilhagem: o Submundo Económico da Falência pelo Lucro». Os capítulos 9 de 10 sobre a crise das S&L e sobre os títulos-lixo são uma reescrita, ao estilo deste livro, desse artigo. Estamos gratos a Paul por nos permitido fazer isso. Outro tema do livro, sobre a narrativa, deve-se em boa parte a outro coautor de George. No trabalho conjunto de George com Rachel Kranton sobre a *Economia da Identidade*, um dos temas é as histórias que as pessoas contam a si próprias, sobre quem são e sobre o que deviam ou não deviam fazer; e como essas histórias são subjacentes às suas motivações. Num encontro de espíritos,

Bob descobriu independentemente o papel das «histórias», em especial a respeito das crises financeiras, na sua obra anterior sobre a *Exuberância Irracional* dos mercados de ativos. Assim, o papel das narrativas, que é talvez o resultado mais importante do nosso livro, funde duas linhas de pensamento. Estamos ambos imensamente gratos a Rachel. Agradecemos também a Hui Tong, que trabalhou com George num estudo intitulado «Lemons with Naïveté», que descrevia um equilíbrio da pesca baseada na informação. Este trabalho foi a base dos nossos seminários sobre *À Pesca de Tolos* durante vários anos.

Temos um tipo de dívida diferente para com Maxim Boycko, coautor de Bob, que ele conheceu numa conferência conjunta do US National Bureau of Economic Research e do USSR *IMEMO* em Moscovo, em 1989. Bob continua a trabalhar com ele sobre as atitudes públicas e os relacionamentos com os mercados, comparando países de forma a perceberem os papéis das normas e atitudes sociais no funcionamento do mercado.

No outono de 2012, o manuscrito havia progredido ao ponto de Bob achar que devíamos contratar alguns assistentes de investigação para nos ajudarem. Colocou um anúncio para o cargo e recebemos cerca de 80 candidaturas. Os três licenciados de Yale que ficaram com este cargo desempenharam um papel importantíssimo neste livro. Não só foram nossos assistentes de investigação, como também, com Peter Dougherty, da Princeton University Press, foram os nossos editores. Em mais de uma ocasião, atribuímos-lhes a tarefa de darem notas ao livro: a cada capítulo, a cada secção de cada capítulo e a cada parágrafo de cada capítulo. As notas que nos deram nem sempre foram as mais altas, em especial com os padrões modernos de inflação das notas, e os nossos assistentes de investigação explicaram-nos depois pacientemente por que nos deram essas notas baixas, e, em conversas, retiraram-nos do buraco onde estávamos. Todos estes três assistentes de investigação são verdadeiramente excecionais.

Victoria Buhler, que aceitou o cargo quando era estudante de licenciatura, foi tão excecional que David Brooks escreveu uma coluna no *New York Times* a louvá-la por um ensaio que ela escrevera numa aula em Yale. Quando Victoria se licenciou e entrou numa pós-graduação em Cambridge, continuou a trabalhar em *À Pesca de Tolos*. Isto foi no ano em que Bob ganhou o prémio Nobel, que, pelo menos durante alguns meses, é uma situação totalmente absorvente, e ela desempenhou um papel especialmente importante a preencher o vazio. Os seus interesses são a política internacional, e é tão talentosa que George confessa que certa vez lhe escreveu um *email*, que começava, não *se*, mas «quando fores secretária de Estado».

Diana Li é também uma das três assistentes de investigação originais. Descobrimos que podíamos perguntar qualquer coisa a Diana, pedir-lhe que fizesse qualquer tarefa, e ela cumpria. O constrangimento parecia estar sempre do nosso lado. Estávamos sempre com medo de lhe pedir demasiado. Diana é uma estrela a debater, cobriu o City Hall para o *Yale Daily News* e é licenciada em economia. Há pouco tempo, disse-nos que ia para os Campeonatos do Mundo de Debate na Malásia. Estava sempre a fazer coisas deste tipo. Qualquer leitor de *À Pesca de Tolos* beneficiará com os contributos dela. É uma mestre na arte de entrevistar e rimo-nos sempre dos seus planos para trazer à vida *À Pesca de Tolos*. A certa altura, a revista *Glamour* pediu a Diana para ser candidata a um prémio. Escrevemos uma carta em seu benefício, mas não o ganhou. Pelos vistos, não sabem o que é o verdadeiro *glamour*: para nós, o Verdadeiro Glamour é ser Diana Li.

Jack Newsham foi também um dos três assistentes de investigação originais. Tal como Diana e Victoria, deu também grandes contributos para o livro. Fazia entrevistas para nós; e também nos dava a suas opiniões editoriais: estavam sempre corretas. Desempenhou um papel especialmente importante no capítulo sobre a publicidade, pois chamou-nos a atenção para o trabalho sobre a campanha de Harding, que, com Lasker como diretor de campanha, se ajustava perfeitamente ao livro. Em Yale, Jack estudava para ser repórter e trouxe as suas aptidões jornalísticas para o nosso empreendimento. Depois de se licenciar, foi para o *Boston Globe*, com um cargo muito ambicionado, sobretudo agora que os empregos nos jornais são, infelizmente, uma raridade. Fomos privilegiados por Jack ter trabalho connosco, em *À Pesca de Tolos*, durante dois anos.

Nas últimas fases do nosso trabalho em *À Pesca de Tolos*, Stephan Schneeberger ofereceu-nos excelentes comentários editoriais sobre o manuscrito e verificou os factos dos capítulos 4 a 8. Estamos muito gratos pela sua dedicação a esta tarefa, bem como a Yijia Lu pelo seu excelente trabalho de verificação de factos desde o prefácio até ao capítulo 3.

E Deniz Dutz, nas fases finais, fez um trabalho corajoso; voltou a verificar todos os factos. E durante seis semanas, em maio e junho de 2015, Madeleine Adams foi a revisora; acrescentou elegância e graça ao manuscrito que lhe demos.

As ideias deste livro são uma colagem daquilo que aprendemos e que ouvimos durante as nossas vidas como economistas. A este respeito, devemos agradecimentos especiais a outras quatro pessoas. Daniel Kahneman, que, há 25 ou 30 anos, nos disse que a característica distintiva da psicologia é ver as pessoas como máquinas imperfeitas. A tarefa do psicólogo, disse ele, era saber como e quando essas máquinas eram disfuncionais. Em contraste, o conceito básico da economia é o equilíbrio. Pensamos que este livro junta estas observações. Richard Thaler, com quem Bob tem organizado *workshops* de economia comportamental desde há 25 anos, também foi uma influência; há mais de 20 anos, sugeriu que devíamos trabalhar juntos. Ele foi o nosso casamenteiro. Temos uma dívida enorme para com ele. Mario Small e Michele Lamont deram-nos pistas para pensar como as decisões das pessoas dependem largamente mais do subconsciente do que do consciente. Concluímos que isso torna as pessoas manipuláveis; esta ideia foi um passo essencial para a realização deste livro.

Peter Dougherty, da Princeton University Press, não foi apenas um editor do livro e um grande amigo nosso durante todo o processo: o seu juízo editorial sempre bom, apontando-nos para aonde deveríamos ir e porquê, tornou este livro possível. As COISAS QUE NINGUÉM PODE QUERER do prefácio, por exemplo, emanam de uma conversa com Peter.

Muitos outros contribuíram para este livro, em especial os colegas de George do Fundo Monetário Internacional, onde, durante quatro anos, trabalhou no manuscrito, de outubro de 2010 a outubro de 2014, e os colegas de Bob na Yale University.

Entre estes colegas e amigos incluem-se Vivek Arora, Michael Ash, Larry Ball, Roland Benabou, Olivier Blanchard, Irene Bloemraad, Nyla Branscombe, Lucia Buono, John Campbell, Elie Canetti, Karl Case, Philip Cook, William Darity, Stefano DellaVigna, Rafael Di Tella, Avinash Dixit, Curt Eaton, Joshua Felman, Nicole Fortin, Pierre Fortin, Alexander Haslam, Catherine Haslam, John Helliwell, Robert Johnson, Anton Korinek, Larry Kotlikoff, Andrew Levin, Annamaria Lusardi,

Ulrike Malmendier, Sendhil Mullainathan, Abhinay Muthoo, Philip Oreopoulos, Robert Oxoby, Ceyla Pazarbasioglu, Shelley Phipps, Adam Posen, Zoltan Poszar, Natasha Schüll, Eldar Shafir, Carl Shapiro, Dennis Snower, Michael Stepner, Joseph Stiglitz, Phillip Swagel, George Vaillant, Teodora Villagra, Jose Vinals, Justin Wolfers e Peyton Young.

Juntos, fizemos apresentações do nosso trabalho em UMass Amherst, University of California at Berkeley, Duke University, George Washington Universty, Georgetown University, Johns Hokins University, University of Maryland, Princeton University (como parte das Bendheim Lectures in Finance) e University of Warwick, bem como na Canadian Economic Association, Fundo Monetário Internacional, Banco Mundial, Institute for New Economic Thinking, Peterson Institute, Union Theological Seminary, e o grupo Social Interactions, Identity and Well-Being do Canadian Institute for Advanced Research.

Bob incorporou este livro no seu curso de Economia Comportamental e Institucional na Yale University, que é transversal na Graduate School, Law School e School of Management. O *feedback* dos alunos deste curso, com as suas perspetivas variadas e jovens, foi muito valioso.

George deseja agradecer ao Fundo Monetário Internacional pelo apoio generoso como académico visitante no Fundo de outubro de 2010 a outubro de 2014, e na Georgetown University a partir de novembro de 2014. Agradece também ao Canadian Institute pelo generoso apoio financeiro que lhe foi concedido e ao grupo Social Interactions, Identity and Well--Being, que forneceu uma grande inspiração para este livro.

As nossas famílias foram uma grande motivação para nós, nomeadamente, os nosso filhos economistas – Robby Akerlof, agora na Warwick University –, e Ben Shiller, agora na Brandeis University, bem como Derek Shiller, que é filósofo na University of Nebraska, Omaha. Virginia Shiller apoiou sempre o nosso trabalho e, durante anos, contámos com a sua opinião sobre as nossas ideias; contribuiu também generosamente com as suas próprias ideias. E gostaríamos também de agradecer às nossas assistentes administrativas Bonnie Blake, Carol Copeland, Shanti Karunaratne e Patricia Medina, que nos ajudaram a arranjar tempo para os nossos deveres de escrita.

NOTAS

PREFÁCIO

1 «A Nickel in the Slot», *Washington Post*, 25 de março de 1894, p. 20.
2 «A Crying Evil», *Los Angeles Times*, 24 de fevereiro de 1899, p. 8.
3 Bernard Malamud, «Nevada Gaming Tax: Estimating Resident Burden and Incidence» (University of Nevada, Las Vegas, abril de 2006), p. 1, acedido em 5 de maio de 2015, https://faculty.unlv.edu/bmalamud/estimating.gaming.burden.incidence.doc.
4 Richard N. Velotta, «Gaming Commission Rejects Slot Machines at Cash Registers», *Las Vegas Sun*, 18 de março de 2010, acedido em 12 de maio de 2015, http://lasvegassun.com/news/2010/mar/18/gaming-commission-rejects-slot-machines-cash-regis/?utm_source=twitterfeed&utm_medium=Twitter. O senador Harry Reid é famoso como presidente da Comissão do Nevada para o Jogo pela sua posição contra a influência da Mafia. Diz-se que o filme *Casino* se baseia na posição de Reid contra Frank Rosenthal (ver «Harry Reid», *Wikipedia*, acedido em 1 de dezembro de 2014, http://en.wikipedia.org/wiki/Harry_Reid).
5 Natasha Dow Schüll, *Addiction by Design: Machine Gambling in Las Vegas* (Princeton University Press, 2012).
6 *Ibid.*, pp. 24-25.
7 Incluem uma bomba de gasolina/loja de conveniência, um supermercado onde por vezes joga e, mais importante, o casino Palace Station.
8 Schüll, *Addiction by Design*, p. 2. Mollie diz a Schüll: «Não jogo para ganhar. [Jogo] por jogar – para me manter na zona daquela máquina onde mais nada importa.» Agradecemos a Natasha Schüll pela conversa telefónica de 13 de fevereiro de 2014, na qual nos descreveu Mollie e o seu comportamento.
9 *Ibid.*, p. 33. Schüll descreve um vídeo de vigilância que capta uma desfibrilação: «Apesar de o homem estar literalmente deitado aos pés deles, a tocar nos fundos das suas cadeiras, os outros jogadores continuam a jogar.»
10 John Elfreth Watkins, «What May Happen in the Next Hundred Years», *Ladies Home Journal*, dezembro de 1900, p. 8, https://secure.flickr.com/photos/jonbrown17/2571144135/o/in/photostream/. Ver «Predictions of the Year 2000 from

The Ladies Home Journal of December 1900», acedido em 1 de dezembro de 2014, http://yorktownhistory.org/wp-content/archives/homepages/1900_predictions.htm, para confirmação de que o exemplar é de dezembro.

[11]   *Oxford English Dictionary*, entrada «phish», acedido em 29 de outubro de 2014, http://www.oed.com/view/Entry/264319?redirectedFrom=phish#eid.

[12]   Não era por acaso que os primeiros estudos de Daniel Kahneman e Amos Tversky, pioneiros no campo moderno da psicologia cognitiva, tratavam da ilusão ótica. Kahneman disse a George que as distorções no pensamento subjacentes ao campo da economia comportamental podem ser vistas como «ilusões óticas». (Conversa privada, há cerca de 25 anos.)

[13]   Kurt Eichenwald, *A Conspiracy of Fools: A True Story* (Nova Iorque: Random House, 2005), e Bethany McLean e Peter Elkind, *The Smartest Guys in the Room: The Amazing Rise and Fall of Enron* (Nova Iorque: Portfolio/Penguin Books, 2003).

[14]   Bethany McLean e Peter Elkind, «The Guiltiest Guys in the Room», *Fortune*, 5 de julho de 2006, acedido em 12 de maio de 2015, http://money.cnn.com/2006/05/29/news/enron_guiltyest/.

[15]   Henry David Thoreau, *Walden: Or, Life in the Woods* (Nova Iorque: Houghton Mifflin, 1910), p. 8, https://books.google.com/books/about/Walden.html?id=HVIXAAAAYAAJ.

[16]   Segundo Rebecca Mead, a Condé Nast realiza anualmente um Estudo do Casamento americano, que informa sobre o custo médio do casamento americano. Em 2006, era 27 852 dólares, equivalente a 60 por cento do PIB *per capita*. Ver Mead, *One Perfect Day: The Selling of the American Wedding* (Nova Iorque: Penguin Books, 2007). Posições Kindle 384-92 de 4013. Desde a Grande Recessão que esta fração tem diminuído em relação ao PIB *per capita* americano. A estimativa mais recente, de 2014, diz que é «mais de 28 000 dólares», ou cerca de 51 por cento do PIB *per capita*. «BRIDES Reveals Trends of Engaged American Couples with American Wedding Study», 10 de julho de 2014, acedido em 1 de dezembro de 2014, http://www.marketwired.com/press-release/brides-reveals-trends-of-engaged-american-couples-with-american-wedding-study-1928460.htm.

[17]   Jessica Mitford, *The American Way of Death Revisited* (Nova Iorque: Knopf, 1998). Posições Kindle 790-92 de 5319.

[18]   «Desde a sua primeira consulta até ao nascimento do bebé, o seu ARP providenciar-lhe-á orientação pessoal em tudo o que precisa para o bebé.» Babies "R" Us, «Baby Registry: Personal Registry Advisor», acedido em 20 de março de 2015, http://www.toysrus.com/shop/índex-jsp?categoryId=11949069.

[19]   A ideia de que a maioria das pessoas está preocupada com as contas pode também ser vista na sondagem anual dobre o *stress* realizada para a American Psychological Association. O *stress* relacionado com o dinheiro está no topo da lista das vidas americanas. O relatório da última sondagem afirma (p. 2): «O *stress* em relação ao dinheiro e às finanças parece ter um impacto significativo nas vidas dos americanos.» Quase três quartos (72 por cento) dos adultos afirmam sentir-se stressados com o dinheiro pelo menos durante algum tempo e quase um quarto afirma sentir *stress* extremo em relação

ao dinheiro (22 por cento classificam o seu *stress* com o dinheiro durante o mês passado como um 8, 9 ou 10 numa escala até 10). «Em certos casos, as pessoas colocam as preocupações financeiras à frente dos cuidados com a saúde.» Além disso, o *stress* relacionado com o trabalho, que pode também estar relacionado com dinheiro, mas é exprimido de maneira diferente, aparece em segundo na sondagem. American Psychological Association, *Stress in America: Paying with Our Health*, 4 de fevereiro de 2015, acedido em 29 de março de 2015, http://www.apa.org/news/press/releases/stress/2014/stress-report.pdf.

[20] Usamos o termo «roubo» no sentido em que as pessoas pagam um preço elevado pelos serviços que obtêm. Não nos referimos, exceto em casos raros, a transações ilegais. No sentido que lhe atribuídos, trata-se de uma má transação financeira. Refere-se normalmente a um incidente em que uma pessoa paga demasiado por uma coisa.

[21] Segundo Sheharyar Bokhari, Walter Tours e William Wheaton, os rácios entre o empréstimo e o valor das garantias nos Estados Unidos em finais dos anos 90 e inícios da primeira década de 2000, antes da explosão do mercado imobiliário, eram menos de 80 por cento para apenas 40 por cento das aquisições de casas com hipotecas compradas pela Fannie Mae. Considerando os custos de transação como cerca de 10 por cento do preço de venda (6 por cento para taxas imobiliárias, 5 por cento para despesas de encerramento), isto significa que, para 60 por cento das aquisições de casas, estes custos foram 50 por cento ou mais do pagamento da entrada do comprador. Bokhri *et al.*, «Why Did Household Mortgage Leverage Rise from the Mid-1980s until de Great Recession?», Massachusetts Institute of Technology, Center for Real Estate, janeiro de 2013, acedido em 12 de maio de 2015, http://citeseerx.ist.psu.edu/viewdoc/download?doi=10.1.1.269.5704&rep=repI&type=pdf.

[22] Ver Carmen M. Reinhardt e Kenneth Rogof, *This Time Is Different: Eight Centuries of Financial Folly* (Princeton: Princeton University Press, 2009). [*Desta vez é diferente – Oito séculos de loucura financeira*, Lisboa, Actual editora, 2014].

[23] John Kenneth Galbraith, *The Great Crash*, ed. 50.º aniversário (Nova Iorque: Houghton Mifflin, 1988). Posições Kindle 1943-45 de 4151.

[24] James Harvey Young, *The Toadstool Millionaires: A Social History of Patent Medicines in America before Federal Regulation* (Princeton University Press, 1961), p. 248.

[25] Ver o testemunho de David J. Graham na Comissão Senatorial das Finanças, 18 de novembro de 2004, http://finance.senate.gov/imo/media/doc/111804dgtest.pdf. Na altura do seu testemunho, Graham era diretor assistente para a ciência e medicina no Gabinete de Segurança da Food and Drug Administration. Usamos as suas estimativas de 88 000 a 139 000 casos adicionais de ataque cardíaco ou de paragem cardíaca súbita devidos ao Vioxx, dos quais entre 30 e 40 por cento resultarem em mortes (p. 1). Regressaremos a David Graham no capítulo 6, «Comida, Farmacêuticas e Pesca».

[26] John Abramson, *Overdosed America: The Broken Promise of American Medicine*, 3.ª ed. (Nova Iorque: Harper Perennial, 2008), p. 70. Esta estimativa extrapola os resultados do Million Women Health Study com base na população da Grã-Bretanha. «A utilização de TSH (terapia de substituição de hormonas) por mulheres com a idade de entre 50-64 anos no Reino Unido durante a última década resultou num número estimado

de mais 20 000 cancros da mama, 15 000 associados a estrogénio e progesterona; as mortes adicionais ainda não podem ser calculadas com rigor.» Valerie Beral, Emily Banks, Gillian Reeves e Diana Bull, em representação da Million Women Study Collaborators, «Breast Cancer and Hormone-Replacement Therapy in the Million Women Study», *Lancet* 362, n.º 9382 (9 de agosto de 2003): 419-27. A extrapolação é conservadora, pois a terapia de substituição de hormonas era mais comum nos Estados Unidos que na Grã-Bretanha.

[27] Centers for Disease Control and Prevention, Health, *United States, 2013: With Special Feature on Prescription Drugs*, p. 213, quadro 64, acedido em 1 de dezembro de 2014, http://www.cdc.gov/nchs/data/hus/hus13.pdf. Os números referem-se a 2011-2012 para adultos com mais de 20 anos de idade. Observe-se que houve um aumento superior a 50 por cento nesta fração dos 22 por cento registados como obesos de 1988 a 1994.

[28] Dariush Mozaffarian *et al.*, «Changes in Diet and Lifestyle and Long-Term Weight in Women and Men», *New England Journal of Medicine* 334, n.º 25 (23 de junho de 2011): 2395-96, acedido em 30 de outubro de 2014, http://www.nejm.org/doi/full/10.1056/NEJMoa1014296?query=TOC#t=articleTop.

[29] Michael Moss, *Sugar, Salt and Fat* (Nova Iorque: Random House, 2013), Posições Kindle 287-89 de 7341.

[30] As taxas de fumadores adultos diminuíram de 43 por cento em 1965 para 18 por cento em 2014. «Message from Howard Koh, Secretário Assistente da Saúde», em US Surgeon General, *The Health Consequences of Smoking – 50 Years of Progress* (2014), acedido em 6 de março de 2015, http://surgeongeneral.org/library/reports/50-years--of-progress/full-report.pdf.

[31] A campanha de publicidade mais famosa neste sentido era «Reach for a Lucky Instead of a Sweet». O longo texto que explica os benefícios para a saúde e para a beleza termina assim: «Recomenda-se uma proporção razoável de açúcar na dieta, mas as autoridades salientam que demasiados doces que engordam são prejudiciais e que os americanos comem doces em excesso. Portanto, para moderar o consumo, dizemos: "FUME UM CIGARRO EM VEZ DE COMER UM DOCE".» Um anúncio de 1929 dos cigarros Lucky Strike, de Julian Lewis Watkins, *The 100 Greatest Advertisements, 1852-1958: Who Wrote Them and What They Did* (Chelsford, MA: Courier, 2012), p. 66. Reproduzido em http://beebo.org/smackerels/lucky-strike.html. Acedido em 29 de março de 2015.

[32] David J. Nutt, Lesli A. King e Lawrence D. Phillips, em nome da Independent Scientific Committee on Drugs, «Drug Harms in the UK: A Multicriteria Decision Analysis», *Lancet* 376, n.º 9752 (6-12 de novembro de 2010: 1558-65; Jan van Amsterdam, A. Opperhuizen, M. Koeter e Willem van der Brink, «Ranking the Harm of Alcohol, Tobacco and Illicit Drugs for the Individual and the Population», *European Addiction Research* 16 (2010): 202-7, DOI: 10.1159/000317249.

[33] Nutt, King e Phillips, «Drug Harms in the UK», p, 1561, fig. 2.

INTRODUÇÃO. ESPERE SER MANIPULADO: EQUILÍBRIO DA PESCA

[1] Em relação ao episódio de Eva – e também à ideia fundamental deste capítulo e deste livro –, é útil pensar na interação entre Eva e a serpente como um resultado de equilíbrio no qual a serpente aproveita deliberadamente uma oportunidade. Além disso, imaginamos a serpente à espera de Eva – tendo ensaiado o tom que vai usar. Entre os muitos animais do Éden, era esta serpente terrível – e não um qualquer outro animal inocente, como um coelho ou uma girafa – que estava «por acaso» na macieira. O pescador estava lá por conceção. Segundo o tema central deste capítulo, isso não era uma coincidência. O encontro era de esperar num equilíbrio de pesca. Observe-se que uma leitura literal poderia, de forma alternativa, ver o próprio Criador como «o primeiro episódio da Bíblia». Uma pesquisa no Google revelou que a nossa perspetiva da maçã comida por Eva como «o primeiro episódio» não é invulgar.

[2] Numa conversa com George, há cerca de 25 anos, Kahneman sublinhou esta diferença entre a economia e a psicologia.

[3] Paul Krugman e Robin Wells, *Microeconomics*, 2.ª ed. (Nova Iorque: Worth Publishers, 2009), pp. 12-13, utilizam este exemplo para explicar a natureza do equilíbrio. Robert H. Frank e Ben Bernanke também se referem a esta imagem em *Principles of Macroeconomics* (Nova Iorque: McGraw Hill, 2003).

[4] Ver Cinnabon, Inc, «The Cinnabon Story», acedido em 31 de outubro de 2014, http://cinnabon.com/about-us.aspx.

[5] *Ibid.*

[6] «Cinnabon, *Wikipedia*, acedido em 22 de outubro de 2014, http://en.wikipedia.org/wiki/Cinnabon.

[7] *Email* de Stefano DellaVigna para George Akerlof, 25 de outubro de 2014.

[8] International Health, Racquet, e Sportsclub Association, «Industry Research», acedido em 22 de outubro de 2014, http://www.ihrsa.org/industry-research/.

[9] Stefano DellaVigna e Ulrike Malmendier, «Paying Not to Go to the Gym», *American Economic Review* 96, n.º 3 (junho de 2006): 694-719. Ver também DellaVigna e Malmendier, «Contract Design and Self-Control: Theory and Evidence», *Quarterly Journal of Economics* 119, n.º 2 (maio de 2004): 353-402.

[10] DellaVigna e Malmendier, «Paying Not to Go to the Gym», p. 696.

[11] DellaVigna e Malmendier, «Contract Design and Self-Control», p. 391 e p. 375, quadro 1.

[12] É o título do artigo de Dellavigna e de Malmendier na *American Economic Review*.

[13] M. Keith Chen, Venkat Lakshminarayanan, e Laurie R. Santos, «How Basic Are Behavioral Biases? Evidence from Capuchin Monkey Trading Behavior», *Journal of Political Economy* 114, n.º 3 (junho de 2006): 517-37.

[14] Stephen J. Dubner e Steven D. Levitt, «Keith Chen's Monkey Research», *New York Times*, 5 de junho de 2005.

¹⁵ Venkat Lakshminarayanan, M. Keith Chen e Laurie R. Santos, «Endowment Effect in Capuchin Monkeys», *Philosophical Transactions of the Royal Society B: Biological Sciences* 363, n.º 1511 (dezembro de 2008): 3837-44.

¹⁶ Adam Smith, *The Wealth of Nations* (Nova Iorque: P. F. Collier, 1909; ed. original de 1776), p. 19. Itálico nosso.

¹⁷ Para uma versão dos escritos originais de Pareto, ver Vilfredo Pareto, *Manual of Political Economy: A Critical and Variorum Edition*, ed., Aldo Montesano et al. (Oxford: Oxford University Press, 2014). Esta edição deriva do *Manuale di Economia*, publicado em Itália em 1906, e também de uma edição posterior em francês.

¹⁸ Em 1954, Kenneth Arrow e Gerard Debreu publicaram em conjunto um artigo que provava a existência deste equilíbrio sob condições muito gerais. Ambos receberiam o prémio Nobel: Arrow em 1972 e Debreu em 1982, citados especialmente por este contributo. A existência do equilíbrio geral, apesar da generalidade dos seus pressupostos, não nos parece ter grande interesse (sobretudo porque ocorre por aquilo que, para nós, é uma razão matemática óbvia). Mas foi só um passo para a verdadeira descoberta económica: que os equilíbrios são «ótimos de Pareto» sob as mesmas condições gerais. Isto parece-nos um resultado notável. Significa que, para muitos pressupostos bastante naturais, o equilíbrio dos mercados competitivos tem propriedades muito boas. Este é o resultado que aqui sublinhamos; confirma de forma precisa a ideia de Adam Smith. O artigo famoso é de Kenneth J. Arrow e de Gerard Debreu, «Existence of an Equilibrium for a Competitive Economy», *Econometrica* 22, n.º 3 (julho de 1954): 265-90.

¹⁹ É claro que há outras «manchas» possíveis nas economias, como o monopólio e o oligopólio, que receberam muita atenção dos economistas. Mas estas não são «manchas dos mercados livres». São desvios.

²⁰ Milton Friedman e Rose D. Friedman, *Free to Choose: A Personal Statement* (Nova Iorque: Harcourt Brace Jovanovich, 1980).

²¹ Vance Packard, *The Hidden Persuaders: What Makes Us Buy, Believe – and Even Vote – the Way We Do* (Brooklyn: Ig Publishing, 2007, ed. original, Nova Iorque: McKay, 1957), pp. 90-91 (massas para bolos); p. 94 (seguros).

²² Robert B. Cialdini, *Influence: The Psychology of Persuasion* (Nova Iorque: HarperCollins, 2007).

²³ Correspondem às categorias de Cialdini de «reciprocidade», «gostar», «autoridade: deferência direcionada», «prova social», «compromisso e consistência», e «carência». Referimos a «carência» como «aversão à perda» porque Cialdini sublinha (*ibid.*, p. 204) que «a forma de amar alguma coisa é perceber que pode ser perdida». Penso que os economistas comportamentais terão uma classificação ligeiramente diferente.

²⁴ *Ibid.*, pp. 229-30.

²⁵ O economista Eric Eyster, da London School of Economics, disse a George ter testemunhado este truque de magia usado num jogo de trapaceiros no metropolitano de Chicago. Os trapaceiros entravam na carruagem do metro, dispunham os copos no chão e baralhavam-nos, convidando os passageiros a adivinharem onde estava a moeda. Depois de várias rondas de prática, nas quais o passageiro dera uma resposta correta,

os trapaceiros desafiavam alguém a apostar 100 dólares em como saberia onde estava a moeda na ronda seguinte. Os trapaceiros voltavam a baralhar os copos, mas a moeda aparecia noutro lado. Arrecadavam os 100 dólares e saiam rapidamente na paragem seguinte. (Conversa privada, junho de 2011).

[26] Vale a pena dar alguns exemplos para ilustrar o que queremos dizer. No caso de Vance Packard, as donas de casa que fazem bolos inserem-se a si próprias numa história na qual são criativas; os homens que compram seguros inserem-se numa história na qual estão literalmente «no retrato». É útil olhar para a lista de comportamentos elaborada por Cialdini, uma vez que engloba a maioria das influências psicológicas que formaram a base da economia comportamental. Segundo Cialdini, os compradores dos automóveis do seu irmão Richard inserem-se a si próprios numa história na qual pensam na possibilidade de «perderem» o carro (são aquilo a que Kahneman chamou adversos à perda); aquilo a que aqui chamamos histórias, ele chama «quadros mentais». Para os outros cinco pontos da lista de Cialdini, podemos voltar a ver as pessoas como se tomassem as suas decisões do ponto de vista de uma «história». As pessoas querem retribuir dádivas e favores: para isso, têm de fazer parte de uma história na qual alguém oferece uma dádiva, que seria errado não retribuir. As pessoas querem ser apreciadas: para isso, têm de participar numa história na qual são ou não apreciadas por outras pessoas. As pessoas têm deferência para com a autoridade: para terem esta emoção, tem de se ver a si próprias como parte de uma história na qual alguém tem autoridade sobre elas. Por exemplo, na famosa experiência de Stanley Milgram, na qual um «professor» disse aos sujeitos para darem choques elétricos a um «aprendiz», os sujeitos identificavam-se com o «professor» que detinha a «autoridade» e resistiam fortemente às tendências para desobedecer (Stanley Milgram, *Obedience to Authority: An Experimental View* (Nova Iorque: Harper & Row, 1974)). As pessoas tendem a seguir outras pessoas (prova social): neste caso, têm de contar a si próprias uma história na qual essas outras têm melhor juízo ou informação do que elas (na explicação da informação) ou não querem incorrer em desaprovação deixando de se conformar (na explicação da conformidade social). As pessoas querem que as suas decisões sejam consistentes: para isso, têm de fazer parte de uma história sobre consistência entre as suas diferentes decisões. É claro que a psicologia freudiana está repleta das histórias implícitas que, consciente ou inconscientemente, passam pela cabeça das pessoas.

CAPÍTULO 1. O NOSSO CAMINHO ESTÁ CHEIO DE TENTAÇÕES

[1] Suze Orman, *The 9 Steps to Financial Freedom: Practical and Spiritual Steps So You Can Stop Worrying*, 2.ª d. (Nova Iorque: Crown/Random House, 2006). No *site* de Suze Orman, é dito que o livro vendeu mais de três milhões de exemplares, acedido em 4 de novembro de 2014, http://suzeorman.com/books-kits/books/the-9-steps--to-financial-freedom/.

[2] Vale a pena ver um destes manuais. *Principles of Economics*, de N. Gregory Mankiw, (Nova Iorque: Harcourt, Brace, 1998), é uma boa introdução à economia

atual e, por isso, fornece um exemplo excelente, mas poderíamos ter escolhido muitos outros. O capítulo 21 do livro de Mankiw, sobre «A teoria da escolha do consumidor», é ilustrativo. Tal como a maioria dos manuais modernos, não opta pelas proverbiais maçãs e laranjas, mas antes pela Pepsi e pela *pizza*. Diz-nos que o «limite orçamental» é o rendimento de 1000 dólares do consumidor. A «escolha ótima» do consumidor com um preço da Pepsi de 2 dólares e um preço da *pizza* de 1 dólar é apresentada num gráfico (p. 456). O capítulo conclui com um aviso: «Será que as pessoas pensam realmente desta maneira? Em algum ponto, porém, pode sentir-se tentado a ver a teoria da escolha do consumidor com algum tipo de ceticismo... E sabe que não decidirá ao escrever limites orçamentais e curvas de indiferença. Este conhecimento sobre a sua tomada de decisões não fornece provas contra a teoria? A resposta é negativa. A teoria da escolha do consumidor não tenta apresentar uma descrição literal de como as pessoas tomam decisões. É um modelo... O teste da teoria está nas suas aplicações», que, na economia moderna, também se chamam «as suas previsões». É uma boa retórica, mas não nos é dito que «o modelo» falha na previsão dos clientes preocupados de Orman ou dos milhares de milhões como eles. O modelo pode ser um bom previsor para algumas coisas, mas não nos diz quando é que não funciona. O economista Alan Blinder explicou as limitações dos modelos. São como mapas: não usamos um mapa do nosso bairro para viajar à Antártida, tal como não usaríamos um mapa da Antártida para ir à mercearia do bairro. Makiw, corretamente, continua: em «cursos mais avançados de economia... esta teoria fornece o quadro para muito mais análises». Mas não diz que o aviso «isto é só um modelo» não voltará a ser visto (p. 471 da edição original).

[3] Ver Orman, *9 Steps to Financial Freedom*, «Step 3, Being Honest with Yourself», em especial pp. 38 e 42. «A maioria dos meus clientes fica chocada com o modo como subestimaram [as suas despesas] e isto é quando as calcularam da forma mais honesta possível», diz-nos ela.

[4] Board of Governors of the Federal Reserve, Current Release, Consumer Credit, quadro G-19, para agosto de 2014, publicado em 7 de outubro de 2014, acedido em 5 de novembro de 2014, http://www.federalreserve.gov/releases/g19/current/.

[5] Annamaria Lusardi, Daniel Schneider e Peter Tufano, «Financially Fragile Households: Evidence and Implications», *Brookings Papers on Economic Activity* (primavera de 2011): 84.

[6] Greg Kaplan, Giovanni Violante e Justin Weidner, «The Wealthy Hand-to-Mouth», *Brookings Papers on Economic Activity* (primavera de 2014): 98, quadro 2, «Household Income, Liquid Income, Liquid and Illiquid Wealth Holdings, and Portfolio Composition, Sample Countries». Relatam que, enquanto o rendimento médio do agregado familiar era de 47 040 dólares, as posses médias do agregado em dinheiro, contas à ordem, poupanças e contas do mercado financeiro eram de 2640 dólares (ou cerca de dois terços do rendimento de um mês) segundo o 2010 Survey of Consumer Finances.

[7] David Huffman e Matias Barenstein, «A Monthly Struggle for Self-Control? Hyperbolic Discounting, Mental Accounting, and the Fall in Consumption between Paydays», *Institute for the Study of Labor (IZA) Discussion Paper* 1430 (dezembro de 2005): 3.

⁸ FINRA Investor Education Foundation, *Financial Capability in the United States: Report of Findings from the 2012 National Financial Capability Study*, p. 23, acedido em 14 de maio de 2015, http://www.usfinancialcapability.org/downloads/NFCS_2012_Report_Natl_Findings.pdf.

⁹ *Ibid.*, p. 26. Em 2012, com a continuação da depressão económica, esta percentagem aumentou para 3,5 por cento.

¹⁰ No período de 50 anos, com 2,5 por cento a cada dois anos, as pessoas sofrerão em média 0,625 falências no decurso das suas vidas adultas. No entanto, se os que falirem sofrerem três falências (duas repetições), a fração da população que sofre uma falência será de 20,83 por cento; neste caso, haverá também outras duas falências. Não conseguimos encontrar uma fonte estatística sobre as falências repetidas. As leis limitam a frequência com que uma pessoa pode declarar falência e ficar completamente livre de dívidas.

¹¹ Matthew Desmond, «Eviction and the Reproduction of Urban Poverty», *American Journal of Sociology* 118, n.º 1 (julho de 2012): 88-133. Desmond diz que, em média anual, houve despejos de cerca de 16 000 adultos e crianças numa população de cerca de 600 000 pessoas (p. 91). A taxa de despejos de habitações arrendadas em todos os bairros foi de 3,5 por cento; e de 7,2 por cento em bairros muito pobres (p. 97). Desmond descreve as dificuldades das pessoas que são despejadas, com um registo judicial que leva a que seja difícil voltar a arrendar uma casa. Mesmo que estes números sejam demasiado altos por alguma razão desconhecida, ilustram a questão principal: muitas famílias são expulsas de casa e terão dificuldade em arranjar outra.

¹² John Maynard Keynes, «Economic Possibilities for Our Grandchildren», *Essays in Persuasion* (Londres: Macmillan, 1931), pp. 358-73.

¹³ Oito vezes: *ibid.*, p. 365. Para o crescimento do rendimento *per capita* nos Estados Unidos, usámos os cálculos de Angus Maddison de 1930 a 2000 («US Real Per Capita GDP from 1870-2001», 24 de setembro de 2012, acedido em 1 de dezembro de 2014, http://socialdemocracy21stcentury.blogspot.com/2012/09/us-real-per-capita-gdp-from-18702001.html). Usamos as estimativas ponderadas do PIB do Council of Economic Advisors em *Economic Report of the President 2013*, quadro B-2 para o crescimento do rendimento de 2000 a 2010, e o quadro B-34 para o crescimento da população (acedido em 1 de dezembro de 2014, http://whitehouse.gov/sites/default/files/docs/erp2013/full_2013_economic_report_of_the_president.pdf). Este cálculo mostrava um rácio de rendimento real *per capita* de 5,6 entre 2010 e 1930.

¹⁴ Keynes, «Economic Possibilities», p. 369.

¹⁵ *Ibid.*, pp. 366-67.

¹⁶ Para uma documentação da falta de lazer da dona de casa Americana, ver Arlie Russell Hochschild, *The Second Shift: Working Parents and the Revolution at Home* (Nova Iorque: Viking, 1989).

¹⁷ Para a letra, ver http://www.oldielyrics.com/lyrics/patti_page/how_much_is_that_doggy_in_the_window.html. Acedido em 5 de novembro de 2014.

¹⁸ Paco Underhill, *Why We Buy: The Science of Shopping* (Nova Iorque: Simon and Schuster, 1999), p. 85.

¹⁹ Ver, por exemplo, Oren Bar-Gill e Elizabeth Warren, «Making Credit Safer», *University of Pennsylvania Law Review* 157, n.º 1 (novembro de 2008): 1-101. Bar-Gill e Warren dão muitos exemplos dos tipos de pesca no mercado de crédito ao consumo que impregna este livro, em relação aos cartões de crédito, mas também a outras formas de crédito.

CAPÍTULO 2. MINERAÇÃO DE REPUTAÇÃO E CRISE FINANCEIRA

¹ Alan S. Blinder, *After the Music Stopped: The Financial Crisis, the Response, and the Work Ahead* (Nova Iorque: Penguin Press, 2013), sobre a macroeconomia; Roddy Boyd, *Fatal Risk: A Cautionary Tale of AIG's Corporate Suicide* (Hoboken, NJ: Wiley, 2011); William D. Cohan, *Money and Power: How Goldman Sachs Came to Rule the World* (Nova Iorque: Doubleday, 2011); Greg Farrell, *Crash of the Titans: Greed, Hubris, the Fall of Merrill Lynch, and the Near-Collapse of Bank of America* (Nova Iorque: Crown Business, 2010); Kate Kelly, *Street Fighters: The Last 72 Hours of Bear Stearns, the Toughest Firm on Wall Street* (Nova Iorque: Penguin, 2009); Michael Lewis, *Boomerang: Travels in the New Third World* (Nova Iorque: W. W. Norton, 2011) e *The Big Short: Inside the Doomsday Machine* (Nova Iorque: W. W. Norton, 2010), sobre a especulação financeira; Lawrence G. McDonald, com Patrick Robinson, *A Colossal Failure of Common Sense: The Inside Story of the Collapse of Lehman Brothers* (Nova Iorque: Crown Business, 2009); Gretchen Morgenson e Joshua A. Rosner, *Reckless Endangerment: How Outsized Ambition, Greed, and Corruption Ledto Economic Armageddon* (Nova Iorque: Times Books / Henry Holt, 2011), sobre o Fannie Mae e o Freddie Mac; Henry M. Paulson, *On the Brink: Inside the Race to Stop the Collapse of the Global Financial System* (Nova Iorque: Business Plus, 2010), sobre o US Treasury; Raghuram Rajan, *Fault Lines: How Hidden Fractures Still Threaten the World Economy* (Princeton: Princeton University Press, 2010), sobre o sistema financeiro; Robert J. Shiller, *Subprime Solution: How Today's Global Financial Crisis Happened and What to Do about It* (Princeton: Princeton University Press, 2008); Andrew Ross Sorkin, *Too Big to Fail: The Inside Story of How Wall Street and Washington Fought to Save the Financial System* (Nova Iorque: Viking, 2009), sobre o Tesouro dos EUA. Gillian Tett, *Fool's Gold: How the Bold Dream of a Small Tribe at J. P. Morgan Was Corrupted by Wall Street Greed* (Nova Iorque: Free Press, 2009); e David Wessel, *In Fed We Trust: Ben Bernanke's War on the Great Panic* (Nova Iorque: Crown Business, 2009). Especialmente útil foi o muito claro e bem documentado *Financial Crisis Inquiry Report: Final Report of the National Commission on the Causes of the Financial and Economic Crisis in the United States* (Washington, DC: Government Printing Office, 2011), http://www.gpo.gov/fdsys/pkg/GPO-FCIC/pdf/GPO-FCIC.pdf. Todos estes livros foram uma base importante para a história interpretativa que contamos neste capítulo.

² Carl Shapiro, «Consumer Information, Product Quality, and Seller Reputation», *Bell Journal of Economics* 13, n.º 1 (1982): 20-35.

³ Tobias Adrian e Hyun Song Shin, «Liquidity and Leverage», *Journal of Financial Intermediation* 19, n.º 3 (julho de 2010): 418-37. Adrian e Shun calcularam balanços médios desde os anos 90 (de vários bancos) até ao primeiro trimestre de 2008 para os cinco maiores bancos de investimento: Bear Stearns, Goldman Sachs, Lehman Brothers, Merrill Lynch e Morgan Stanley. Detinham um total médio de ativos de 345 mil milhões de dólares; detinham passivos médios de 331 mil milhões de dólares, com uma média de capitais próprios de 13,3 mil milhões de dólares. Ver quadro 2, «Investment Bank Summary Statistics».

⁴ Ver Paulson, *On the Brink*, e Blinder, *After the Music Stopped*, entre muitos outros.

⁵ Ver Charles Ellis, *The Partnership: The Making of Goldman Sachs* (Nova Iorque: Penguin Press, 2008), p. 97. Baseamo-nos bastante no livro de Ellis para uma imagem notável, rigorosa e pormenorizada daquilo que acontecia no seio de uma empresa financeira. Estas descrições são raras devido ao desejo de anonimato.

⁶ Goldman Sachs, *Annual Report 2005*, p. 65, quadro «Consolidated Statement of Financial Conditions», acedido em 6 de dezembro de 2014, http://www.goldmansachs.com/investor-relations/financials/archived/annual-reports/2005-annual-report.html. O Goldman tinha capitais próprios de 28 mil milhões de dólares, com um total de ativos de 706 804 milhões de dólares.

⁷ Council of Economic Advisors, *Economic Report of the President 2007*, quadro B-26, http://www.gpo.gov/fdsys/pkg/ERP-2007/pdf/ERP-2007.pdf. Este número foi depois revisto ligeiramente em alta para 12,2 no relatório de 2013.

⁸ Descrita por Ellis em *The Partnership*. Ver capítulo 4, «Ford: The Largest IPO», pp. 53-72.

⁹ Havia condições fiscais complicadas, uma vez que a família desistia do seu monopólio sobre os direitos de voto, e a fundação iria agora receber dividendos. *Ibid.*, p. 55.

¹⁰ *Ibid.*, pp. 60-61.

¹¹ *Ibid.*, p. 185.

¹² Ver *ibid.*, p. 347, que também nos diz que «as regras que regiam a participação sindicada eram mais parecidas com as de uma fraternidade do que com as de uma empresa inflexível e paga pelo desempenho».

¹³ Assim, na altura do *crash*, Michael M. Thomas evocava com pesar os velhos tempos em que os principais notadores de títulos da Moody's, Albert Esokait e Dominic de Palma, eram «escrupulosos e incorruptíveis». Thomas, «Rated by Idiots», *Forbes*, 16 de setembro de 2008.

¹⁴ Ellis, *The Partnership*, p. 103.

¹⁵ *Ibid.*, p. 114, sobre o pagamento e sobre a ideia de que o capital da empresa poderia ter sido perdido; p. 103, para a ideia de que todo o capital da empresa pertencia aos sócios.

¹⁶ Ellis, *The Partership*, pp. 569-70, diz-nos que, na altura em que o Goldman passou a estar cotado em bolsa, «muitos membros do Goldman Sachs tinham mais de 85 por cento dos seus ativos totais investidos na empresa». Assim, embora nessa altura fosse uma empresa de responsabilidade limitada, os sócios tinham ainda muito a perder no caso de falência.

[17] «Today Is Moving Day for Goldman Sachs», *New York Times*, 1 de abril de 1957.

[18] Goldman Sachs, «Who We Are», «What We Do» e «Our Thinking», acedidos em 1 de dezembro de 2014, http://www.goldmansachs.com/índex.html.

[19] Fonte para a data de inauguração: «200 West Street», *Wikipedia*, acedido em 22 de outubro de 2014, http://en.wikipedia.org/wiki/200_West_Street.

[20] Paul Goldberger, «The Shadow Building: The House That Goldman Built», *New Yorker*, 17 de maio de 2010, acedido em 22 de outubro de 2014, http://www.newyorker.com/magazine/2010/05/17/shadow-building.

[21] Agradecemos a Zoltan Pozsar por ter partilhado connosco as suas ideias sobre a dependência dos acordos bancários das preocupações das empresas em relação a grandes cortes nos depósitos convencionais nos bancos comerciais se o banco entrar em incumprimento. Fonte: conversas privadas com George Akerlof no Fundo Monetário Internacional em 2010-2011.

[22] Catherine Clifford e Chris Isidore, «The Fall of IndyMac», Cable News Network, 13 de julho de 2008, acedido em 1 de dezembro de 2014, http://money.cnn.com/2008/07/12/news/companies/indymc_fdic/.

[23] Ver Ellis, *The Partnership*, p. 78.

[24] *Ibid.*, p. 5.

[25] Cohan, *Money and Power*, p. 602.

[26] Ver Moody's, «Moody's History: a Century of Market Leadership», acedido em 9 de novembro de 2014, https://www.moodys.com/Pages/atcoo1.aspx. Segundo esta fonte, «a razão para esta mudança foi, e continua a ser, o facto de os emissores terem de pagar pelo valor objetivo substancial que as notações providenciam em termos de acesso ao mercado». Os outros membros das três grandes agências de notação parecem ter feito o mesmo. Christopher Alessi, Roya Wolverson e Mohammed Aly Sergir, «The Credit Rating Controversy», Council on Foreign Relations, Backgounder, atualizado em 22 de outubro de 2013, acedido em 8 de novembro de 2014, http://www.cfr.org/financial-crises/credit-rating-controversy/p22328.

[27] Indícios obtidos nas audições do Senado dos Estados Unidos sobre «Wall Street e a Crise Financeira» indicam que a «pressão exercida pelos bancos de investimento tinha impacto frequente sobre o processo de notação, permitindo que os bancos obtivessem um tratamento mais favorável do que, de outro modo, receberiam». US Senate, Committee on Homeland Security and Government Affairs, Permanent Subcommittee on Investigations, *Wall Street and the Financial Crisis: Anatomy of a Financial Collapse*, Majority and Minority Staff Report, 13 de abril de 2011, p. 278, http://www.hsgac.senate.gov//imo/media/doc/Financial_Crisis/FinancialCrisisReport.pdf?attempt=2.

[28] Assim, por exemplo, o *Financial Crisis Inquiry Report declara* (p. 126): «As agências de notação não estavam adequadamente reguladas pela Securities and Exchange Commission ou por qualquer outro regulador para assegurar a qualidade e rigor das suas notações. A Moody's, o estudo de caso da Comissão nesta área, confiava em modelos deficientes e desatualizados para dar notações erróneas a títulos baseados em hipotecas, não tratou com a devida diligência os ativos subjacentes aos títulos e continuou a confiar nesses modelos mesmo depois de se ter tornado óbvio que estavam errados.»

²⁹ Kristopher Gerardi, Andreas Lenhert, Shane M. Sherlund e Paul Willen, «Making Sense of the Subprime Crisis», *Brookings Papers on Economic Activity* (outono de 2008): 69-139, sublinham a falha na previsão dos declínios futuros dos preços como o principal fator das notações excessivamente altas. Os grandes declínios nos preços das casas que ocorreram depois foram vistos como «colapsos», considerados altamente improváveis (p. 142).

³⁰ *Financial Crisis Inquiry Report*, p. xxv. Além disso, segundo Charles W. Calomiris («The Subprime Crisis: What's Old, What's New, and What's Next», documento elaborado para o Federal Reserve Bank of St. Louis Economic Symposium, «Maintaining Stability in a Changing Financial System», Jackson Hole, WY, agosto de 2008, p. 1), 80 por cento das hipotecas *subprime* receberam a notação AAA; 95 por cento receberam A ou superior. O *Financial Crisis Inquity Report* (p. xxv) afirma ainda: «Poderão também ler sobre as forças em ação por detrás dos colapsos da Moody's, incluindo os modelos informáticos defeituosos, a pressão das firmas financeiras que pagavam pelas notações, a procura desenfreada de quota de mercado, a falta de recursos para fazer o trabalho, apesar dos lucros recordes, e a ausência de supervisão adequada.»

³¹ Senado dos Estados Unidos, Committee on Homeland Security and Government Affairs, Permanent Subcommittee on Investigations, *Wall Street and the Financial* Crisis, p. 245.

³² Lewis, *The Big Short*.

³³ Foi alertado pelas grandes transações de John Paulson ao tomar posições curtas no mercado hipotecário, mas depois fez investigações segundo um modelo próprio. Cohan, *Money and Power*, pp. 493-95.

³⁴ *Ibid*., p. 567.

³⁵ *Ibid*., p. 595.

³⁶ Associated Press, «Timeline of United Airlines' Bankruptcy», *USA Today*, 1 de fevereiro de 2006, acedido em 9 de novembro de 2014, http://usatoday30-usatoday.com/travel/flights/2006-02-01-united-timeline_x.htm; Bloomberg News, «United Airlines Financial Plan Gains Approval from Creditors», *New York Times*, 31 de dezembro de 2005; e Micheline Maynard, «United Air Wins Right to Default on Its Employee Pension Funds, *New York Times*, 11 de maio de 2005.

³⁷ Ver Ellis, *The Partnership*, p. 2, nota de rodapé.

³⁸ Bloomberg News, «Cuomo Announces Reform Agreements with 3 Credit Rating Agencies», 2 de junho de 2008, http://www.bloomberg.com/apps/news?pid=newsarchive&sid=a1N1TUVbL2bQ. Sobre o acordo de 42 meses, ver Michael Virtanen, «NY Attorney General Looks at Ratings Agencies», Associated Press, 8 de fevereiro de 2013, acedido em 21 de março de 2014, http://bigstory.ap.org/article/ny-attorney-general-looks-ratings-agencies-o.

³⁹ Danielle Carbone, «The Impact of the Dodd-Frank Act's Credit-Rating Agency Reform on Public Companies», *Corporate and Securities Law Advisor* 24, n.º 9 (setembro de 2010): 1-7, http://www.shearman.com/~/media/Files/NewsInsights/Publications/2010/09/The-Impact-of-the-DoddFrank-Acts-Credit-Rating-A_Files/View-full-article-The Impact-of-the-DoddFRank-Ac_/FileAttachment/CM022211InsightsCarbone.pdf.

40 Boyd, *Fatal Risk*.
41 *Financial Crisis Inquiry Report*, pp. 141 e 267.
42 *Ibid.*, p. 267.
43 *Ibid.*, p. 141.
44 *Ibid.*
45 *Ibid.*
46 Boyd, *Fatal Risk*, p. 196.
47 *Ibid.*, p. 182.
48 *Financial Crisis Report*, pp 347-50.
49 Us Department of the Treasury, «Investment in AIG», acedido em 11 de março de 2015, http://www.treasury.gov/iniciatives/financial-stability/TARP-Programs/aig/Pages/status.aspx.
50 Valor apresentado por René M. Stulz, «Credit Default Swaps and the Credit Crisis», *Journal of Economic Perspectives* 24, n.º 1 (inverno de 2010): 80, para 30 de junho de 2008.
51 *Ibid.*, p. 82.

CAPÍTULO 3. OS PUBLICITÁRIOS DESCOBREM COMO SE CONCENTRAR NOS NOSSOS PONTOS FRACOS

1 Lemelson Center, «Edison Invents!», disponível em http://invention.smithsonian.org/centerpieces/edison/000_story_02.asp
2 Ver Roger C. Schank e Robert P. Abelson, *Scripts, Plans, Goals, and Understanding: An Inquiry into Human Knowledge Structures* (Hillsdale, NJ: L. Erlbaum Associates, 1977).
3 O nosso ponto de vista corresponde à interpretação de Jerome Bruner da psicologia narrativa: «a ação baseia-se na crença, no desejo e no compromisso moral.» «Para compreender o homem, temos de compreender o modo como as suas experiências e as suas ações são configuradas pelos seus estados intencionais.» Bruner, *Acts of Meaning: Four Lectures on Mind and Culture* (Cambridge, MA: Harvard University Press, 1990), pp. 23 e 33. [*Actos de Significado*, Lisboa, edições 70, 1997]. Assim, aquilo que Bruner descreve como o «esboço simples e constantemente mutável da nossa autobiografia que temos na mente» (p. 33) é um forte determinante das nossas ações. Chamamos a esta «autobiografia na nossa mente» as «histórias» que as pessoas contam a si próprias que desempenham um papel importante nas suas decisões. Bruner enfatiza o papel da «cultura» na determinação dessas histórias, enquanto se poderia ver a cultura como um dos seus muitos determinantes. Para descrições da «psicologia narrativa», ver também, por exemplo, Michele L. Crossley, «Introducing Narrative Psychology», *Narrative, Memory and Life Transitions*, ed. Christine Horrocks, Kate Milnes, Brian Roberts e David Robinson (Huddersfield: University of Huddersfield Press, 2002), pp. 1-13.
Este papel das histórias tem também precedentes na economia. Um de nós (Bob) explorou a importância da divulgação epidémica de histórias na propagação das bolhas especulativas; ver Robert J. Shiller, *Irrational Exuberance* (Princeton: Princeton Univer-

sity Press, 2000), por exemplo, pp. 161 e 163. Este tema foi também um tópico importante no nosso livro conjunto *Animal Spirits: How Human Psychology Drives the Economy, and Why It Matters for Global Capitalism* (Princeton: Princeton University Press, 2009). As histórias estão também ligadas à economia da indentidade, como descrita por George e Rachel Kranton em «Economics and Identity», *Quarterly Journal of Economics* 115, n.º 3 (agosto de 2000): 715-53, e *Identity Economics: How Our Identities Shape Our Work, Wages, and Well-Being* (Princeton: Princeton University Press, 2010). Em relação à economia da identidade, aquilo a que Bruner chama «a autobiografia na nossa mente» incluíria a «categoria social» das pessoas, que é «aquilo que são», e também as normas que as afetam. E, obviamente, tanto a categoria social como as normas afetam as suas intenções. Deste modo, em congruência com a descrição de Bruner da psicologia narrativa, as «histórias» que as pessoas contam a si próprias afetam as suas ações. Dado que as perspetivas das pessoas sobre a sua categoria social e sobre as normas que as afetam podem mudar, talvez muito depressa, a economia da identidade captura também aquilo a que Bruner chama as mudanças que ocorrem nessas histórias – mudanças que sublinharemos neste livro. Existem também contributos recentes para a utilização da psicologia narrativa na economia da identidade. Steven Bosworth, Tania Singer e Dennis J. Snower descreveram a identidade como relativa não só às «histórias de vida», mas também às histórias de muito maior frequência («adaptações pessoais que são contextualizadas com o tempo, espaço, situação e papel social»); ver o estudo deles «Cooperation, Motivation and Social Balance» (apresentado na American Economic Association Meeting, Boston, 3 de janeiro de 2015). Enfatizam assim a natureza mutável da identidade. Paul Collier usa o termo *narrativas* num sentido mais estrito, que são as próprias histórias específicas, mas explora os mesmos terrenos, pois considera a interação entre «identidades, narrativas e normas», e enfatiza especialmente como as três são transmitidas por redes sociais. Ver Collier, «The Cultural Foundations of Economic Failure: A Conceptual Toolkit» (inédito, Oxford University, fevereiro de 2015), p. 8. Collier sublinha o quanto as «narrativas» podem ser tão importantes como a «observação» (p. 5).

[4] O principal manual de publicidade, *Principles of Marketing*, 14.ª ed. (Upper Saddle River, NJ: Prentice Hall, 2010), de Philip Kotler e Gary Armstrong, apresenta uma perspetiva da publicidade que reflete bastante o ponto de vista que temos neste capítulo. No seu estudo de caso da OgilvyOne, escrevem: «O objetivo derradeiro da publicidade não é ganhar prémios ou levar as pessoas a gostarem de um anúncio. É levar as pessoas a pensar, sentir ou agir de certa maneira depois de serem expostas a um anúncio. No fundo, não importa se um anúncio é engraçado ou artístico; só é criativo se vender» (p. 460). Vale também a pena observar que a publicidade é apenas um aspeto do campo geral do *marketing*, como é definido por Kotler e Armstrong. O capítulo deles sobre a publicidade e as relações públicas tem apenas 28 páginas, de um total de 613 no livro.

[5] A segunda estrofe diz:

Tenho de viajar para a Califórnia
E deixar o meu amor sozinho
Se tiver um cão só não se sentirá
E o cachorrinho um bom lar terá.

A canção fala depois dos benefícios que o seu «amor» terá com o cão, cujo latido afugentará um ladrão. http://oldielyrics.com/lyrics/patti_page/how_much_is_that_doggy_in_the_window.html.

[6] Jane Austin, *Pride and Prejudice* (Nova Iorque: Modern Library, 1995), cap. 15, vol. 3, ou cap. 57 de todo o livro.

[7] Algumas estatísticas dão uma ideia da dimensão geral da publicidade na economia e na sua distribuição, embora, como veremos, diferentes conjuntos de dados difiram nas suas estimativas. Segundo o Coen Structured Advertising Expenditure Dataset (www.galbithink.org/cs-ad-dataset-xls), que oferece uma longa série histórica a longo prazo, os gastos totais em publicidade em 1970 foram de 19 550 milhões de dólares, de um PIB de 1,38 biliões de dólares, ou cerca de 1,9 por cento. As despesas totais em publicidade em 2007 aumentaram para 279 612 milhões de dólares, de um PIB de 12,28 biliões de dólares, ou 2,0 por cento. Assim, a parcela do PIB em despesas de publicidade aumentou – mas não dramaticamente – cerca de 5 por cento.

No entanto, a divisão entre os diferentes tipos de plataformas mudou fortemente, em especial em relação à imprensa. Usando seções relevantes do conjunto de dados, descobrimos o seguinte. Os jornais e as revistas, que representavam 35,97 por cento das despesas em 1970, constituíam apenas 20,0 por cento em 2007, numa queda de quase 45 por cento na sua quota. A rádio e a televisão, incluindo as transmissões e o cabo em 2007, aumentaram significativamente a sua quota, de 25,1 por cento para 32,2 por cento. Entretanto, a publicidade direta por correio também aumentou a sua quota em mais de 50 por cento, de 14,1 por cento para 21,4 por cento. (Mais à frente, veremos as razões deste aumento na publicidade direta por correio.) Segundo o conjunto de dados, em 2007, a Internet constituía ainda menos de 4 por cento das receitas da publicidade (com 10 500 milhões de dólares), mas, desde essa altura, a mudança foi extremamente rápida. As mudanças que observámos, e uma estimativa total da dimensão da publicidade em relação ao PIB, dão talvez uma boa imagem geral, mas os números exatos devem ser vistos com algum ceticismo. Por exemplo, uma fonte alternativa afirma que a publicidade na Internet corresponde ao dobro dessa quantia em 2007, em 21 200 milhões de dólares. Interactive Advertising Bureau, *Internet Advertising Revenue Report: 2013 Full-Year Results*, realizado pela PricewaterhouseCoopers (PwC), acedido em 7 de março de 2015, http://www.iab.net/media/file/IAB_Internet_Advertising_Revenue_Report_FY_2013.pdf. Desde essa altura, segundo a mesma fonte, as receitas da publicidade na Internet mais que duplicaram, com 42 800 milhões de dólares em 2013, um valor superior ao de toda a publicidade em jornais durante 2007 (42 100 milhões de dólares), como relatado no Coen Structured Advertising Expenditure Dataset. Para uma fonte alternativa em relação às receitas dos jornais, ver Newspaper Association of America, «The American Newspaper Media Industry Revenue Profile 2012», 8 de abril de 2013, acedido em 7 de março de 2015, http://www.naa.org/trends-and-numbers/newspaper-revenue/newspaper-media-industry-revenue-profile-2012.aspx.

[8] Jeffrey L. Cruikshank e Arthur W. Schultz, *The Man Who Sold America* (Boston: Harvard Business Review Press, 2010), p. 17.

⁹ «The Personal Reminiscences of Albert Lasker», *American Heritage* 6, n.º 1 (dezmbro de 1954), acedido em 21 de maio de 2015, http://americanheritage.com/content/personal-reminiscences-albert-lasker?page=2.
¹⁰ Cruikshank e Schultz, *The Man Who Sold America*, pp. 31-32.
¹¹ *Ibid.*, p. 33.
¹² Para uma variante posterior do anúncio, *ibid.*, imagem entre as pp. 152 e 153.
¹³ *Ibid.*, p. 52.
¹⁴ «The Propaganda for Reform», *Journal of the American Medical Association* 61, n.º 18 (1 de novembro de 1913): 1648.
¹⁵ Claude Hopkins, *My Life in Advertising and Scientific Advertising: Two Works by Claude C. Hopkins* (Nova Iorque: McGraw Hill, 1997), p. 20.
¹⁶ *Ibid.*, pp. 43-44.
¹⁷ *Ibid.*, pp. 46-47.
¹⁸ *Ibid.*, p. 61.
¹⁹ Cruikshank e Schultz, *The Man Who Sold America*, p. 95.
²⁰ *Ibid.*, pp. 91-92.
²¹ *Ibid.*, p. 97.
²² Stephen R. Fox, *The Mirror Makers: A History of American Advertising and Its Creators* (Urbana: University of Illinois Press, 1984), p. 192.
²³ Cruikshank e Schultz, *The Man Who Sold America*, p. 100.
²⁴ *Ibid.*, p. 106.
²⁵ Em *Scientific Advertising*, Hopkins explica este uso dos cupões e, de um modo mais geral, o uso do método científico (*My Life in Advertising and Scientific Advertising*, pp. 215-16).
²⁶ Cruikshank e Schultz, *The Man Who Sold America*, p. 115-21.
²⁷ David Ogilvy, *Confessions of an Advertising Man* (Nova Iorque: Atheneum, 1988), p. 30.
²⁸ Kenneth Roman, *The King of Madison Avenue: David Ogilvy and the Making of Modern Advertising* (Nova Iorque: Macmillan, 2009), p. 44.
²⁹ Ogilvy, *Confessions of an Advertising Man*, p. 51.
³⁰ *Ibid.*
³¹ Ver David Ogilvy, *Ogilvy on Advertising* (Nova Iorque: Random House/Vintage Books, 1985), p. 10.
³² *Ibid.*, pp. 59 e 79.
³³ Fox, *The Mirror Makers*, p. 231.
³⁴ Ogilvy, *Confessions of an Advertising Man*, pp. 145-46. Note-se que Ogilvy fala do seu «apelo da história». «Harold Rudolph chamou a este elemento mágico "apelo da história" e demonstrou que quanto mais se injeta isso nas fotografias, mais as pessoas olharão para os anúncios» (p. 144).
³⁵ Hopkins, *My Life in Advertising and Scientific Advertising*, p. 34.
³⁶ Ogilvy, *Confessions of an Advertising Man*, p. 20.
³⁷ O que segue a sua máxima: «A palavra mais importante do vocabulário da publicidade é TESTE». *Ibid.*, p. 114.

⁳⁸ Dois estudos recentes, de Song Han, Benjamin Keys e Geng Li, «Credit Supply to Bankruptcy Filers: Evidence from Credit Card Mailings» (U.S. Federal Reserve Board, Finance and Economics Discussion Paper Series Paper n.º 2011-29, 2011), http://www.federalreserve.gov/pubs/feds/2011/201129/201129pap.pdf, e de Hong Ru e Antoinette Schoar, «Do Credit Card Companies Screen for Behavioral Biases?» (apresentado no encontro da American Finance Association, janeiro de 2014), ilustram como as empresas privadas usam os Big Data. As empresas de cartões de crédito dirigem as suas ofertas para consumidores diferentes. Por exemplo, taxas de juro baixas apelativas (apresentadas com destaque nas ofertas) com aumentos posteriores nas taxas (apresentados em letras miúdas) foram sistematicamente dirigidas aos consumidores mais pobres e menos instruídos. Havia menos probabilidade de estes consumidores perceberem o que estavam a assinar. Noutra nota, Ru e Schoar dizem também que, em 2006, antes do *crash* financeiro, as empresas de cartões de crédito nos Estados Unidos faziam 600 milhões de ofertas mensais de cartões de crédito. O adulto médio nos Estados Unidos podia obter 36 cartões de crédito novos por ano. Esta oferta excessiva suporta a nossa discussão, no próximo capítulo, sobre a despesa geral dos cartões de crédito. Se as empresas estavam a enviar estas ofertas, tinham de recuperar a despesa dos envios postais com as outras pessoas.

³⁹ Ver John A. Morello, *Selling the President, 1920: Albert D. Lasker, Advertising and the Election of Warren G. Harding* (Westport, CT: Praeger, 2001), posições Kindle 831-48 e seguintes de 1801.

⁴⁰ *Ibid.*, posições Kindle 1074-84.

⁴¹ *Ibid.*, posições Kindle 942-90.

⁴² Sasha Issenberg, *The Victory Lab: The Secret Science of Winning Campaigns*, 1.ª ed. em *paperback* (Nova Iorque: Crown/Random House, 2012), pp. 244-46. Note-se que cem milhões de eleitores é o número da campanha anterior (2008); houve um aumento na altura da campanha de 2012.

⁴³ Issenberg descreve como os dados foram usados. Diz que o comportamento dos eleitores que não foram sondados foi «simulado». *Ibid.*, p. 248.

⁴⁴ Issenberg explica esta técnica. *Ibid.*, pp. 129-30.

⁴⁵ Ronald B. Tobias, *Twenty Master Plots: And How to Build Them*, 2.ª ed. em *paperback* (Blue Ash, OH: F + W Media, 1993), p. 139.

CAPÍTULO 4. ROUBOS EM RELAÇÃO A AUTOMÓVEIS, CASAS E CARTÕES DE CRÉDITO

¹ Como já referido (prefácio, nota 20), usamos o termo *roubo* no sentido de as pessoas pagarem um preço elevado pelos serviços que recebem.

² Número de automóveis novos (automóveis usados) vendidos, divididos pelo número de agregados familiares, 2013: 15,6 milhões (Zacks Equity Research, «Strong U.S. Auto Sales for 2013», 6 de janeiro de 2014, acedido em 1 de dezembro de 2014, http://www.zacks.com/stock/news/118754/strong-us-auto-sales-for-2013). Automóveis usados vendidos, 2013: 41,0 milhões (Keith Griffin, «Used Car Sales Figures from 2000

to 2014», acedido em 1 de dezembro de 2014, http://usedcars.about.com/od/research/a/ Used-Car-Sales-Figures-From-2000-To-2014.htm) Número de agregados familiares nos Estados Unidos (incluindo com um único membro), 2013, 122,5 milhões (US Census Bureau, «America's Families and Living Arrangements: 2013», quadro H1, acedido em 1 de dezembro de 2014, https://www.census.gov/hhes/families/data/cps2013.html).

[3] Ian Ayres e Peter Siegelman, «Race and Gender Discrimination in Bargaining for a New Car», *American Economic Review* 85, n.º 3 (junho de 1995): 304-21.

[4] *Ibid.*, p. 308, quadro 2. Os dólares baseiam-se em preços de 1989, ajustados a 2014. 1989 foi a nossa melhor estimativa para o ano em que o estudo foi realizado. Utilizámos o deflacionador CPI do Bureau of Labor Statistics: http://data.bls.gov/cgi-bin/cpical.pl?cost1=635.6&year1=1989&year2=2014. Acedido em 25 de março de 2014. Citamos os resultados de efeitos fixos do número final de lucro em dólares.

[5] Ayres e Siegelman, «Race and Gender Discrimination», quadro 2.

[6] *Ibid.*, p. 317.

[7] Pressupusemos que a distribuição dos preços finais pedidos era uma normal truncada, com a moda exatamente no ponto de lucro zero abaixo do qual o vendedor desistiria da transação.

[8] Ian Ayres, «Fair Driving: Gender and Race Discrimination in Retail Car Negotiations», *Harvard Law Review* 104, n.º 4 (fevereiro de 1991): 854.

[9] Mais uma vez, reiteramos que, por *roubo*, queremos dizer que as pessoas pagam um preço elevado pelos bens ou serviços que adquirem.

[10] Ver US Census Bureau, *Statistical Abstracts of the United States*, 2012, Quadro 992, «Homeownership Rates by Age of Householder and Household Type: 1990 to 2010», acedido em 22 de maio de 2015, https://www.census.gov/compendia/statab/2012/tables/1250992.pdf. Em 2010, 80,4 por cento dos chefes de família com 60-64 anos de idade eram proprietários das suas casas.

[11] Vinte e quatro anos pode parecer um período de tempo surpreendentemente grande, pois há uma estatística diferente que é muito mais conhecida; dá a impressão errada de que os americanos se mudam muito mais. Esse número, como o citámos, não é o tempo que os *proprietários* passarão em média nas casas que compram; ao invés, é o tempo que os *compradores* atuais ficarão nas casas que compram. Mas as duas medidas são muito diferentes por uma boa razão: os que *compram* casas com mais frequência terão consequentemente mais peso na estadia média dos *compradores*. Por exemplo, as pessoas que compram uma casa de dois em dois anos terão 12 vezes o peso dos que compram uma casa a cada 24 anos, pela simples razão de que compram uma casa 12 vezes com mais frequência. No entanto, para darmos uma ideia da frequência com que as pessoas se mudam, não queremos saber quanto tempo é que os *compradores* ficarão na casa que compram; ao invés, queremos saber quanto tempo é que as *pessoas* típicas (ou os proprietários típicos) ficam nas casas que ocupam. Para isso, a nossa medida do tempo médio que os ocupantes passam na casa até saírem é apropriada.

Calculámos os «mais de 24 anos» a partir da distribuição da estadia na habitação ocupada pelo proprietário, descrita por Peter Mateyka e Matthew Marlay, «Residential duration By Race and Ethnicity: 2009» (estudo apresentado na Annual Meeting of the American Sociological Association, Las Vegas, 2011), p. 29, quadro 3. O cálculo é feito multiplicando por dois o valor médio da estadia dos ocupantes, dada a distribuição descrita. Esta duplicação dá uma boa aproximação para a sua estadia quando saem: porque, em média, os proprietários de casas serão amostrados a meio caminho da sua estadia. (Esta aproximação subestima a duração esperada da estadia, pois omite o aumento do número de proprietários; mas a subestimação será pequena, pois o número de proprietários aumenta de forma lenta.)

O tempo que os compradores ficarão na casa unifamiliar que compraram é calculado por um método diferente. Calculámos isso em cerca de 13,1 anos. Fizemos esta estimativa dividindo o número de casas unifamiliares para o ano 2000 (76,313 milhões; fonte: US Census Cureau, «Historical Census of Housing Tables», 31 de outubro de 2011, acedido em 1 de dezembro de 2014, https://www.census.gov/hhes/www/housing/censos/historic/units.html) por uma estimativa de vendas de casas unifamiliares, para o mesmo ano, de 5,840 milhões. Fonte: Obtido somando as vendas de casas existentes e as vendas de casas novas unifamiliares (US Census Bureau, *Statistical Abstracts of the United States, 2012*, acedido em 1 de dezembro de 2014, https://censos.gov/prod/www/statistical_abstract.html, quadros 979 e 974) e subtraindo as vendas de condomínios e apartamentos (quadro 980).

Há outra medição, a respeito do tempo de estadia de todos os que se mudam, incluindo os inquilinos. Segundo esta medição, a estadia média dos que se mudam nos Estados Unidos, na sua casa recentemente arrendada ou adquirida, é de cerca de 8,3 anos. Mas, mais uma vez, a estatística é enganadora em relação à frequência com que as *pessoas* se mudam, uma vez que também pesa as pessoas proporcionalmente à frequência com que o fazem. (Calculámos isso dividindo a população total pelo número das pessoas que se mudam por ano. Fonte para as pessoas que se mudam: US Census Bureau Reports National Mover Rates Increases after a Record Low in 2011», 10 de dezembro de 2012, acedido em 1 de dezembro de 2014, https://www.census.gov/newsroom/releases/archives/mobility_of_the_population/cb12-240.html.)

[12] Susan E. Woodward, *A Study of Closing Costs for FHA Mortgages*, preparado para o US Department of Housing and Urban Development, Office of Policy Development and Research, maio de 2008, http://www.urban.org/UploadedPDF/411682_fha_morgages.pdf.

[13] A lógica é simples. Os compradores e os vendedores serão indiferentes entre a compra de uma casa por 300 000 dólares com uma comissão de 18 000 dólares paga pelo vendedor. Nos dois casos, o vendedor embolsa 300 000 dólares; o comprador paga 318 000 dólares. Se a venda com o vendedor a pagar a comissão for um negócio em que ambos concordam, o mesmo acontece no negócio com o comprador a pagar a comissão.

[14] Ainda antes do agravamento das condições de acesso ao crédito, as entradas médias dos compradores de primeira casa eram muito baixas. Em média, eram cerca de 15 por cento em inícios dos anos 80 e, depois, caíram gradualmente para uma média inferior a 10 por cento em 2007, antes do *crash*. John V. Duca, John Muellbauer e Anthony Murphy, «House Prices and Credit Constraints: Making Sense of the US Experience», *Economic Journal* 121 (maio de 2011): 534, fig. 1.

¹⁵ Para os economistas, é um mistério a razão por que as comissões imobiliárias são tão altas nos Estados Unidos, onde são 1,5 a 2,5 por cento superiores à média dos outros países desenvolvidos. Robert W. Hahn, Robert E. Litan e Jesse Gurman, «Bringing More Competition to Real Estate Brokerage», *Real Estate Law Journal* 34 (verão de 2006): 89. Parece que estas comissões permanecem altas apesar da possibilidade de concorrência pela Internet. Alex Tabarrok, «The Real Estate Commission Puzzle», 22 de abril de 2013, acedido em 1 de dezembro de 2014, http://marginalrevolution.com/marginalrevolution/2013/04/the-real-estate-commission-puzzle.html.

¹⁶ Mais uma vez, segundo a amostra de Woodward de finais dos anos 90 inícios da primeira década dos anos 2000, as taxas de abertura da hipoteca são em média 3400 dólares (*A Study of Closing Costs for FHA Mortgages*, p. viii) e as taxas de escritura são em média 1200 dólares (p. xii). Dado que as hipotecas são em média de 105 000 dólares, essas taxas eram em média cerca de 4,4 por cento do valor da hipoteca (p. viii).

¹⁷ Para a decisão final, ver US Bureau of Financial Protection, «Loan Originator Compensation Requirements under the Truth in Lending Act» (Regulation Z), 12 CFR Parte 1026, Docket No. CFPB – 2012-0037, RIN 3170-AA132, acedido em 11 de novembro de 2014, http://files.consumerfinance.gov/f/201301_cfpb_final-rule_loan-originator-compensation.pdf. De forma fundamental, «para prevenir incentivos para «cobrar em excesso» aos consumidores pelos seus empréstimos, a lei proíbe de um modo geral a remuneração ao concessor do empréstimo baseada na rendibilidade de uma transação ou um grupo de transações» (p. 4).

¹⁸ Susan E. Woodward e Robert E. Hall, «Consumer Confusion in the Mortgage Market: Evidence of Less Than a Perfectly Transparent and Competitive Market», *American Economic Review* 100, n.º 2 (maio de 2010): 511-15.

¹⁹ *Ibid.*, p. 513. Os 93 por cento são a média ponderada de 88 por cento na amostra do prestamista único de 2600 mutuários e de 95 por cento na amostra da FHA de 6300 mutuários (quadro 2).

²⁰ O *yeld spread premium* (YSP) é o nome daquilo que o banco paga ao corretor de hipotecas se o empréstimo render mais que o valor nominal.

²¹ Carolyn Warren, *Mortgage Rip-offs and Money Savers: An Industry Insider Explains How to Save Thousands on Your Mortgage and Re-Finance* (Hoboken, NJ: Wiley, 2007), pp. xviii-xix.

²² O Alasca tem apenas um quarto de 1% da população dos Estados Unidos. Seria muito mais plausível que os compradores potenciais viessem da vizinha Pensilvânia ou de Nova Iorque.

²³ Richard A. Feinberg, «Credit Cards as Spending Facilitating Stimuli: A Conditioning Interpretation», *Journal of Consumer Research* 13, n.º 3 (dezembro de 1986): p. 349, quadro 1. De um modo geral, a gorjeta média era de 16,95 por cento da conta quando paga com cartão de crédito e apenas de 14,95 por cento quando paga em dinheiro.

²⁴ Elizabeth C. Hirschman, «Differences in Consumer Purchase Behavior by Credit Card Payment System», *Journal of Consumer Research* 6, n.º 1 (junho de 1979): 58-66. Ver, em especial, os resultados da Hipótese 2a, p. 62.

²⁵ Matias F. Barenstein descobriu que o rendimento médio dos detentores de cartões de crédito era de 43 396 dólares, e de 25 155 no caso dos não detentores de cartões de crédito, segundo a Federal Reserve Consumer Expenditure Survey, de 1988 a 1999. Ver Barenstein, «Credit Cards and Consumption: An Urge to Splurge?», *in* «Essays on Household Consumption» (tese de doutoramento, Universidade da Califórnia, Berkeley, 2004), p. 44, quadro A2.

²⁶ Parece que a experiência foi realizada em 1982 ou talvez um pouco antes, pois Feinberg refere-se a apresentações nesse ano. Usamos este ano para calcular os valores em dólares correntes.

²⁷ Feinberg, «Credit Cards as Spending Facilitating Stimuli», p. 352, quadro 1.

²⁸ Drazen Prelec e Duncan Simester, «Always Leave Home without it: A Further Investigation», *Marketing Letters* 12, n.º 1 (2001): 8.

²⁹ Ver a resposta à questão «Pode o vendedor cobrar mais aos utilizadores de cartão de crédito do que aos clientes que pagam em dinheiro pelo mesmo produto?, «Making Purchases with Credit Cards – The Best Credit Cards to Use», 26 de agosto de 2014, acedido em 14 de novembro de 2014, http://creidtinfocenter.com/cars/crcd_buy.shtml#Question6.

³⁰ FINRA Investor Education Foundation, *Financial Capability in the United States: Report of Findings from the 2012 National Financial Capability Study*, maio de 2013, p. 21, acedido em 14 de maio de 2015, http://usfinancialcapability.org/downloads/NFCS_2012_Report_Natl_Findings.pdf.

³¹ Robin Sidel, «Credit Card Issuers Are Charging Higher», *Wall Street Journal*, 12 de outubro de 2014.

³² Os juros pagos por empréstimos sobre casas ocupadas pelos proprietários ou pelos inquilinos somaram 421 mil milhões de dólares em 2012. Bureau of Economic Analysis, «Mortgage Interest Paid, Owner-and Tenant-Occupied Residential Housing», acedido em 29 de outubro de 2014, https://www.google.com/#q=BEA+mortgage+interest+payments+2010.

³³ Em 2012, a despesas em comida e bebida do consumo fora dos estabelecimentos somaram 855 mil milhões de dólares; os gastos em consumo pessoal com veículos motorizados e peças foram de 395 mil milhões de dólares. Bureau of Economic Analysis, National Income and Product Accounts», quadro 2-3-5, «Personal Consumption Expenditures by Major Type of Product», para 2012, acedido em 15 de novembro de 2014, http://www.bea.gov/iTable/iTable.cfm?ReqID=9&step=1#reqid=9&step=3&isuri=1&904=2010&903=65&906=a&905=2011&910=x&911=0.

³⁴ Esta divisão decorre de uma colagem de fontes. Para o ano de 2010, temos uma estimativa simples de despesas totais de cartões de crédito em juros do US Census Bureau, *Statistical Abstracts of the United States, 2012*. O total da dívida de cartões de crédito era de 774 mil milhões de dólares em 2009 para o Visa, MasterCard, Discover e American Express no quadro 1188. A taxa de crédito renovável é 0,1340 em *Statistical Abstracts*, quadro 1190. Equivale a 103 700 milhões em despesas de juros. Em relação a 2009, o *New York Times* noticiou taxas de penalizações de 20 500 milhões de dólares (Ron Lieber e Andrew Martin, «Overspending on Debit Cards Is a

Boon for Banks», *New York Times*, 8 de setembro de 2009, acedido em 2 de maio de 2015, http://www.nytimes.com/2009/09/09/your-money/creit-and-debit-cards/09debit.html?pagewanted=all&_r=0). Temos o valor de «48 mil milhões de dólares» para taxas de transferência, dado por John Tozzi, «Merchants Seek Lower Credit Card Interchange Fees», *Businessweek Archives*, 6 de outubro de 2009, acedido em 2 de maio de 2015, http://www.bloomberg.com/bw/stories/2009-10-06/merchants-seek-lower-credit-card--interchange-fees. Estes três valores somam-se aos 171 mil milhões de dólares, que estão na estimativa, relativos à estimativa agregada para 2009 de 167 mil milhões de dólares para esse ano, de Robin Sidel, «Credit Card Issuers Are Charging Higher». Vendo as taxas de mora e as taxas de transferência como mais ou menos constantes, mas as taxas de juro como variáveis, obtemos a nossa caracterização da divisão (dos 150 mil milhões de dólares de receitas para 2012).

[35] http://truecostofcredit.com/400926. Este *site* está agora encerrado. Mais tarde, Harper criou uma firma de consultadoria (que foi depois adquirida) que aconselhava os comerciantes sobre como minimizarem as suas taxas de transferência. Pelos altos custos que documenta, parece que se trata de um serviço muito útil. Os exemplos dos custos dados por Harper podem ainda ser encontrados em publicações dispersas na Internet. Os autores têm também em ficheiro uma cópia do seu blogue original.

[36] Relatórios de estudo da indústria oriundos da Integra Information Systems mostram margens líquidas nas mercearias de 10,47 por cento, assim a margem de lucro é inferior a 12 por cento. Ver Tim Berry, «On Average, How Much Do Stores Mark Up Products?», 2 de dezembro de 2008, acedido em 23 de outubro de 2014, http://www.entrepreneur.com/answer/221767.

[37] Michelle J. White, «Bankruptcy Reform and Credit Cards», *Journal of Economic Perspectives* 21, n.º 4 (outono de 2007): 178.

[38] *Ibid.*, p. 177.

[39] *Ibid.*, p. 179.

CAPÍTULO 5. PESCA NA POLÍTICA

[1] Aconselhar alguém que procura seriamente os nossos conselhos e que está a candidatar-se a um cargo público faz parte do nosso compromisso apartidário com o serviço público. Isto inclui pais de antigos alunos.

[2] Legislatura do Iowa, «Legislators», acedido em 1 de dezembro de 2014, http://www.legis.iowa.gov/legislators/legislatorAllYears?personID116.

[3] Sue Morris, «Small Runs for Senate», *Le Mars Daily Sentinel*, 24 de março de 2004.

[4] Para o custo estimado dos cortes fiscais de 2001, ver Joint Committee on Taxation, «Estimated Budget Effects of the Conference Agreement for H. R. 1836», 26 de maio de 2001, p. 8, acedido em 1 de dezembro de 2014, https://www.jct.gov/publications.html?func=startdown&id=2001; e para o custo estimado dos cortes fiscais de 2003, ver «Estimated Budget Effects of the Conference Agreement for the H. R. 2, the "Jobs and Growth Tax Relief Reconciliation Act of 2003"», 22 de maio de 2003, p. 2, acedido em

1 de dezembro de 2014, https://www.jct.gov/publications.html?func=startdown&id=1746. Ver também Glen Kessler, «Revisiting the Cost of the Bush Tax Cuts», *Washington Post*, 10 de maio de 2011, http://www.washingtonpost.com/blogs/fact-checker/post/revisiting-the-cost-of-the-bush-yax-cuts/2011/05/09/AFxTFtbG_blog.html.

⁵ Pelos nossos cálculos, o uso do dinheiro dos cortes fiscais de Bush para os anos 2009 a 2012 teria moderado fortemente o efeito da Grande Recessão. O cálculo foi feito da maneira possível. Nem todos esses 1,7 biliões de dólares teriam sido um custo nos anos anteriores a 2008. Cerca de 600 mil milhões desse custo ocorreriam depois de 2008. (As fontes sobre os custos totais e da sua datação são as duas publicações do Joint Committee on Taxation citados na nota 4.) Como regra geral, com uma taxa de juro de 0 por cento, o coeficiente de despesas do governo é cerca de 2. (Fundo Monetário Internacional, *World Economic Outlook*, abril de 2012, acedido em 1 de dezembro de 2014, http://www.imf.org/external/pubs/ft/weo/2012/01/, cap. I, parte 3.) Isto tem sentido, uma vez que o coeficiente de impostos pode ser visto como cerca de 1, e o coeficiente de equilíbrio orçamental com taxas de juro constantes é também perto de 1. Isto significa que um aumento de 100 mil milhões de dólares das despesas do governo aumentarão o PIB em cerca de 200 mil milhões de dólares. O PIB dos Estados Unidos em 2008 foi de 14,3 biliões de dólares (Council of Economic Advisors, *Economic Report of the President 2013*, quadro B-1, acedido em 1 de dezembro de 2014, http://www.whitehouse.gov/sites/default/files/docs/erp2013/full_2013_economic_report_of_the_president.pdf); assim, um aumento de 100 mil milhões de dólares na despesa do governo provocaria um aumento de 1,4 por cento do PIB. A regra geral da Lei de Okun, que parece ser ainda válida (ver Laurence Ball, João Tovar Jalles e Prakash Loungani», Do Forecasters Believe in Okun's Law? An Assessment of Unemployment and Output Forecasts», *IMF Working Paper* 14/24 [fevereiro de 2014]: 7, quadro 1), é que um aumento de 2 por cento no PIB está associado a uma redução de 1 por cento no desemprego. Esses 1,1 biliões de dólares poderiam ter sido usados para diminuir o desemprego, que registou uma média de 9 por cento nos quatro anos de 2009 a 2012, para um pouco acima dos 7 por cento.

⁶· Center for Responsive Politics, «Sen. Chuck Grassley», acedido em 16 de novembro de 2014, http://www.opensecrets.org/politicians/summatry.php?cycle=2004&type=1&cid=n00001758&newMem=N.

⁷ Jessila Miller, «Ads Prove Grassley's Greener on His Side of the Ballot», *Waterloo-Cedar Falls Courier*, 25 de outubro de 2004, acedido em 16 de novembro de 2014, http://wcfcourier.com/news/metro/article_fdd73608-4f6d-54be-aa34-28f3417273e9.html.

⁸ Para a votação, ver «Statistics of the Presidential and Congressional Election of November 2, 2004», 7 de junho de 2005, acedido em 16 de novembro de 2014, http://clerk.house.gov/member_info/electionInfo/2004election.pdf.

⁹ Cálculos feitos com os dados do US Census Bureau, Statistical Abstracts of the United States, 2012, quadro 426, «Congressional Campaign Finances – Receipts and Disbursements», acedido em 1 de dezembro de 2014, https://www.census.gov/prod/www/statistical_abstract.html, e dados do número de assentos disputados.

¹⁰ Anthony Downs, «An Economic Theory of Political Action in a Democracy», *Journal of Political Economy* 65, n.º 2 (abril de 1975): 135-50. O teorema do eleitor

médio fora também descoberto antes por Duncan Black, «On the Rationale of Group Decision-making», *Journal of Political Economy* 56, n.º 1 (fevereiro de 1948): 23-34.

[11] Este resultado requer também o pressuposto de que as preferências são de pico único, o que significa que quanto mais afastados estiverem do resultado preferido da maioria dos eleitores, respetivamente à esquerda e a direita, menos satisfeitos estarão.

[12] Lawrence Lessig, *Republic Lost: How Money Corrupts Congress – And a Plan to Stop It* (Nova Iorque: Hachette Book Group, 2011), oferece a imagem mais próxima que se pode encontrar na literatura. Os politólogos destacaram a questão dos eleitores não informados. Arthur Lupia, «Busy Voters, agenda Control, and the Power of Information», *American Political Science Review* 86, n.º 2 (junho de 1992): 390-403, descreve os eleitores como tendo informação deficiente e os interesses como informação disseminada enganadora. O livro de Lupia com Mathew D. McCubbins, *The Democratic Dilemma: Can Citizens Learn What They Really Need to Know?* (Nova Iorque: Cambridge University Press, 1998), também mostra como os cidadãos têm dificuldade em obter a informação de que realmente necessitam para tomarem as decisões certas, e mostra as práticas enganadoras, por aqueles que precisam de as realizar. Gene M. Grossman e Elhanan Helpman, *Special Interest Politics* (Cambridge, MA: MIT Press, 2001), também apresenta modelos de contribuições para campanhas com eleitores muito mal informados.

[13] James R. Healey, «Government Sells Last of Its GM Shares», *USA Today*, 10 de dezembro de 2013.

[14] Lei de Estabilização Económica de Emergência de 2008, H. R. 1424, 11.º Congresso, acessível em http://govtrack.us/congresso/bills/110/hr1424/texto. O preâmbulo completo diz o seguinte: «Para conferir autoridade ao Governo Federal para adquirir e assegurar certos tipos de ativos problemáticos a fim de dar estabilidade e de prevenir a rutura da economia e do sistema financeiro, bem como proteger os contribuintes, para emendar o Internal Revenue Code de 1986 com o fim de fornecer incentivos à produção e conservação de energia, para aumentar certas provisões que estão a expirar, para fornecer alívio fiscal aos rendimentos dos indivíduos e para outros fins.»

[15] Agradecemos a Phillip Swagel por nos ter dado uma interpretação exata das diferentes autoridades e de como a lei foi interpretada. *Email* a George Akerlof, 2 de abril de 2012.

[16] Na reunião dramática no departamento do Tesouro, foi dito aos presidentes executivos dos nove grandes bancos que constavam numa lista para receberem uma injeção de fundos ao abrigo do TARP. Houve mais do que uma ameaça velada, feita pelo secretário do Tesouro Henry Paulson, ao presidente executivo do Wells Fargo, Richard Kovacevich. Se não aceitasse, «receberia amanhã um telefonema [do seu regulador] a dizer-lhe que estava descapitalizado»; e o Wells Fargo não poderia arranjar dinheiro nos mercados privados. Alan S. Blinder, *After the Music Stopped: The Financial Crisis, the Response, and the Work Ahead* (Nova Iorque: Penguin Press, 2013), p. 201. O Citicorp, o Wells Fargo e o JP Morgan Chase receberam cada um 25 mil milhões de dólares; o Bank of America, 15 mil milhões; o Goldman Sachs, o Merril Lynch e o Morgan Stanley, 10 mil milhões cada; o Bank of New York Mellon, 3 mil milhões; e o State

Street, 2 mil milhões: num total de 125 mil milhões de dólares. Henry M. Paulson, *On the Brink: Inside the Race to Stop the Collapse of the Global Financial System* (Nova Iorque: Business Plus, 2010), p. 364.

[17] Lei de Estabilização Económica de Emergência, H. R. 1424, p. 3, http://www.govtrack.us/congresso/bills/110/hr1424/texto.

[18] *Ibid.*

[19] Center for Responsive Politics, «Lobbying Database», acedido em 1 de dezembro de 2014, http://www.opensecrets.org/lobby/.

[20] De Figueiredo mudou-se entretanto para a Duke University School of Law e a Fuqua School of Business.

[21] Center for Responsive Politics, «Lobbying Database». Os números decorrem do período eleitoral de 1999-2000, por Stephen Ansolabehere, John M. de Figueiredo e James M. Snyder, «Why Is There So Little Money in U.S. Politics?», *Journal of Economic Perspectives* 17, n.º 1 (inverno de 2003): 105-30.

[22] Ansolabehere, de Figueiredo e Snyder, «Why Is There So Little Money in U.S. Politics?», p 108. Descobriram que foram gastos 3 mil milhões de dólares no ciclo eleitoral de 1999-2000 para o Congresso e para a presidência. Desta quantia, só 380 milhões de dólares foram pagos por empresas, sindicatos e outras associações.

[23] Robert G. Kaiser, *So Damn Much Money: The Triumph of Lobbying and the Corrosion of American Government* (Nova Iorque: Vintage Books/Random House, 2010).

[24] Steven V. Roberts, «House Votes Funds Permitting Study on MX to Continue», *New York Times*, 9 de dezembro de 1982. Aspin fez esta observação memorável a respeito de uma votação contra o financiamento do míssil MX, depois de ter dito: «Era uma votação significativa, uma votação importante. Mas isso não significa que o MX esteja morto.»

[25] Mojo News Team, «Full Transcript of the Mitt Romney Secret Video», *Mother Jones*, 19 de setembro de 2012, acedido em 1 de dezembro de 2014, http://www.motherjones.com/politics/2012/09/full-transcript-mitt-romney-secret-video.

[26] Mayhill Fowler, «Obama: No Surprise That Hard-Pressed Pennsylvanians Turn Bitter», *Huffington Post*, 17 de novembro de 2008, acedido em 30 de abril de 2015, http://huffingtonpost.com/mayhill-fowler/obama-no-surprise-that-ha_b_96188.html.

[27] Marianne Bertrand, Matilde Bombardini e Francesco Trebbi afirmam que a atividade dos lóbis depende mais de quem se conhece do que daquilo que se sabe: «Is It Whom You Know or What You Know? An Empirical Assessment of the Lobying Process», *American Economic Review* 104, n.º 12 (dezembro de 2014): 3885-3920. De forma similar, Jordi Blanes i Vidal, Mirko Draca e Christian Fons-Rosen dizem que os lobistas associados a senadores americanos geram menos 24 por cento de receitas quando os seus contactos abandonam o cargo (p. 3731): «Revolving Door Lobbysts», *American Economic Review* 102, n.º 7 (dezembro de 2012): 3731-48.

[28] Ver, na conclusão, a nossa discussão sobre a decisão do Supremo Tribunal *Citizens United v. Federal Elections Commission*. Na ciência política, a ideia de que os eleitores podem ter falta de «informação» está implícita na distinção comum entre eleitores *informados* e eleitores *não informados*.

²⁹ Elliot Gerson, «To Make America Great Again, We Need to Leave the Country», *Atlantic Monthly*, 10 de julho de 2012, acedido em 22 de maio de 2015, http://www.theatlantic.com/national/archive/2012/07/to-make-america-great-again-we-need-to-leave-the-country/259653.
³⁰ Jeff Connaughton, *The Payoff: Why Wall Street Always Wins* (Westport, CT: Prospecta Press, 2012), posições Kindle 304-5, de 2996.
³¹ *Ibid.*, posições Kindle 343-45.
³² *Ibid.*, posições Kindle 408-12.
³³ As despesas do orçamento federal para o ano fiscal eram cerca de 3,8 biliões de dólares. Council of Economic Advisors, *Economic Report of the President 2013*, quadro B-78.
³⁴ Kaiser, *So Damn Much Money*.
³⁵ *Ibid.*, p. 238.
³⁶ *Ibid.*, pp. 228 e 232.
³⁷ Raquel Meyer Alexander, Stephen W. Mazza e Susan Scholz, «Measuring Rates of Return for Lobbying Expenditures: An Empirical Case Study of Tax Breaks for Multinational Corporations», *Journal of Law and Politics* 25, n.º 401 (2009): 401-57. Para a taxa de 35 por cento eliminada pela amnistia e os 5,25 por cento, ver p. 412.
³⁸ *Ibid.*, p. 427, quadro 1. Entre as firmas que fizeram lóbi, mas que não se juntaram à coligação, o rácio de poupanças para os custos do lóbi foi menor, mas ainda foi de 154 para 1. Jason Farrell, do Center for Competitive Politics, afirmou que estes valores «exageram» os retornos. Disse, talvez com razão, que não há provas de que o dinheiro dos lóbis tenha alterado algum voto no Congresso. E, obviamente, as empresas que repatriavam os ganhos podiam ter recebido uma taxa diferente dos 35 por cento na ausência de qualquer lóbi. Farrell, «Return on Lobbying Overstated By Report», 23 de agosto de 2011, acedido em 18 de novembro de 2014, http://www.campaignfreedom.org/2011/08/23/return-on-lobbying-overstated-by-report/. Mas temos muitos indícios de outras fontes que dizem que os lóbis alteram os votos. E se os lóbis tiveram efeito, os retornos podem ter sido ainda maiores que 255 para 1, já que grande parte desses 180 milhões de dólares foi o lóbi total das empresas da coligação; assim, grande parte da despesa terá ido para projetos de lóbis diferentes da Secção 965 do AJCA.
³⁹ Kaiser, *So Damn Much Money*, p. 227.
⁴⁰ *Ibid.*, p. 228.
⁴¹ Sonia Reyes, «Ocean Spray Rides Diet Wave», *Adweek*, 6 de fevereiro de 2006, acedido em 18 de novembro de 2014, http://www.adweek.com/news/advertising/ocean-spray-rides-diet-wave-83901.
⁴² Cassidy e os seus colegas foram pioneiros no lóbi para dotações universitárias. John de Figueiredo e Brian Silverman fizeram um estudo econométrico sobre os seus ganhos. Usam taxas de despesas gerais universitárias para determinar as despesas dos lóbis, e calculam que, para as universidades representadas por um senador no Comité de Dotações, um aumento de 1 dólar no lóbi gera um aumento de 5,24 dólares nas dotações; para as universidades representadas por um membro do Comité de Dotações da Câmara dos Representantes, um aumento de 1 dólar no lóbi gera um aumento de 4,52

dólares nas dotações. Para as outras universidades não representadas da mesma maneira, calculam o ganho em 1,57 dólares, mas em muitas especificações não é significativo. Figueiredo e Silverman, «Academic Earmarks and the Returns to Lobbying», *Journal of Law and Economics* 49, n.º 2 (2006): 597-625.

43 Stephen Pizzo, Mary Fricker e Paul Muolo, *Inside Job: The Looting of America's Savings and Loans* (Nova Iorque: Harper Perennial, 1991), p. 410.

44 Estas foram as observações introdutórias do senador Dennis DeConcini. *Ibid.*, p. 416.

45 Nathaniel C. Nash, «Savings Institution Milked by Its Chief, Regulators Say», *New York Times*, 1 de novembro de 1989.

46 Jason Linkins, «Wall Street Cash Rules Everything around the House Financial Services Committee, Apparently», *Huffington Post*, 22 de julho de 2013, acedido em 22 de maio de 2015, «http://www.huffingtonpost.com/2013/07/22/wall-street--lobbyists_n_3635759.html.

47 US Internal Revenue Service, «Tax Gap for Tax Year 2006: Overview», Quadro 1, Net Tax Gap for Tax-Year 2006. 6 de janeiro de 2012, acedido em 18 de novembro de 2014, http://www.irs.gov/pub/irs-soi/06rastg12ivervw.pdf.

CAPÍTULO 6. COMIDA, FARMACÊUTICAS E PESCA

1 Anthony Arthur, *Radical Innocent: Upton Sinclair* (Nova Iorque: Random House, 2006), posições Kindler 883-86 de 7719; ver também 912-16.

2 Quando Sinclair foi ameaçado com um processo por J. Ogden Armour, da empresa de processamento de carne, respondeu com uma carta no *New York Times*. Sinclair escreveu que vira:

A venda para alimentação humana de carcaças de gado e porcos que tinham sido condenados por tuberculose, actinomicose e gangrena; a conversão dessas carcaças em salsichas e banha; a preservação de presuntos estragados com ácido bórico e salicílico; a coloração de carnes enlatadas com anilina; o embalsamamento e a adulteração de salsichas – tudo isto significa dar a centenas e milhares de homens, mulheres e crianças uma morte súbita, horrível e agonizante.

Na sua impertinência habitual, Sinclair acrescentava: «Uma centésima parte das minhas acusações, se forem verdadeiras, deveria ser suficiente para mandar o culpado para a forca.» *New York Times*, 6 de maio de 1906.

3 Upton Sinclair, *The Jungle* (Mineola, NY: Dover Thrift Editions, 2001; publicado originalmente em 1906), p. 112 sobre ratos envenenados nas salsichas; p. 82 sobre os restos na banha.

4 James Harvey Young, *The Toadstool Millionaires: A Social History of Patent Medicines in America before Regulation* (Princeton: Princeton University Press, 1961), p. 239.

5 *Ibid.*, p. 59.

6 *Ibid.*, pp. 65-66.

7 *Ibid.*, pp. 144-57.

⁸ A lista completa dos seis tipos diferentes de aditivos inclui: ácido e borato de soda; ácido salicílico e salicilatos; ácido sulfúrico e sulfitos; ácido benzoico e benzoatos; formaldeído; e sulfato de cobre e salitre. Harvey W. Wiley, *An Autobiography* (Indianápolis: Bobbs-Merril, 1930), p. 220.

⁹ *Ibid.*, pp. 215-20.

¹⁰ Como referimos no prefácio, remetemos o leitor sobretudo para Michael Moss, *Sugar, Salt and Fat* (Nova Iorque: Random House, 2013).

¹¹ Garret A. FitzGerald, «How Super Are the "Super Aspirins"? New Cox-2 Inhibitors May Elevate Cardiovascular Risck», University of Pennsylvania Health System Press Release, 14 de janeiro de 1999.

¹² Gurkirpal Singh, «Recent Considerations in Nonsteroidal Anti-Inflammatory Drug Gastropathy», *American Journal of Medicine* 105, n.º 1, sup. 2 (27 de julho de 1998): 31S-38S. Singh calculava que as complicações gastrointestinais das AINE causavam pelo menos 16 500 mortes por ano, o que, se fossem isoladamente consideradas, faria delas a 15.ª causa de morte nos Estados Unidos.

¹³ John Abramson, *Overdosed America: The Broken Promise of American Medicine*, 3.ª ed. (Nova Iorque: Harper Perennial, 2008), p. 25. Ver também Tom Nesi, *Poison Pills: The Untold Story of the Vioxx Scandal* (Nova Iorque: Thomas Dunne Books, 2008), pp. 25-28.

¹⁴ Ver Nesi, *Poison Pills*, p. 134.

¹⁵ Abramson, *Overdosed America*, p. 106.

¹⁶ Justin E. Bekelman, Yan Li e Cary P. Gross, «Scope and Impact of Financial Conflicts of Interest in Biomedical Research: A Systematic Review», *Journal of the American Medical Association* 289, n.º 4 (22 de janeiro de 2003): 454-65: Joel Lexchin, Lisa A. Bero, Benjamin Djulbegovic e Otavio Clarck, «Pharmaceutical Industry Sponsorship and Research Outcome and Quality: Systematic Review», *British Medical Journal* 326, n.º 7400 (31 de maio de 2003): 1167. Bekelman, Li e Gross também referem dois estudos de «descrições múltiplas de estudos com resultados positivos, que reforçam o enviesamento da publicação».

¹⁷ Bob Grant, «Elsevier Published 6 Fake Journals», *The Scientist*, 7 de maio de 2009, acedido em 24 de novembro de 2014, http://classic.the-scientist.com/blog/display/55679/. Ver também Ben Goldacre, *Bad Pharma: How Drug Companies Mislead Doctors and Harm Patients* (Nova Iorque: Faber and Faber/Farrar, Straus and Giroux, 2012), pp. 309-10.

¹⁸ Claire Bombardier *et al.*, «Comparison of Upper Gastrointestinal Toxicity of Rofecoxib and Naproxen in Patients with Rheumatoid Arthritis», *New England Journal of Medicine* 343, n.º 21 (23 de novembro de 2000): 1520-28.

¹⁹ *Ibid.*, p. 1522.

²⁰ *Ibid.*, p. 1525, quadro 4.

²¹ Os números 17 e 4 não aparecem no artigo original; ao invés, são valores aproximados dos rácios de enfarte de miocárdio no grupo Vioxx e no grupo naproxeno. Os números 17 e 4 foram depois publicados no quadro 1 do comentário editorial subsequente no *New England Journal of Medicine*: Gregory D. Curfman, Stephen

Morrissey e Jeffrey M. Drazen, «Expression of Concern: Bombardier *et al.*, "Comparison of Upper Gastrointestinal Toxicity of Rofecoxib and Naproxen in Patients with Rheumatoid Arthritis", N Engl J Med 2000; 343:1520-8», *New England Journal of Medicine* 353, n.º 26 (29 de dezembro de 2005): 2813-14. Outra ambiguidade no VIGOR dizia respeito a três outros enfartes de miocárdio e um AVC em indivíduos que tomaram Vioxx. Eram conhecidos pela Merck na altura da publicação, mas foram adicionais aos 17 ataques cardíacos que haviam sido considerados. Em resposta, os autores afirmaram que essas observações haviam ocorrido fora do prazo da amostra e, por isso, não foram levadas em conta.

[22] Bombardier *et al.* («Comparison of Upper gastrointestinal Toxicity of Rofecoxib and naproxen in Patients with Rheumatoid Arthritis», pp. 1527 e 1526) escreve que o naproxeno teve efeitos similares à aspirina sobre os ataques cardíacos. Esta afirmação é surpreendente porque isso nunca fora divulgado pelo *marketing* do Aleve.

[23] Gregory D. Curfman, Stephen Morrissey e Jeffrey M. Drazen, «Expression of Concern Reaffirmed», *New England Journal of Medicine* 354, n.º 11 (16 de março de 2006): 1193, anexo suplementar 1, quadro 3, «Summary of Adjudicated Cardiovascular Series Adverse Experience».

[24] Nesi, *Poison Pills*, pp. 109-110.

[25] A Merck financiou o trabalho de FitzGeral e dos seus coautores, e «adiou durante anos a sua publicação». *Ibid.*, n 19, p. 110.

[26] FitzGerald, «How Super Are the "Super Aspirins"?».

[27] Nesi, *Poison Pills*, pp. 96-97. A Searle desenvolveu o Celebrex, mas, na altura da conclusão do VIGOR, fundira-e à Pfizer.

[28] *Ibid.* Especialistas convidados: p. 35; 60 deles: p. 41; Ritz-Carlton Kapalua: p. 34.

[29] *Ibid.*, pp. 22-23.

[30] Carolyn B. Sufrin e Joseph S. Ross, «Pharmaceutical Industry Marketing: Understanding Its Impact on Women's Health», *Obstetrical and Gynecological Survey* 63, n.º 9 (2008): 585-96. Este número poderá ter diminuído desde a altura deste artigo, uma vez que os médicos confiam mais na Internet para obterem informação.

[31] Congresso dos Estados Unidos, memorando do representante Henry A. Waxman aos Membros Democratas do Government Reform Committee Re: «The Marketing of Vioxx to Physicians», 5 de maio de 2005, com documentos anexos, p. 3, http://oversight-archive.waxman.house.gov/documents/20050505114932-41272.pdf.

[32] *Ibid.*, p. 17.

[33] *Ibid.*, p. 18.

[34] Eric J. Pool, «Failing the Public Health – Rofecoxib, Merck, and the FDA», *New England Journal of Medicine* 351, n.º 17 (21 de outubro de 2004): 1707-9.

[35] Nesi, *Poison Pills*, p. 155.

[36] Topol, «Failing the Public health», p. 1707.

[37] David J. Graham *et al.*, «Risk of Acute Myocardial Infarction and Sudden Cardiac Death in Patients Treated with Cyclo-oxygenase 2 Selective and Non-selective Non-steroidal Anti-inflammatory Drugs: Nested Case-Control Study», *Lancet* 365, n.º 9458 (5-11 de fevereiro de 2005): 475-81. Este estudo comparou os resultados de pacientes

na Kaiser Permanente a quem foi prescrito Vioxx com os resultados de pacientes análogos que não tomaram o mesmo medicamento. O rácio de enfartes de miocárdio entre os tratados com Vioxx relativamente aos outros foi muito maior que um. Além disso, de forma reveladora, o rácio aumentou bastante com a dosagem de Vioxx. Embora o estudo só tenha sido publicado em fevereiro de 2005, os dados pertenciam a pacientes da Kaiser Permanente, recolhidos entre 1 de janeiro de 1999 e 31 de dezembro de 2001. Dado que Graham fazia parte da FDA, estes resultados terão sido conhecidos antes da sua data de publicação e, por isso, antes de a Merck ter lançado o Vioxx no mercado.

[38] Nesi, *Poison Pills*, p. 11.

[39] Topol, «Failing the Public Health», p. 1707.

[40] Ver o testemunho de Graham no Comité de Finanças do Senado, 18 de novembro de 2004, http://www.finance.senate.gov/imo/media/doc/111804dgtest.pdf.

[41] US Food and Drug Administration, Center for Drug Evaluation and Research (CDER), *Guidance for Industry Providing Clinical Evidence of Effectiveness for Human Drugs and Biological Products*, maio de 1998, acedido em 1 de dezembro de 2014, http://www.fda.gov/download/Drugs/.../Guidances/ucm078749.pdf. Afirma: «A respeito da quantidade, a posição da FDA é que o Congresso requer geralmente pelo menos dois estudos adequados e bem controlados, ambos convincentes, para estabelecerem a eficácia» (p. 3). Ver também David Healy, *Pharmageddon* (Berkeley: University of California Press, 2012), p. 77.

[42] Nesi, *Poison Pills*, p. 14.

[43] Curfman, Morrissey e Drazen, «Expression of Concern Reaffirmed», p. 1193. Num tom de reprovação, escrevem: «Essa data, que o patrocinador escolheu pouco antes do fim do ensaio, foi um mês antes do prazo para a divulgação de ocorrências gastrointestinais adversas. Este aspeto inaceitável da conceção do ensaio, que enviesou inevitavelmente os resultados, não foi revelado aos editores nem aos autores académicos do estudo.»

[44] Bombardier *et al.*, «Comparison of Upper Gastrointestinal Toxicity of Rofecoxib and Naproxen in Patients with Rheumatoid Arthritis», p. 1526.

[45] Abramson, *Overdosed America*, p. 102, descreve um estudo do analgésico OxyContin contra um placebo. De forma pouco surpreendente, o OxyContin revelou-se eficaz, pois os pacientes que receberam este medicamento sofriam menos dor que os que não receberam nenhum analgésico. Mas é claro que lhes podiam ter dado outra coisa qualquer.

[46] Citação de Nesi, *Poison Pills*, p. 163.

[47] Goldacre, *Bad Pharma*, p. 113.

[48] Adriane Fugh-Berman, «Prescription Tracking and Public Health», *Journal of General Internal Medicine* 23, n.º 8 (agosto de 2008): 1277-80, publicado *online* em 13 de maio de 2008, acedido em 24 de maio de 2015, http://www.ncbi.nlm.nih.gov/pmc/articles/PCM251795/. Esta informação é útil para os delegados de propaganda médica, que ficam com uma ideia sobre o que os médicos receitam; também é útil na organização da formação médica.

[49] Ver prefácio, nota 26.

⁵⁰ Susanna N. Visser *et al.*, «Trends in the Patent-Report of Health Care Provider-Diagnosed and Medicated Attention-Deficit/Hyperactivity Disorder: United States, 2003-2011?, *Journal of the American Academy of Child and Adolescent Psychiatry* 53, n.º 1 (janeiro de 2014): 34-46. Ver fig. 1 para as diferenças entre estados. As taxas de medicação relatadas pelos pais são consideravelmente inferiores aos diagnósticos relatados pelos pais, mas há uma forte correlação entre os diagnósticos e as medicações por estado. Ver fig. 2.

⁵¹ Center for Responsive Politics, «Lobbying: Top Industries», acedido em 30 de abril de 2014, https://www.opensecrets.org/lobby/top.php?showYear=1998&indexType=i. Todos os anos, 1998-2015. O total dos cuidados de saúde foi superior a 3 mil milhões de dólares.

⁵² Robert Pear, «Bill to Let Medicare Negociate Drug Prices Is Blocked», *New York Times* 18 de abril de 2007, acedido em 30 de abril de 2015, http://www.nytimes.com/2007/04/18/Washington/18cnd-medicare.html?_r=0. Mais, a cobertura de medicamentos para 6,5 milhões de pessoas foi transferida do Medicaid para o Medicare, onde os pagamentos por medicamentos eram considerados mais elevados, para um lucro adicional das farmacêuticas. Ver Milt Freudenheim, «Market Place: A Windfall from Shifts to Medicare», *New York Times*, 18 de julho de 2006, acedido em 4 de novembro de 2014, http://www.nytimes.com/2006/07/18/business/18place.html?_r=1&pagewanted=print.

⁵³ http://www.amazon.com/principles-Economics-N-Gregory-Mankiw/dp/0538453052, acedido em 30 de abril de 2015. (Quase de certeza que estes preços irão mudar.) Existe outra analogia entre os manuais e os medicamentos. Tal como os manuais são protegidos pelos direitos de autor, os medicamentos são protegidos pelas patentes. Não há mercado para os medicamentos já tomados da mesma maneira que existe para os manuais usados, mas as farmacêuticas têm de lidar com o problema de as patentes dos medicamento expirarem no prazo de 20 anos. Lidam com este problema mais ou menos da mesma maneira que os editores dos manuais com o mercado de livros usados. As farmacêuticas lançam novas edições com muito poucas alterações. O caso do Prilosec/Nexium oferece um exemplo claro. Pouco antes de o Prilosec ficar sem a patente e poder ser produzido como genérico, o seu fabricante, Astra Zeneca, comprou um novo medicamento, o Nexium. Algumas moléculas têm «quiralidade»: têm forma de mão direita ou de mão esquerda. A única diferença entre o Nexium e o Prilosec reside na quiralidade de algumas das suas moléculas. (Ver Goldacre, *Bad Pharma*, pp. 146-48.) A divisão de *marketing* recebeu então a sua missão: convencer os médicos de que deviam receitar o novo medicamento, da mesma maneira que o professor manda comprar a última edição de um manual.

CAPÍTULO 7. INOVAÇÃO: O BOM O MAU E O VILÃO

¹ Em meados de 2014, o US Census calculava a população mundial de adultos (com mais de 20 anos) em 4725 milhões. US Census Bureau, «World Population by Age and Sex», acedido em 1 de dezembro de 2014, http://www.census.gov/cgi-bin/broker. (Para o nosso cálculo de pares comprador/vendedor, arredondámos para 5000 milhões.)

² Com base numa população média mundial com cerca de 3 mil milhões de pessoas. Cálculo baseado numa população total de 1915 de 1800 milhões; e usando a fração atual de adultos para calcular a população adulta, e um crescimento constante da população durante esse período.

³ Isto corresponde a uma taxa de crescimento do rendimento *per capita* ligeiramente superior a 2,2 por cento, considerando 80 como a esperança de vida atual nos países desenvolvidos.

⁴ Segundo Angus Maddison, o PIB *per capita* nos Estados Unidos, em 1940, era de 6838 dólares (em dólares International Geary-Khamis de 1990). Pela mesma métrica, o PIB *per capita* no México, em 2008, era 7919 dólares. Maddison, «Historical Statistics of the World Economy: Per Capita GDP», acedido em 26 de 2014, http://www.google.com/url?sa=t&rct=j&q=&esrc=s&source=web&cd=6&ved=0CEIQFjAF&url=http%3A%2F%2Fwww.ggdc.net%2Fmaddison%2FHistorical_Statistics%2Fhorizontal-file_02-2010.xls&ei=4t11VJfsG4uZNoG9gGA&usg=AFQjCNFFKKZ1UysTOutlY4NsZF9qwdu2Hg&bvm=bv.80642063,d.eXY. De 2008 a 2013, o rendimento *per capita* mexicano em dólares americanos ajustados à inflação mudou muito pouco. Banco Mundial, «GDP Per Capita (Current US$)», acedido em 26 de novembro de 2014, http://data.worldbank.org/indicator/NY.GDP.PCAP.CD.

⁵ Infelizmente, o termo *capital* em economia tem múltiplos sentidos. A Investopedia dá duas definições de capital: «1. Ativos financeiros ou o valor financeiro dos ativos, como dinheiro. 2. As fábricas, maquinaria e equipamento detidos por um empresário e usados na produção.» Investopedia, «Definition of Capital», acedido em 25 de maio de 2015, http://www.investopedia.com/terms/c/capital.asp. Como é típico nos economistas desde há centenas de anos, em contraste com os financeiros, referimo-nos aqui à definição 2 e ao total desse capital de todas as empresas de um país.

⁶ Robert M. Solow, «Technical Change and the Aggregate Production Function», *Review of Economics and Statistics* 39, n.º 3 (agosto de 1957): 312-20. Solow analisou o período entre 1909 e 1949 nos Estados Unidos. Tinha um meio de calcular como os aumentos de capital aumentaram a produtividade. O capital por produto empregado-hora de trabalho aumentou cerca de 31 por cento. A fração dos ganhos de capital no produto total (ou seja, dos dividendos mais rendas mais lucros não distribuídos, etc.) foi cerca de 1/3. Afirmou que esta «parte de capital» representava a sua contribuição para o rendimento (o que seria verdade se os mercados fossem realmente competitivos). Através de um cálculo subtil, mostrou que, na ausência da mudança no capital, o rendimento por homem-hora teria mudado 80 por cento. A mudança de 31 por cento no capital por hora de trabalho do empregado representava então uma mudança de cerca de 10 por cento no rendimento por homem-hora e, por isso, um oitavo da sua mudança total durante o período.

⁷ O papel da música nativa americana e afro-americana é um tema importante em Joseph Horowitz, *Dvorak in America: In Search of the New World* (Chicago: Cricket Books, 2003).

⁸ Hanna Krasnova, Helena Wenninger, Thomas Widjaja e Peter Buxmann, «Envy on Facebook: A Hidden Threat to User's Life Satisfaction?», *Wirtschaftsinformatik*

Proceedings 2013, ensaio 92, quadro 1, e p, 5, quadro 2, http://aisel.aisnet.org/wi2013/92. Os respondentes podiam enumerar mais de uma razão para a «frustração». O quadro 2 enumera as frações dos respondentes que consideravam várias «causas sociais» para a «frustração». Infelizmente, os autores não dizem como é que as múltiplas respostas foram distribuídas entre as «causas sociais», mas apenas no quadro geral. No total, 80,7 por cento dos respondentes mencionaram apenas uma razão para a «frustração»; 17,3 por cento mencionaram duas e 2,0 por cento mencionaram três. Usando estas percentagens, calculámos que cerca de 60 por cento enumeraram uma ou mais «causas sociais».

[9] Steve Annear, «The "Pavlov Poke" Shocks People Who Spend Too Much Time on Facebook: It's Meant to Condition Social Media "Addicts" to Step Away from the Screen and Enjoy the Real World», *Boston Daily*, 23 de agosto de 2013, acedido em 26 de novembro de 2014, http://www.bostonmagazine.com/news/blog/2013/08/23/pavlov-poke-schocks-people-who-spend-too-much-time-on-facebook/.

[10] Um *website* da United Airlines descreve assim o processo de embarque:

Pré-embarque [depois dos passageiros com deficiências]. Este grupo inclui os membros do Global Services[SM] e pessoal militar uniformizado.

Depois de completo o pré-embarque, espere pela chamada do seu número de grupo de embarque. Para ter uma ideia de qual será o seu número de grupo, veja a lista de uma aeronave com duas cabinas – iniciada pelo nível de membro de Premier Access[SM].

Grupo 1 – Embarque Premier Access
- Global Service[SM] (para os clientes que não embarcaram durante o primeiro anúncio de pré-embarque)
- Premier 1K®
- Premier® Platinum
- Cabinas Premium, incluindo United First®

Nota: Em aeronaves com três cabinas, os membros United Business® embarcam neste grupo. (Além disso, nas aeronaves com três cabinas, em certas rotas internacionais, United First é referido como United Global First® e United Business é referido como United BusinessFirst®.)

Grupo 2 – Embarque Premier Access
- Premier Gold®
- Star AllianceTM Gold
- Premier® Silver
- membros MileagePlus® Club card
- membros Presidential Plus[SM] Card
- membros MileagePlus® Explorer Card
- membros MileagePlus® Awards Card

Grupos 3, 4, 5 – Embarque geral
Nota: as famílias com crianças ou menores de 4 anos podem embarcar quando for chamado o seu número de grupo.

«Arriving at a Single Boarding Process», 22 de abril de 2013, acedido em 26 de novembro de 2014, https://hub.united.com/en-us/news/company-operations/pages/arriving-at-a-single-boarding-process.aspx.

[11] Recordamos também uma experiência realizada por Jeffrey Butler para o seu doutoramento em Berkeley. Butler queria saber se poderia induzir sentimentos de estatuto num contexto experimental. Os sujeitos foram aleatoriamente distribuídos por dois grupos, de alto e baixo estatuto, retirando uma ficha de póquer cor de laranja ou roxa de um saco. Os sujeitos de alto estatuto foram sentados numa fila de três e receberam bebidas frescas; os sujeitos de baixo estatuto, por contraste, foram sentados numa fila de cinco, com a tarefa aborrecida de colorarem uma lista de nomes por ordem alfabética. De forma pouco surpreendente, quando os sujeitos jogaram depois aquilo que é conhecido por «Jogo da Confiança» e «Jogo da Verdade», essas atribuições baseadas no estatuto fizeram diferença. Aqueles a quem fora atribuído alto estatuto tendiam mais a castigar as quebras de confiança, tanto entre si mesmos como entre os tipos de baixo estatuto. Jeffrey Butler, «Status and Confidence», *in* «Essays on Identity and Economics» (tese de doutoramento, Universidade da Califórnia, Berkeley, 2008).

[12] Nicholas Lemann, *The Big Test: The Secret History of the American Meritocracy*, 1.ª ed. *paperback* (Nova Iorque: Farrar, Straus and Giroux, 2000). [O «Scholastic Aptitude Test» é um exame feito no ensino secundário que serve de critério de admissão ao ensino superior. O «Educational Testing Service» é uma organização privada sem fins lucrativos que concebe padrões de exames para o ensino secundário e superior nos Estados Unidos (N.T.)]

[13] *Ibid.*, pp. 7-8.

[14] Garey Ramey e Valerie A. Ramey, «The Rug Rat Race», *Brookings Papers on Economic Activity* (primavera de 2010): 129-99. O título do ensaio baseia-se numa série televisiva de desenhos animados, *Rugrats* (1992-2004), que apresenta as aventuras de um grupo de bebés inteligentes, e na expressão «corrida de ratos» (*rat race*), que significa uma corrida sem fim nem objetivo, como a dos ratos de laboratório num labirinto ou numa roda; estas duas imagens servem de comentário às pressões que a sociedade moderna exerce sobre as crianças para serem bem-sucedidas.

[15] A mais conhecida é talvez a do US *News and World Report*. Ver http://colleges.usnews.rankingsandreviews.com/best-colleges.

[16] Existe até um sítio de Internet no qual se pode obter *rankings* de revistas segundo cinco critérios diferentes: por categoria de assunto; por região ou país; por critérios diferentes de ordenação; e pelo número de citações da revista. SCImago Journal and Country Rank, «Journal Rankings», acedido em 26 de novembro de 2014, http://www.scimagojr.com/journalrank.php?country=US.

[17] Por exemplo, o «h-index» para os professores de acordo com as citações dos seus artigos.

[18] Thom Patterson, «United Airlines Ends Coach Preboarding for Children», CNN, 23 de maio de 2012, acedido em 30 de abril de 2015, http://www.cnn.com/2012/05/23/travel/United-children-preboarding/.

[19] Prosper Mérimée, *Carmen and Other Stories* (Oxford: Oxford University Press, 1989).

[20] Allan M. Brandt, *The Cigarette Century: The Rise, Fall, and Deadly Persistence of the Product That Defined America* (Nova Iorque: Basic Books, 2007), p. 27.

CAPÍTULO 8. TABACO E ÁLCOOL

[1] Isto foi visto em testes neurológicos sobre a dependência. Para esta perspetiva e uma análise das provas, ver B. Douglas Bernheim e António Rangel, «Addiction and Cue-Triggered Decision Processes», *American Economic Review* 94, n.º 5 (dezembro de 2004): 1558-90. Como dizem, «investigações recentes em neurociência identificaram características específicas do cérebro que parecem produzir erros sistemáticos relativos às decisões sobre o consumo de substâncias aditivas» (p. 1562).

[2] Centers for Disease Control and Prevention, «Smoking and Tobacco Use: Fast Facts», acedido em 9 de dezembro de 2014, http://www.cdc.gov/tobacco/data_statistics/fact_sheets/fast_facts/.

[3] Allan M. Brandt, The Cigarette Century: *The Rise, Fall, and Deadly Persistence of the Product That Defined America* (Nova Iorque: Basic Books, 2007), imagem entre as pp. 184 e 185.

[4] US Surgeon General, *Smoking and Health: Report of the Advisory Committee to the Surgeon General of the Public Health Service* (1964), p. 5, acedido em 28 de novembro de 2014, http://www.surgeongeneral.gov/library/reports/.

[5] Consumo *per capita* para os maiores de 15 anos: *ibid.*, cap. 5, p. 45, quadro 1.

[6] *Ibid.*, p. 25. Em 1955, ocorreram quase 27 000 mortes; em 1962, mais de 41 000.

[7] Brandt, *The Cigarette Century*, pp. 131-34.

[8] Ernst L. Wynder e Evarts A. Graham, «Tobacco Smoking as a Possible Etiologic Factor in Bronchogenic Carcinoma Study of Six Hundred and Eighty-Four Proved Cases», *Journal of the American Medical Association* 143, n.º 4 (27 de maio de 1950): 329-36. Descobriram que apenas 3-5 por cento dos que tinham cancro do pulmão não eram «fumadores relativamente compulsivos durante muitos anos». O número comparável para pacientes masculinos de hospital correspondentes era 26,3 por cento (p. 336).

[9] Brandt, *The Cigarette Century*, pp. 131-32.

[10] *Ibid.*, p. 157. Mas, infelizmente, Graham fumara durante demasiado tempo. Mais tarde, morreu de cancro do pulmão.

[11] Para os homens, em relação aos que fumavam cigarros, o rácio dos da amostra de cancro do pulmão para os da amostra correspondente era de 0,075; para os fumadores de 1 a 4 cigarros por dia, 0,56; de 5 a 14 por dia, 0,87; de 15 a 24, 1,03; de 25 a 49, 1,91; mais de 50 por ida, 2,5. Richard Doll e A. Bradford Hill, «Smoking and Carcinoma of the Lung: Preliminary Report», *British Medical Journal* 2, n.º 4682 (30 de setembro de 1950): 742, fig 1. Os resultados para as mulheres foram similarmente crescentes, ainda que o aumento tenha sido maior, como seria de esperar, já que constituíam apenas 6 por cento dos pacientes de cancro do pulmão. Havia apenas 41 mulheres com cancro do pulmão na amostra de 688 com esta doença (p. 742, quadro 5).

¹² Ernst L. Wynder, Evarts A. Graham e Adele B. Croninger, «Experimental Production of Carcinoma with Cigarette Tar», *Cancer Research* 13, n.º 12 (1953): 863.

¹³ Oscar Auerbach *et al.*, «Changes in the Bronchial Epithelium in Relation to Smoking and Cancer of the Lung: A Report of Progress», *New England Journal of Medicine* 256, n.º 3 (17 de janeiro de 1957): 97-104.

¹⁴ Jefffrey K. Cruikshank e Arthur W. Schultz, *The Man Who Sold America* (Boston: Harvard Business Review Press, 2010), pp. 354-56.

¹⁵ Kenneth Roman, *The King of Madison Avenue: David Ogilvy and the Making of Modern Advertising*, ed. *paperback* (Nova Iorque: Macmillan, 2009), p. 223.

¹⁶ Brandt, *The Cigarette Century*, p. 165; Naomi Oreskes e Erik M. Conway, *Merchants of Doubt: How a Handful of Scientists Obscured the Truth on Issues from Tobacco Smoke to Global Warming* (Nova Iorque: Bloomsbury, 2010), p. 15. Oreskes e Conway documentam a criação da dúvida não só em relação aos efeitos do tabaco, mas também à chuva ácida, o buraco de ozono, o aquecimento global e o DDT. Mostram como era muito fácil introduzir estrategicamente a dúvida no discurso público em cada uma destas áreas.

¹⁷ Brandt, *The Cigarette Century*, pp. 171 e 175.

¹⁸ «Little, Clarence Cook, Sc.D (CTR Scientific Director, 1954-1971)», acedido em 28 de novembro de 2014, http://tobaccodocuments.org/profiles/little_clarence_cook.html. Já não está disponível *online*. Cópia nos ficheiros do autor.

¹⁹ *Ibid.*; *Time Magazine*, «Clarence Cook Little»: reportagem, 22 de abril de 1937; George D. Snell, «Clarence D. Little, 1888-1871: A Biographical Memoir by George D. Snell» (Washington, DC: National Academy of Sciences, 1971).

²⁰ Brandt, *The Cigarette Century*, p. 176.

²¹ *Ibid.*, p. 175.

²² *Ibid.*, p. 177.

²³ Este foi o aviso de saúde pública mandatado pelo Public Health Cigarette Smoking Act de 1970, para ser colocado em todos os maços de cigarros. «Public Health Cigarette Smoking Act», *Wikipedia*, acedido em 28 de março de 2015, http://wikipedia.org/wiki/Public_Health_Cigarette_Smoking_Act.

²⁴ US Surgeon General, *The Health Consequences of Smoking – 50 Years of Progress* (2014), pp. 21-22, acedido em 6 de março de 2015, http://www.surgeongeneral.gov/library/reports/50-years-of-progress/full-report.pdf.

²⁵ US Surgeon General, *Smoking and Health* (1964), p. 102, quadro 19.

²⁶ Jason Bardi, «Cigarette Pack Health Warning Labels in US Lag behind World: Internal Tobacco Company Documents Reveal Multinational Effort to Block Strong Warnings to Smokers», University of California at San Francisco, 16 de novembro de 2012, acedido em 8 de dezembro de 2014, http://www.ucsf.edu/news/2012/11/13151/cigarette-pack-health-warning-labels-us-lag-behind-world. Para os Estados Unidos, ver também Mark Joseph Stern, «The FDA's New Cigarette Labels Go Up in Smoke», *Wall Street Journal*, 9 de setembro de 2012, acedido em 28 de março de 2015, http://www.wsj.com/articles/SB10000872396390443819404577633580009556096; e US Food and Drug Administration, «Tobacco Products: Final Rule "Required Warnings for Cigarette

Packages and Advertisements"», acedido em 28 de março de 2015, http://fda.gov/TobaccoProducts/Labeling/Labeling/CigaretteWarningLabels/ucm259953.htm. Para a Austrália, ver Tobacco Labelling Resource Center, «Australia: Health Warnings, 2012 to Present», acedido em 28 de março de 2015, http://tobaccolabels.ca/countries/Australia/.

[27] A publicidade na televisão e na rádio foi banida pelo Public Health Smoking Act de abril de 1970. Desde esse tempo, a lei foi emendada. A lei Tobacco Control de 2009 acrescenta mais algumas restrições. «Tobacco Advertising», *Wikipedia*, acedido em 8 de dezembro de 2014, http:/en.wikipedia.org/wiki/Tobacco_advertising.

[28] Brandt, *The Cigarette Century*, pp. 432-37. Além do acordo com 46 estados, houve acordos com o Mississípi, a Florida, o Texas e o Minesota por mais 40 mil milhões de dólares.

[29] *Ibid.*, pp. 267-69.

[30] *Ibid.*, p. 271.

[31] *Ibid.*, p. 288.

[32] US Surgeon General, *Smoking and Health: A Report of the Surgeon General* (1979), «Appendix: Cigarette Smoking in the United States, 1950-1978», p. A-10, quadro 2, acedido em 28 de novembro de 2014, http://www.surgeongeneral.gov/library/reports/.

[33] Valores de 2014, Centers for Disease Control and Prevention, «Cigarette Smoking in the United States: Current Cigarette Smoking among U.S. Adults 18 Years and Older», acedido em 28 de março de 2015, http://www.cdc.gov/tobacco/campaign/tips/resources/data/cigarette-smoking-in-the-united-states.html.

[34] Centers for Disease Control and Prevention, «Trends in Current Cigarette Smoking among High School Students and Adults, United States, 1965-2011», 14 de novembro de 2013, acedido em 9 de dezembro de 2014, http://www.cdc.gov/tobacco/data_statistics/tables/trends/cig-smoking/.

[35] Usando o quadro 2 de http://www.lung.org/finfing-cures/our-research/trend-reports/Tobacco-Trend.pdf, o consumo de cigarros *per capita* (18 ou mais velhos) em 1965 era de 4259, e 1232 em 2011. O quadro 4 de http://www.lung.org/finfing-cures/our-research/trend-reports/Tobacco-Trend.pdf indica que 42,4 por cento da população adulta eram fumadores em 1965, e 19,0 por cento da população adulta eram fumadores em 2011 (http://www.cdc.gov/tobacco/data_statistics/tables/trends/trends/cig_smoking/). Assim, o fumador médio fumou 27,52 cigarros por dia em 1965 e 17,76 em 2011, ou 1,376 maços em 1965 e 0,89 maços em 2011. Segundo as estimativas da Organização Mundial de Saúde para 2015, por exemplo, no Brasil, 15,2 por cento da população de 15 anos ou mais fuma; na China, 26,3 por cento; em França, 24,7; na Alemanha, 26,2 por cento; na Rússia, 37,3 por cento.

[36] Centers for Disease Control and Prevention, «Smoking and Tobacco Use: Tobacco-Related Mortality», acedido em 28 de março de 2015, http://www.cdc.gov/tobacco/data_statistics/fact_sheets/health_effects/tobacco_related_mortality/. As estimativas são para a média anual de mortes provocadas por tabaco de 2005 a 2009. O total de mortes anuais provocadas pelo tabaco foi calculado em 480 317. O tabaco causou diretamente 127 700 mortes por cancro do pulmão; 113 100 por doenças respiratórias; e 160 000 por doenças cardiovasculares e metabólicas. 41 300 mortes ocorre-

ram devido ao fumo passivo – 7300 delas com cancro do pulmão, e 34 000 de doença coronária.

[37] Bridget F. Grant et al., «The 12-Month Prevalence and Trends in DSM-IV Alcohol Abuse and Dependence: United States, 1991-1992 and 2001-2002», *Drug and Alcohol Dependence* 74, n.º 3 (2004): 228, quadro 2.

[38] Mandy Stahre et al., «Contribution of Excessive Alcohol Consumption to Deaths and Years of Potential Life Lost in the United States», *Preventing Chronic Disease* 11 (2014), acedido em 28 de março de 2014, http://www.cdc.gov/pcd/issues/2014/13_0293.htm. Dividimos as estimativas de Stahre sobre mortes atribuídas ao álcool pelo total de mortes do período comparável.

[39] George E. Vaillant, *Triumphs of Experience: The Men of the Harvard Grant Study* (Cambridge, MA: Harvard University Press, 2012), pp. 54-55.

[40] Ibid., p. 67: estes jovens foram escolhidos na classe de Harvard como os que tinham «probabilidade especial de ter vidas "bem-sucedidas"».

[41] Ibid., p. 66.

[42] Ibid., p. 54.

[43] Ibid., p. 296.

[44] Ibid., p. 298. Os 23 por cento reúnem os abusadores e os dependentes. Para a base desta percentagem, usamos o número de entrevistados que continuaram no programa (242) e não o número de entrevistas iniciais, 268.

[45] Ibid., p. 301.

[46] Ibid., pp. 303-7.

[47] Em 57 por cento dos divórcios dos homens do Estudo Grant, pelo menos uma das mulheres era alcoólica (*ibid.*, p. 358). Dado que o alcoolismo é consideravelmente maior entre os homens do que entre as mulheres (que conhecemos, por exemplo, com o NESARC) e que a fração de abusadores e dependentes do álcool entre os homens de Harvard era cerca de 23 por cento, trata-se de um número grande. Ver também Fred Arne Thorberg e Michael Lyvers, «Attachment, Fear of Intimacy and Differentiation of Self among Clients in Substance Disorder Treatment Facilities», *Addictive Behaviors* 31, n.º 4 (abril de 2006): 732-37; e Frank P. Troise, «The Capacity for Experiencing Intimacy in Wives of Alcoholics or Codependents», *Alcohol Treatment Quarterly* 9, n.º 3 (outubro de 2008): 39-55.

[48] Vaillant, *Triumphs of Experience*, pp. 321-26.

[49] Dave Newhouse, *Old Bears: The Class of 1956 Reaches Its Fiftieth Reunion, Reflecting on the Happy Days and the Unhappy Days* (Berkeley: North Atlantic Books, 2007).

[50] Ibid., pp. 17-31.

[51] Ibid., pp. 33-39.

[52] Ibid., pp. 290-91.

[53] Ibid., pp. 128-28.

[54] Ibid., pp. 57 e 316.

[55] National Institutes of Health, National Institute on Alcohol Abuse and Alcoholism, *Alcohol Use and Alcohol Use Disorders in the United States: Main Findings from*

the 2001-2002 National Epidemiologic Survey on Alcohol and Related Conditions (NESARC), janeiro de 2006, «Exhibit 2, National Epidemiologic Survey on Alcohol and Related Conditions (Section 2 B): DSM-IV Alcohol Abuse and Dependence Diagnostic Criteria and Associated Questionnaire Items», pp. 8-9, acedido em 12 de novembro de 2014, http://pubs.niaaa.nih.gov/publications/NESARC_DRM/NESARCDRM.pdf.

56   Philip J. Cook, *Paying the Tab: The Costs and Benefits of Alcohol Control* (Princeton: Princeton University Press, 2007), p. 2007, n. 14.

57   *Ibid.*, p. 71.

58   *Ibid.*, pp. 72-73.

59   *Ibid.*, pp. 103-5, e quadros 6,4 e 6,5.

60   US Department of the Treasury, Alcohol and Tobacco Tax and Trade Bureau, «Tax and Fee Rates», acedido em 30 de abril de 2015, www.ttb.govtax_audit/atftaxes.shtml.

61   Urban Institute e Brookins Institution, Tax Policy Center, «State Alcohol Excise Tax Rates 2014), acedido em 13 de dezembro de 2014, http://www.taxpolicycenter.org/taxfacts/displayafact.cfm?Docid=349.

62   Jeanette DeForge, «Ballot Question to Revoke Sales Tax on Alcohol Approved by Massachusetts Voters», *Republican*, 3 de novembro de 2010, acedido em 13 de dezembro de 2014, http://www.masslive.com/news/índex.ssf/2010/11/ballot_question_to_revoke_sale-html; e Dan Ring, «Massachusetts Senate Approves State Sales Increase to 6.25 Percent as Part of $1 Billion Tax Hike», *Republican*, 20 de maio de 2009, acedido em 13 de dezembro de 2014, http://www.masslive.com/news/índex.ssf/2009/05/massachusetts_senate_appoves.html.

63   Ver Mothers against Drunk Driving, «History and Mission Statement», acedido em 28 de março de 2015, http://www.madd.org.

64   «Drunk Driving Statistics», acedido em 13 de dezembro de 2014, http://www.alcoholalert.com/drunk-driving-statistics.html. O período considerado de comparação é de 1982 a 2011. Os condutores sóbrios viajavam consideravelmente mais no fim deste período, uma vez que o número total de quilómetros percorridos aumentou muito mais depressa que a população. Assim, isto pode também não ser um mau registo de segurança para eles. As estatísticas sobre a população são do Council of Economic Advisors, Economic Report of the President 2013, p. 365, quadro B-34, acedido em 1 de dezembro de 2014, http://www.whitehouse.gov/sites/default/files/docs/erp2013/full_2013_economic_report_of_the_president.pdf.

65   US Department of Transportation, National Highway Traffic Safety Administration, «Traffic Safety Facts, 2011: Alcohol Impaired Driving», dezembro de 2012, acedido em 25 de maio de 2015, http://www.nrd.nhtsa.dot.gov/Pubs/811700.pdf.

66   Ver «Voices of Victims», no sítio oficial da MADD, acedido em 13 de dezembro de 2014, http://www.madd.org/drunk-driving/voices-of-victims/.

67   National Institutes of Health, National Institute on Alcohol Abuse and Alcoholism, *Surveillance Report #95 Apparent Per Capita Ethanol Consumption, United States, 1850-2010* (agosto de 2012), quadro 1, http://pubs.niaaa.nih.gov/publications/Surveillance95/CONS10.htm.

CAPÍTULO 9. FALIR PELO LUCRO

¹ George A. Akerlof e Paul M. Romer, «Looting: The Economic Underworld of Bankruptcy for Profit», *Brookings Papers on Economic Activity* 2 (1993): 36. Uma estimativa alternativa do custo, realizada pela National Commission of Financial Institution Reform, Recovery and Enforcement, era 7 a 11 por cento mais elevada.

² James H. Stock e Mark W. Watson, «Forecasting Output and Inflation: The Role of Asset Prices», *Journal of Economic Literature* 41 (2003): 797. Para as datas do ciclo económico, National Bureau of Economic Research, «U.S: Business Cycle Expansions and Contractions», acedido em 13 de janeiro de 2015, http://www.nber.org/cycles.html.

³ Akerlof e Romer, «Looting».

⁴ Para o uso do conceito de «canalizar», ver Simon Johnson, Rafael La Porta, Florencio López de Silanes e Andrei Shleifer, «Tunneling», *American Economic Review* 90, n.º 2 (maio de 2000): 22-27.

⁵ Council of Economic Advisors, *Economic Report of the President 2013*, quadro B-64, «Year-to-Year Inflation of the Consumer Price Index», acedido em 1 de dezembro de 2014, http://www.whitehouse.gov/sites/default/files/docs/erp2013/full_2013_economic_report_of_the_president.pdf.

⁶ *Ibid.*, quadro B-73, «Bond Yields and Interest Rates, 1942-2012», coluna 1.

⁷ US Department of Labor, Bureau of Labor Statistics, Tables and Calculators by Subject; Unemployment Rates by Month, http://data.bls.gov/pdq/SurveyOutputServlet.

⁸ Council of Economic Advisors, *Economic Report of the President 2013*, quadro B-73, coluna 9.

⁹ Os fundos do mercado monetário quase não tinham ativos em 1980. Ver gráfico em «The Future of Money Market Funds?, 24 de setembro de 2012, http://www.winthropcm.com/TheFutureofMoneyMarketFunds.pdf. Os números deste gráfico estão em conformidade com os dados do Fact Book de 2014 do Investment Company Institute. Os dados não incluem os anos de 1980 a 1984, mas mostram que, em 1990, os ativos dos fundos do mercado monetário totalizavam 498 mil milhões de dólares. http://www.icifactbook.org/fb_data.html. Acedido em 1 de janeiro de 2015.

¹⁰ Akerlof e Romer, «Looting», p. 23.

¹¹ *Ibid.*, p. 34, cálculo do custo de resolução de 20 mil milhões a 30 mil milhões de dólares em dólares de 1993, atualizado.

¹² Para uma descrição da expansão e contração em Dallas, Texas, ver *ibid.*, pp. 39-42.

¹³ *Ibid.*, pp. 23-24.

¹⁴ R. Alton Gilbert, «Requiem for Regulation Q: What It Did and Why It Passed Away», *Federal Reserve Bank of St. Louis Review* (fevereiro de 1986): 22-37. Os limites das taxas de juro para as poupanças e créditos eram um pouco maiores do que os limites da regulação para os depósitos de poupanças nos bancos. O limite para os bancos, em 1980, era cerca de 5,5 por cento. Ver p. 29, gráfico 3.

¹⁵ Akerlof e Romer, «Looting», p. 24.

¹⁶ Para os 10 por cento da lei Garn-St. Germain, ver Carl Felsenfeld e David I. Glass, *Banking Regulation in the United States*, 3.ª ed. (Nova Iorque: Juris, 2011),

pp. 424-25. Para a interpretação liberal dos 10 por cento de quaisquer ativos que os S&L quisessem emprestar, ver «Top Ten U.S. Banking Laws of the 10th Century», acedido em 1 de dezembro de 2014, http://www.oswego.edu/~dighe/topten.htm.

[17] Akerlof e Romer, «Looting», p. 27. Com um belo dividendo, o construtor podia cobrar uma «comissão de construtor» (que podia ser, por exemplo, de 2,5 por cento) pelo início do projeto.

[18] James E. O'Shea, *The Daisy Chain: How Borrowed Billions Sank a Texas S&L* (Nova Iorque: Pocket Books, 1991), em especial pp. 29-34. No exemplo aqui relatado, o dinheiro foi canalizado de forma diferente da aquisição de ações.

[19] No exemplo de O'Shea, os construtores adquiriram materiais a preços inflacionados aos donos da S&L.

[20] Stephen Pizzo, Mary Fricker e Paul Muolo, *Inside Job: The Looting of America's Savings and Loans* (Nova Iorque: Harper Perennial, 1991), p. 108.

[21] *Ibid.*, p. 14.

[22] Akerlof e Romer, «Looting», p. 40, quadro 11.2. É claro que, em Dallas, a construção também abrandou, mas de forma muito mais lenta e muito menos dramática que em Houston.

[23] Steve Brown, «Office Market Outlook: Dallas», *National Real Estate Investor News*, junho de 1982, p. 46.

[24] Steve Brown, «City Review: Dallas», *National Real Estate Investor News*, outubro de 1983, p. 127.

[25] Steve Brown, «City Review: Dallas», *National Real Estate Investor News*, outubro de 1984, pp. 183 e 192.

[26] Steve Brown, «City Review: Dallas», *National Real Estate Investor News*, junho de 1985, pp. 98-100.

[27] Pizzo, Fricker e Muolo, *Inside Job*.

CAPÍTULO 10. MICHAEL MILKEN PESCA COM TÍTULOS-LIXO COMO ISCO

[1] Bryan Burrough e John Helyar, *Barbarians at the Gate: The Fall of RJR Nabisco* (Nova Iorque: Random House, 2010), posições Kindle 10069 de 11172.

[2] Johnson terá recebido mais de 50 milhões de dólares pela aquisição. Bryan Burrough, «NJR Nabisco: An Epiloge», *New York Times*, 12 de março de 1999, http://www.nytimes.com/1999/03/12/opinion/rjr-nabisco-an-epilogue.html.

[3] Graef S. Crystal, *In Search of Excess: The Overcompensation of American Executives* (Nova Iorque: W. W. Norton, 1991), em especial pp. 46-47. Jenny Chu, Jonathn Faasse e P. Raghavendra mostraram que os consultores contratados pela administração (em contraste com os consultores contratados pelo conselho) geram grandes aumentos nas remunerações da administração: Chu, Faasse e Rau, «Do Compensation Consultants Enable Higher CEO Pay? New Evidence from Recent Disclosure Rule Changes» (23 de setembro de 2014), p. 23, acedido em 27 de maio de 2015, http://papers.ssrn.com/sol3/Papers.cfm?abstract_id=2500054.

⁴ W. Braddock Hickman, *Corporate Bond Quality and Investor Experience* (Princeton: National Bureau of Economic Research e Princeton University Press, 1958). O quadro 1 está na página 10.

⁵ George Anders e Constance Mitchell, «Junk King's Legacy: Milken Sales Pitch on High-Yield bonds Is Contradicted by Data», *Wall Street Journal*, 20 de novembro de 1990, p. A1.

⁶ Lindley B. Richert, One Man's Junk Is Another's Bonanza in the Bond Market», *Wall Street Journal*, 27 de março de 1975.

⁷ John Locke, *An Essay Concerning Human Understanding*, 30.ª ed. (Londres: William Tegg, 1849:» Esforço-me o mais possível por evitar essas falácias, que costumamos impor a nós próprios, de tomar as palavras pelas coisas» (p. 104).

⁸ Gary Smith, *Standard Deviations: Flawed Assumptions, Tortured Data, and Other Ways to Lie with Statistics* (Nova Iorque: Duckworth Overlook, 2014).

⁹ Jesse Kornbluth, *Highly Confident: The Crime and Punishment of Michael Milken* (Nova Iorque: William Morrow, 1992), p. 45.

¹⁰ Hickman, *Corporate Bond Quality and Investor Experience*, p. 10.

¹¹ Jeremy J. Siegel e Richard H. Thaler, «Anomalies: The Equity Premium Puzzle», *Journal of Economic Perspectives* 11, n.º 1 (inverno de 1997): 191.

¹² United States Federal Deposit Insurance Corporation et al. v. Michael R. Milken et al. (1991), Southern District of New York (18 de janeiro), Amended Complaint Class Action, Civ. n.º 91-0433 (MP), pp. 70-71.

¹³ Ver James B. Stewart, *Den of Thieves* (Nova Iorque: Simon and Schuster, 1992), pp. 521-22; e Benjamin Stein, *A License to Steal: The Untold Story of Michael Milken and the Conspiracy to Bilk the Nation* (Nova Iorque: Simon and Schuster, 1992).

¹⁴ Kornbluth, *Highly Confident*, p. 64. Mais tarde, a Drexel conseguiu angariar 5 mil milhões de dólares em poucas horas para a aquisição da RJR Nabisco. Burrough e Helyar, *Barbarians at the Gate*, posições Kindle 10069-72.

¹⁵ FDIC v. Milken, pp. 146-47.

¹⁶ *Ibid.*, pp. 149-50.

¹⁷ Stein, *License to Steal*, pp. 89-92.

¹⁸ O processo criminal contra Keating foi anulado em segunda instância, depois de ter sido condenado a 4,5 anos e confessado outros crimes. Robert D. McFadden, «Charles Keating, 90, Key Figure in '80s Savings and Loan Crisis, Dies», *New York Times*, 2 de abril de 2014, acedido em 27 de maio de 2015, http://www.nytimes.com/2014/04/02/business/charles-keatong-key-figure-in-the-1980s-savings-and-loan-crisis-dies-at-90.html?_r0. Spiegel foi acusado de diversos crimes, mas foi absolvido após um julgamento de sete semanas. Thomas S. Mulligan, «Spiegel Found Not Guilty of Looting S&L», *Los Angeles Times*, 13 de dezembro de 1994, acedido em 1 de maio de 2015, http://articles.latimes.com/1994-12-13/news/mn-8437-1-thomas-spiegel. Carr foi investigado, mas nunca acusado. Scot J. Paltrow, «Executive Life Seizure: The Costly Comeuppance of Fred Carr», *Los Angeles Times*, 12 de abril de 1991, acedido em 1 de maio de 2015, http://articles.latimes.com/1991-04-12/business/f1-242_1_executive-life.

¹⁹ Este problema foi descrito em Sanford J. Grossman e Oliver D. Hart, «Takeover Bids, the Free-Rider Problem, and the Theory of the Corporation», *Bell Journal of Economics* 11, n.º 1 (1980): 42-64.

²⁰ Connie Bruck, *The Predator's Ball: The Inside Story of Drexel Burnham and the Rise of the Junk Bond Raiders* (Nova Iorque: Penguin Books, 1989), pp. 193-240; Robert J. Cole, «Pantry Pride Revlon Bid Raised by $1.75 a Share», *New York Times*, 19 de outubro de 1985, acedido em 17 de março de 2015, http://www.nytimes.com/1985/10/19/business/pantry-pride-revlon-bid-raised-by-1,75-a-share.html.

²¹ Paul Asquith, David W. Mullins Jr. e Eric D. Wolff, «Original Issue High Yield Bonds: Aging Analyses of Defaults, Exchanges and Calls», *Journal of Finance* 44, n.º 4 (1989): 924.

²² Bruck, *The Predators' Ball*, p. 76.

²³ Asquith, Mullins e Wolff, «Original Issue High Yield Bonds», p. 929, quadro 2: média ponderada dos primeiros quatro números da coluna do lado direito.

²⁴ *Ibid.* Número de trocas bem-sucedidas que entraram em incumprimento (16, no quadro 7, p. 935) em novas emissões de 1977 a 1980 dividido pelas novas emissões de 1977 a 1980 (155, quadro 1, p. 928).

²⁵ Bruck, *The Predators' Ball*, p. 10.

²⁶ Stewart, *Den of Thieves*, p. 243.

²⁷ Kurt Eichenwald, «Wages Even Wall St. Can't Stomach», *New York Times*, 3 de abril de 1989, afirmou que Milken recebeu, por um ano, o pagamento mais alto da história dos Estados Unidos.

²⁸ Ver, por exemplo, Michael C. Jensen, «Takeovers: Their Causes and Consequences», *Journal of Economic Perspectives* 2, n.º 1 (inverno de 1988): 21-48.

²⁹ Este lado oposto da moeda foi descrito em Andrei Shleifer e Lawrence H. Summers, «Breach of Trust in Hostile Takeovers», in *Corporate Takeovers: Causes and Consequences*, ed., Alan J. Auerbach (Chicago: University of Chicago Press, 1988), pp. 33-68.

³⁰ Brian Hindo e Moira Herbst, «Personal Best Timeline, 1986: "Greed Is Good"», *BusinessWeek*, http://www.bloomberg.com/ss/06/08/personalbest_timeline/source/7.htm.

³¹ Bruck, *The Predators' Ball*, p. 320.

³² Bruck, *The Predators' Ball*.

³³ FDIC v. Milken, pp. 70-71.

³⁴ Alison Leigh Cowan, «FDIC Backs Deal by Milken», *New York Times*, 10 de março de 1992.

³⁵ Ver Thomas Piketty, *Capital in the Twenty-First Century* (Cambridge, MA: Harvard University Press, 2014), p. 291, fig 8.5, e p. 292, fig. 8.6.

³⁶ Andrei Shleifer e Robert W. Vishny, «The Takeover Wave of the 1980s», *Science* 249, n.º 4970 (1990): 745-49.

CAPÍTULO 11. A RESISTÊNCIA E OS SEUS HERÓIS

¹ Para 2013, Banco Mundial, «Life Expectancy at Birth, Male (Years)» e «Life Expectancy at Birth, Female (Years)», acedido em 29 de março de 2015, http://data.

worldbank.org/indicator/SP.DYN.LE00.MA.IN/countries e http://data.worldbank.org/indictor/SP.DYN.LE00.FE.IN/countries.

² Ralph Nader, *Unsafe at Any Speed: The Designed-In Dangers of the American Automobile* (Nova Iorque: Grossman, 1965).

³ Jad Mouawad e Christopher Drew, «Airline Industry at Its Safest since the Dawn of the Jet Age», *New York Times*, 11 de fevereiro de 2012, http://www.nytimes.com/2013/02/12/business/2012-was-the-safest-year-for-airlines-globally-since-1945.html?pagewanted=all&_r=0.

⁴ US Food and Drug Administration, «About FDA: Commissioner's Page. Harvey Washington Wiley, MD», http://www.fda.gov/AboutFDA/CommissionersPage/ucm113692.htm. Na sua autobiografia, Wiley chamou-lhe o Imperial Health Laboratory: Harvey W. Wiley, *An Autobiography* (Indianapolis: Bobbs-Merril, 1930), p. 150.

⁵ Stuart Chase e Frederick J. Schlink, *Your Money's Worth: A Study of the Waste of the Consumer's Dollar* (Nova Iorque: Macmillan, 1927), pp. 4-5.

⁶ *Ibid.*

⁷ Departamento de Agricultura dos Estados Unidos, Grain Inspection, Packing, and Stockyard Administration, «Subpart M – United States Standards for Wheat», acedido em 1 de maio de 2015, http://www.gipsa.usada.gov/fgis/standards/810wheat.pdf.

⁸ Entrevista com Anthony Goodeman da GIPSA, janeiro de 2015; US Department of Agriculture, Grain Inspection, Packing, and Stockyards Administration, «Explanatory Notes», quadro 5, «Inspection and Weighing Program Overview», pp. 20-33, acedido em 1 de maio de 2015, http://www.obpa.usda.gov/exnotes/FY2014/20gipsa2014notes.pdf. Há uma certa ambiguidade no quadro sobre a quantidade de cereais inspecionados, já que algum do cereal, em especial o destinado à exportação, pode ser inspecionado duas vezes.

⁹ Entrevista com Anthony Goodeman da GIPSA.

¹⁰ Departamento de Agricultura dos Estados Unidos, Farm Service Administration, «Commodity Operations: United States Warehouse Act», acedido em 14 de março de 2015, http://www.fsa.usda.gov/FSA/webapp?area=home&subject=coop&topic=was-ua; Kansas Statutes Annotated (2009), cap. 34, «Grain and Forage», artigo 2, «Inspecting, Sampling, Storing, Weighing and Grading Grain: Terminal and Local Statement; Waiver; Qualifications; Licence Fee; Examination of Warehouse», acedido em 1 de maio de 2015, http://law.justia.com/codes/kansas/2011/Chapter34/Article2/34-228.html.

¹¹ Underwriters Laboratories, «Our History» e «What We Do», acedido em 3 de março de 2015, http://ul.com/aboutul/history/ e http://ul.com/aboutul/what-we-do/.

¹² American National Standards Institute, «About ANSI» e «ANSI: Historical Overview», acedido em 14 de março de 2015, http://www.ansi.org/about_ansi/overview.aspx?menuid=1 e http://www.ansi.org/about_ansi/introduction/history.aspx?menuid=1.

¹³ Lawrence B. Glickman, *Buying Power: A History of Consumer Activism in America* (Chicago: University of Chicago Press, 2009), p. 195.

¹⁴ *Ibid.*, p. 212.

¹⁵ Gwendolyn Bounds, «Meet the Sticklers: New Demands Test Consumer Reports», *Wall Street Journal*, 5 de maio de 2010, acedido em 14 de março de 2015, http://www.

wsj.com/articles/SB10001424052748703866700457522409301737920 2#mod=todays_us_personal-Journal. Os 7, 3 milhões incluem as subscrições eletrónicas.

16 Consumer Federation of America, «Membership», acedido em 14 de março de 2015, http://www.consumerfed.org/about-cfa/membership.

17 Glickman, *Buying Power*, pp. 31-32 e seguinte, e p. 69 e seguinte.

18 Florence Kelley, *Notes of Sixty Years: The Autobiography of Florence Kelley*, ed. Kathryn Kish Sklar (Chicago: Illinois Labor History Society, 1986).

19 Glickman, *Buying Power*, pp. 182-83.

20 National Consumers League, «Our Issues: Outrage! End Child Labor in American Tobacco Field», 14 de novembro de 2014, acedido em 15 de março de 2015, http://www.nclnet.org/outrage_end_child_labor_in_american_tobacco_fields.

21 *The Guardians, or Society for the Protection of Trade against Swindlers and Sharpers* (provavelmente Londres, 1776), http://library.villanova.edu/Find/Record/1027765.

22 David Owen, «The Pay Problem», *New Yorker*, 12 de outubro de 2009, acedido em 12 de março de 2015, http://wwwnewyorker.com/magazine/2009/10/12/the-pay-problem; David A. Skeel Jr., «Shaming in Corporate Law», *University of Pennsylvania Law Review* 149, n.º 6 (junho de 2001): 1811-68.

23 Skeel, «Shaming in Corporate Law», p. 1812.

24 National Association of Realtors, «Code of Ethics», acedido em 15 de março de 2015, http://www.realtor.org/governance/governing. As 16 páginas vêm imprimidas como documento Word.

25 M. H. Hoeflich, «Laidlaw v. Organ, Gulian C. Verplanck, and the Shaping of Early Nineteenth Century Contract Law: A Tale of a Case and a Commentary», *University of Illinois Law Review* (inverno de 1991): 55-66. Ver também o próprio processo: Laidlaw v. Organ, 15 U.S. 178, 4 L. Ed. 214, 1817 U.S. LEXIS 396 (Supremo Tribunal 1817).

26 Esta interpretação decorre da ideia subtil de Hoeflich de que Verplanck, um jurista influente da altura, «não achava que Marshall tivesse deixado de incorporar a moralidade na lei, mas antes que, no caso específico, compreendera mal os factos e a medida em que a ocultação constituía fraude como questão de facto e direito; "A ocultação foi, portanto, desonesta e fraudulenta; consequentemente, o negócio, se o vendedor objetasse à sua execução, era inválido em consciência"» (Hoeflich, «Laidlaw v. Organ», p. 62). A fraude teria invalidado a pretensão de Organ. O papel da fraude na formulação da decisão de Marshall pode ser visto na frase «cada parte deve ter o cuidado de não dizer nada que tenda a impor-se à outra» (Laidlaw v. Organ).

27 Sally H. Clarke, «Unmanageable Risks: MacPherson v. Buick and the Emergence of a Mass Consumer Market», *Law and History Review* 23, n.º 1 (2005): 1.

28 *Ibid.*, p. 2.

29 MacPherson v. Buick Motor Co, New York Court of Appeals, acedido em 15 de março de 2015, http://www.courts.state.ny.us/reporter/archives/macpherson_buick.htm.

30 US Legal Inc., «U.S. Commercial Code», acedido em 15 de março de 2015, http://uniformcommercialcode.uslegal.com/.

31 *Ibid.*

[32] Mwinfo, «Legal Resource Library: What Is the U.C.C?», acedido em 15 de março de 2015, http://resources.lawinfo.com/business-law/uniform-commercial-code/does-article-2-treat-merchants-the-same-as-no.html

[33] DealBook, «Goldman Settles with S.E.C for $550 Million», *New York Times*, 15 de julho de 2010.

[34] Knowledge@Wharton, «Goldman Sachs and Abacus 2007-ACr: A Look beyond the Numbers», 28 de abril de 2010, acedido em 15 de março de 2015, http://knowledge.wharton.upenn.edu/article/goldman-sachs-and-abacus-2007-act-a-look-beyond-the-numbers/.

[35] *Ibid*.

[36] US Securities and Exchange Commission, «Goldman Sachs to Pay Record $550 Million to Settle SEC Charges Related to Subprime Mortgage CDO», 15 de julho de 2010, acedido em 15 de março de 2015, http://www.sec.gov/news/press/2010/2010-123.htm.

[37] Christine Harper, «Goldman's Tourre E-Mail Describes "Frankenstein" Derivatives», Bloomberg Business, 25 de abril de 2010, acedido em 15 de março de 2015, http://Bloomberg.com/news/articles/2010-04-24/-frankenstein-derivatives-described-in-e-mail-by-golman-s-fabrice-tourre.

[38] Justin Baer Bray e Jean Eaglesham, «"Fab" Trader Liable in Fraud: Jury Finds Ex-Goldman Employee Tourre Misled Investors in Mortgage Security», *Wall Street Journal*, 2 de agosto de 2013, aedido em 15 de março de 2015, http://www.wsj.com/articles/SB10001424127887732368190457864184328450004.

[39] Nate Raymond e Jonathan Stempel, «Big Fine Imposed on Ex-Goldman Trader Tourre in SEC Case», Reuters, 12 de março de 2014, acedido em 15 de março de 20015, http://www.reuters.com/article/2014/03/12/us-goldmansachs-sec-tourre-idUSBREA2B11220140312.

[40] Karen Freifeld, «Fraud Claims Versus Goldman over Abacus CDO Are Dismissed», Reuters, 14 de maio de 2013, acedido em 15 de março de 2015, http://www.reuters.com/article/2013/05//14/us-goldman-abacus-idUSBRE94D10120130514.

[41] Joshua Bernhardt, *Interstate Commerce Commission: Its History, Activities and Organization* (Baltimore: Johns Hopkins University Press, 1923).

[42] Christine Bauer-Ramazani, BU113: Critical Thinking and Communication in Business, «Major U.S. Regulatory Agencies», acedido em 15 de março de 2015, http://academics.smcvt.edu/cbauer-ramazani/BU113/fed_agencies.htm.

[43] Marver H. Bernstein, *Regulating Business by Independent Commission* (Princeton: Princeton University Press, 1955).

[44] George J. Stigler, «The Theory of Economic Regulation», *Bell Journal of Economics and Management Science* 2, n.º 1 (1971): 3; Richard A. Posner, «Theories of Economic Regulation», *Bell Journal of Economics and Management Science* 5, n.º 2 (1974): 335.

[45] «Uma tese central deste estudo é que, como regra, a regulação é adquirida pela indústria e é concebida e executada sobretudo para seu benefício. Existem regulações cujos efeitos claros na indústria regulada são inegavelmente onerosos: um exemplo simples é a tributação com peso diferente do produto da indústria (uísque, cartas de jogar).

No entanto, estas regulações onerosas são excecionais e podem ser explicadas pela mesma teoria que explica a regulação benéfica (podemos chamar-lhe "adquirida".» Stigler, «The Theory of Economic Regulation», p. 3.

⁴⁶ Daniel Carpenter e David A. Moss, «Introduction», pp. 5-8, e Carpenter, «Detecting and Measuring Capture», pp. 57-70, *in* Carpenter e Moss, ed., *Preventing Regulatory Capture: Special Interest Influence and How to Limit It* (Nove Iorque: Cambridge University Press/The Tobin Project, 2014).

⁴⁷ Carpenter e Moss, «Introduction», p. 9.

⁴⁸ *Ibid.*, p. 5. Carpenter e Moss escrevem: «A questão essencial é se a captura, quando existe, pode ser mitigada ou prevenida. Acreditamos que as provas sugerem fortemente que sim.» Os vários ensaios do volume mostram exemplos de sucesso na diminuição da captura reguladora, sem desregulação, de várias maneiras: «envolvimento de funcionários estaduais nas informações e comentários federais, criação de programas de consciencialização do consumidor ligados aos reguladores, formação de especialistas diversos e independentes, institucionalização de advogados do diabo nas agências e vigilância ampliada do OIRA para incluir a inação e a ação da agência» («Conclusão», p. 453, *in* Carpenter e Moss, *Preventing Regulatory Capture*). (O OIRA é Office of Information and Regulatory Affairs, criado pelo Congresso dos Estados Unidos em 1980 como parte do Office of the President.) Um dos muitos exemplos analisados no livro é o Texas Office of Public Insurance Counsel (OPIC), criado em 1991 não como regulador (é totalmente independente do Texas Department of Insurance), mas como representante dos consumidores nas negociações entre o regulador e o regulado. O OPIC obteve alguns sucessos na prevenção da captura dos reguladores, como a sua pressão para a proibição de cláusulas que permitem o critério único do administrador para pagar uma pretensão apenas com controlo judicial limitado, e contra algumas leis que exigem que os consumidores se sujeitem a arbitragens vinculativas. Ver Daniel Schwarz, «Preventing Capture through Consumer Empowerment Programs: Some Evidence from Insurance Regulation», pp. 365-96, *in* Carpenter e Moss, *Preventing Regulatory Capture*.

⁴⁹ Benjamin N. Cardozo, «The Altruist in Politics» (discurso de início do ano, Columbia University, 1889), http://www.gutenberg.org/files/1341/1341-h/1341-h.htm.

CONCLUSÃO. EXEMPLOS E LIÇÕES GERAIS: NOVA HISTÓRIA NA AMÉRICA E AS SUAS CONSEQUÊNCIAS

¹ O *American Journal of Psychiatry* publicou um editorial que dizia que a dependência da Internet «merece inclusão» como uma perturbação no DSM. Jerald J. Block, «Issues for DSM-V: Internet Addiction», *American Journal of Psychiatry* 165, n.º 3 (2008): 306-307. A dependência da Internet tem sido especialmente estudada na Coreia do Sul, onde os alunos do ensino secundário passam, em média, 23 horas por semana a jogar. Vale a pena observar que a Coreia do Sul formou mais de mil conselheiros no tratamento desta dependência, envolveu hospitais e centros de tratamento e levou programas de prevenção às escolas. Em relação à China, as estimativas são que 13,7 por

cento dos utilizadores de Internet adolescentes Chineses «correspondem aos critérios de diagnóstico de dependência da Internet».

[2] Por exemplo, ver Richard Hofstadter, *The Age of Reform: From Bryan to FDR* (Nova iorque: Random House, 1955); e, para o período do New Deal, ver também William E. Leuchtenburg, *Franklin D. Roosevelt and the New Deal* (Nova Iorque: Harper and Row, 1963).

[3] David E. Rosenbaum, «The Supreme Court: News Analysis; Presidents May Disagree, but Justices Are Generally Loyal to Them», *New York Times*, 7 de abril de 1994. Eisenhower terá dito que a sua nomeação de Earl Warren (e de William J. Brennan Jr.) foi um dos seus «maiores erros».

[4] Social Security Perspectives, «President #6: Richard M. Nixon (1969-1974), 8 de maio de 2011, http://socialsecurityperspectives.blogspot.com/2011/05/president-6--richard-m-nixon-1969-1974.html.

[5] Um novo livro fascinante de Bruno Boccara descreve o papel das forças psicanalíticas na geração de histórias nacionais, que, por seu lado, inibem os objetivos políticos. Ver Boccara, *Socio-Analytic Dialogue: Incorporating Psycho-social Dynamics into Public Policies* (Lanham, MD: Lexington Books, 2014).

[6] Segundo James T. Patterson, no seu volume da Oxford History of the United States, que cobre os anos de 1974 a 2001, Reagan «disse várias vezes» que o «governo não é a solução, é o problema». Patterson, *Restless Giant: The United States from Watergate to Bush v Gore* (Nova Iorque: Oxford University Press, 2005), p. 162. A nossa citação favorita deste tema vem de uma conferência de imprensa em 1986: «As palavras mais terríveis na língua inglesa são: sou do governo e estou aqui para ajudar.» Há muitas outras versões. Ray Hennessey, «The 15 Ronald Reagan Quotes Every Business Leader Must Know», acedido em 16 de janeiro de 2015, http://www.entrepreneur.com/article/234547.

[7] Elizabeth Warren e Amelia Warren Tyagi, *All Your Worth: The Ultimate Lifetime Money Plan* (Nova Iorque: Simon and Schuster, 2005), p. 25.

[8] Stephen Miller, «Income Subject to FICA Payroll Tax Increases in 2015», Society for Human Resource Management, 23 de outubro de 2014, acedido em 16 de janeiro de 2015, http://shrm.org/hrdisciples/conpensation/articles/pages/fica-social-security-tax-2015.aspx.

[9] US Census Bureau, Historical Poverty Tables – People», quadro 3, «Poverty Status, by Age, Race, and Hispanic Origin: 1959 to 2013», acedido em 1 de dezembro de 2014, https://www.census.gov/hhes/www/poverty/data/historical/people.html.

[10] Ke Bin Wu, «Sources of Income for Older Americans, 2012» (Washington, DC: AARP Public Policy Institute, dezembro de 2013), p. 4.

[11] *Ibid.*, p. 1.

[12] Ver capítulo 4, n. 10.

[13] Robert J. Shiler, «Life-Cycle Personal Accounts Proposal for Social Security: An Avaluation of President Bush's Proposal», *Journal of Policy Modeling* 28, n.º 4 (2006): 428.

[14] *Ibid.*, pp. 428-29.

[15] *Ibid.* Os resultados da simulação são apresentados no quadro 2, p. 438 s.

¹⁶ Congressional Budget Office, «Long Term Analysis of a Budget Proposal by Chairman Ryan», 5 de outubro de 2011, pp. 3-4, acedido em 1 de dezembro de 2014, http://www.cbo.gov/publication/22085. O Plano Ryan daria também o Medicaid como pagamentos globais aos estados. O equilíbrio orçamental é alcançado não só pela redução das despesas do Medicre e do Medicaid, mas também pelo aumento das receitas do Estado por razões não especificadas. Não é muito claro que mudanças levariam a este grande aumento. Sobre este ponto, ver Paul Krugman, «What's in the Ryan Plan?», *New York Times*, 16 de agosto de 2012; e «The Path to Prosperity», *Wikipedia*, acedido em 15 de dezembro de 2014, http://en-wikipedia.org/wiki/The_Path-to-Prosperity.

¹⁷ O orçamento do ano fiscal de 2013 (que continua a ser executado) foi de 1 417 514 000 de dólares. US securities and Exchange Commission, *FY 2014 Congressional Budget Justification*, p. 16, http://www.sec.gov/about/reports/secfy14congbudgjust.pdf. Budget Request Tables: «FY 2014 Budget Request by Strategic Goal and Program». Em Janeiro de 2013, os ativos sob a sua gestão foram calculados em 49,6 mil milhões de dólares (p. 93).

¹⁸ Halah Touryalai, «10 Wall Street Expenses That Make the SEC's Budget Look Pathetic», *Forbes*, 17 de fevereiro de 2011, acedido em 16 de janeiro de 2015, http://www.forbes.com/fdc/welcome_mjx.shtml. O mesmo pode ser dito dos gastos do Citigroup em *marketing* e publicidade: maiores do que todo o orçamento da SEC.

¹⁹ Vanguard, «See the Difference Low-Cost Mutual Funds Can Make», acedido em 7 de janeiro de 2015, https://investor-vanguard.com/mutual-funds/low-cost.

²⁰ Edward Wyatt, «Judge Blocks Citigroup Settlement With S.E:C», *New York Times*, 28 de novembro de 2011, acedido em 10 de junho de 2015, http://www.nytimes.com/2011/11/29/business/judge-rejects-sec-accord-with-citi.html?pagewanted=all.

²¹ Jed S. Rakoff, «The financial Crisis: Why Have No High-Level Executives Been Prosecuted?», *New York Review of Books*, 9 de janeiro de 2014.

²² Harry Markopolis, *No One Would Listen. A True Financial Thriller* (Hoboken, NJ: Wiley, 2010), posição Kindle 587.

²³ Isto envolvia a redução de perdas pela aquisição de opções de venda (que lhe permitia vender ações quando o seu preço caía abaixo do «preço de exercício»); pagar essas opções com a venda de opções de compra (que permitia aos compradores comprarem-lhe ações quando o preço subia acima do «preço de exercício»).

²⁴ Markopolos, *No One Would Listen*, posições Kindle 850-52.

²⁵ David Kotz, *Investigation of Failure of the SEC to Uncover Bernard Madoff's Ponzi Scheme*, Report of Investigation Case No. OIG-509, United States Securities and Exchange Commission, Office of Inspector General (2011), pp. 61-77, acedido em 29 de maio de 2015, http://www.sec.gov/news/studies/2009/oig-509.pdf.

²⁶ James B. Stewart, «How They Failed to Catch Madoff», *Fortune*, 10 de maio de 2011. Acedido em 2 de maio de 2015. http://fortune.com/2011/05/10/how-they-failed-to-catch-madoff/.

²⁷ Kotz, *Investigation of Failure of the SEC to Uncover Bernard Madoff's Ponzi Scheme*, p. 249.

²⁸ *Ibid.*, p. 247.

²⁹ *Ibid.*, p. 250. Markopolos faz um relato incisivo da conversa segundo a sua perspetiva: *No One Would Listen*, posição Kindle 2585 e seguinte. Ver também o testemunho de Suh sobre esta questão: Kotz, *Investigation of Failure of the SEC to Uncover Bernard Madoff's Ponzi Scheme*, p. 251.

³⁰ Lorena Mongelli, «The SEC Watchdog Who Missed Madoff», *New York Post*, 7 de janeiro de 2009.

³¹ Jeffrey Toobin, «Annals of Law: Money Unlimited: How Chief Justice John Roberts Orchestrated the Citizens United Decision», *New Yorker*, 21 de maio de 2012.

³² Cornell University Law School, Legal Information Institute, «Citizens United v. Federal Election Commission (08-205)», acedido em 16 de janeiro de 2015, http://law.cornell.edu/supct/cert/08-205. Ver também Toobin, «Annals of Law».

³³ Toobin, «Annals of Law»; Oyez, «Citizens United v. Federal Election Commission», acedido em 18 de março de 2005, http://www.oyez.org/cases/2000-2009/2008_08_205.

³⁴ Citizens United v. Federal Election Comm'n, 130 S. Ct 876, 558 U.S. 310, 175 L. Ed. 2d 753 (2010).

³⁵ *Ibid.*

³⁶ Legal Institute, «Citizens United v. Federal Election Comm'n (No. 08-205)», acedido em 10 de unho de 2015, https://www.law.cornell.edu/supct/html/08-205.ZX.html.

³⁷ *Ibid.*

³⁸ Lawrence Lessig, *Republic Lost: How Money Corrupts Congress – And a Plan to Stop It* (Nova Iorque: Hachette Book Group, 2011), p. 266.

³⁹ *Ibid.*, p. 268.

POSFÁCIO. A IMPORTÂNCIA DO EQUILÍBRIO DA PESCA

¹ É claro que alguns não aceitam esta «sabedoria convencional». A este respeito, dois clássicos são Thorstein Veblen, *The Theory of the Leisure Class: An Economic Study of the Evolution of Institutions* (Nova Iorque: Macmillan, 1899), e John Kenneth Galbraith, *The Affluent Society* (Boston: Houghton Mifflin, 1958). Muito mais recentemente, em dois artigos conjuntos, Jon Hanson e Douglas Kysar documentaram como os desvios da racionalidade económica (sobretudo como descritos na economia comportamental) são um convite à «manipulação». Desenvolvem as implicações para o direito e descrevem em pormenor as implicações para a indústria do tabaco. Hanson e Kysar, «Taking Behavioralism Seriously: The Problem of Market Manipulation, *New York University Law Review* 74, n.º 3 (junho de 1999): 630-749, e «Taking Behavioralism Seriously: Some Evidence of Market Manipulation», *Harvard Law Review* 112, n.º 7 (maio de 1999): 1420-1572.

² Uma lista das pessoas que parecem ter previsto a crise financeira de 2008 encontra-se em Dirk J. Bezemer, «"No One Saw This Coming": Understanding Financial Crisis through Accounting Models», *Munich Personal RePEc Archive Paper 15892* (junho de 2009): 9, quadro 1, http://mpra.ub.uni.muenchen.de/15892/1/MPRA_paper-15892.

pdf. Infelizmente, é difícil ajuizar sobre previsões verbais e imprecisas, e as previsões variavam muito em termos das razões dadas e dos momentos sugeridos para a crise. Um de nós escreveu em 2005: «O mau resultado pode ser que os declínios eventuais [após o *boom* do mercado bolsista e do mercado imobiliário] se traduzam num aumento substancial da taxa de falências pessoais, o que pode conduzir também a uma segunda série de falências de instituições financeiras. Outra consequência a longo prazo pode ser um declínio na confiança dos consumidores e das empresas, e outra recessão possivelmente mundial.» (p. xiii) «Parte do *boom* é também a atividade expressamente concebida para enganar as pessoas, tentativas deliberadas de muitas pessoas para explorar os erros de pensamento entre os investidores gerais. Para que esta atividade seja eficaz, é preciso infringir a lei. No entanto, dada a lentidão dos nossos processos judiciais, os perpetradores desses esquemas podem continuar com os seus logros durante muitos anos. Isto também faz parte do processo de uma bolha especulativa.» (p. 76) Robert J. Shiller, *Irrational Exuberance*, 2.ª ed. (Princeton: Princeton University Press, 2005).

[3] O Google Scholar já não permite uma divisão por campo. Mas pudemos contar o número de artigos que continham o termo «economia» ou «finança». Eram 2 270 000 em 15 de dezembro de 2014. É claro que deve haver muitos duplicados. Isto corresponde ao número que George recorda quando o Google Scholar deixava escolher o campo de busca como economia e finança.

[4] Siddharta Mukherjee, *The Emperor of All Maladies: A Biography of Cancer* (Nova Iorque: Simon and Schuster, 2011).

[5] A citação é do presidente Richard N. Nixon, «Remarks on Signing of the National Cancer act of 1971», 23 de dezembro de 1971, The American Presidency Project, acedido em 17 de janeiro de 2015, http://www.presidency.ucsb.edu/ws/?pid=3275.

[6] Mukherjee, *Emperor of All Maladies*, pp. 173-77.

[7] Stefano DellaVigna e Ulrike Malmendier, «Contract Design and Self-Control: Theory and Evidence», *Quarterly Journal of Economics* 119, n.º 2 (maio de 2004), p. 354.

[8] Xavier Gabaix e David Laibson, «Shrouded Attributes, Consumer Myopia, and Information Suppression in Competitive Markets», *Quarterly Journal of Economics* 121, n.º 2 (maio de 2006): 505-40.

[9] Robert E. Hall, «The Inkjet Aftermarket: An Economic analysis» (preparado para o Nu-kote International, Stanford University, 8 de agosto de 1997), p. 2. Esta fração é o rácio aproximado das vendas de tinteiros para as vendas de impressoras novas.

[10] Gabaix e Laibson, «Shrouded Attributes, Consumer Myopia, and Information Suppression in Competitive Markets», p. 506, a citar Hall.

[11] Hall, «The Inkjet Aftermarket», pp. 21-22; Gabaix e Laibson, «Shrouded attributes, Consumer Myopia, and Information Suppression in Competitive Markets», p. 507.

[12] Um estudo posterior de Gabaix e Laibson, com Sumit Agarwal e John C. Driscoll, analisou as diferentes capacidades financeiras das pessoas por idade. Concluíram que os mais jovens têm fracas capacidades financeiras: são pouco experientes As pessoas mais velhas têm fracas capacidades financeiras: estão a perder as competências. Entre eles, está a «idade da razão». Mas este não é o resultado principal do estudo. O resultado principal é que todas as idades, ainda que mais em algumas do que noutras,

podemos ser presas de quem procure aproveitar-se de nós. É um problema geral dos mercados livres competitivos, mas, como indicam, é um problema especial para os mais idosos. Agarwal, Driscoll, Gabaix e Laibson, «The Age of Reason; Financial Decisions over the Life Cycle and Implications for Regulation», *Brookings Papers on Economic Activity* (outono de 2009): 51-101.

[13] Mas é claro que, se o Lighting pudesse falar, como qualquer pai de um miúdo de dois anos sabe, o sabor já não seria coberto.

[14] Ver, por exemplo, Robert J. Shiller, «Do Stock Prices Move Too Much to Be Justified by Subsequent Changes in Dividends?», *American Economic Review* 71, n.º 3 (junho de 1981): 421-36; e John Y. Campbell e Robert J. Shiller, «Cointegration and Tests of Present Value Models», *Journal of Political Economy* 95, n.º 5 (outubro de 1987): 1062-88.

[15] J. Bradford De Long, Andrei Shleifer, Lawrence H. Summers e Robert J. Waldman, «Noise Trader Risk in Financial Markets», *Journal of Political Economy* 98, n.º 4 (agosto de 1990): 703-38.

[16] Noutras versões dos dois tipos de pessoas da finança, os negociantes não informados são substituídos por aqueles que têm uma necessidade ocasional, urgente e imprevista de liquidez, que os obriga a venderem as suas ações sem terem em conta os retornos futuros esperados. Isto resolve o problema dos economistas da finança que não concebem que haja negociantes não informados ou, pior, irracionais.

[17] Ver De Long, Shleifer, Summers e Waldmann, «Noise Trader Risk in Financial Markets».

[18] Ver fórmulas 21 e 25 em J. Bradford De Long, Andrei Shleifer, Lawrence H. Summers e Robert J. Waldmann, «The Size and Incidence of the Losses from Noise Trading», *Journal of Finance* 44, n.º 3 (1989): 688 e 690.

[19] Gabaix e Laibson, «Shrouded Attributes, Consumer Myopia, and Information Suppression in Competitve Markets», p. 54.

[20] Paul Samuelson, o professor do MIT que escreveu o principal manual e que estabeleceu o tom das economias mais normais no período após a Segunda Guerra Mundial, via as «preferências reveladas» como no centro da teoria do consumo. Acerca de uma fórmula derivada delas, escreveu: «A importância deste resultado não pode ser exagerada. Nesta simples fórmula estão contidas quase todas as implicações empíricas importantes de toda teoria pura da escolha do consumidor». Samuelson, *Foundations of Economic Analysis* (Cambridge, MA: Harvard University Press, 1947), p. 111. Ver também o artigo de revista em que se baseia esta afirmação: Samuelson, «Consumption Theory in Terms of Revealed Preference», *Economica*, 15, n.º 60 (novembro de 1948): 243-53. É claro que são os gostos determinados pelas fraquezas do consumidor que são «revelados».

BIBLIOGRAFIA

«200 West Street». *Wikipedia*. Acedido em 22 de outubro de 2014. http://en.wikipedia.org/wiki/200_West_Street.

Abramson, John, *Overdosed America: The Broken Promise of American Medicine*, 3.ª ed., Nova Iorque: Harper Perennial, 2008.

Adrian, Tobias, e Hyun Song Shin, «Liquidity and Leverage», *Journal of Financial Intermediation* 19, no. 3 (julho de 2010): 418-37.

Agarwal, Sumit, John C. Driscoll, Xavier Gabaix, e David Laibson, «The Age of Reason: Financial Decisions over the Life Cycle and Implications for Regulation», *Brookings Papers on Economic Activity* (outono de 2009): 51-101.

Akerlof, George A., e Rachel E. Kranton, «Economics and Identity», *Quarterly Journal of Economics* 115, no. 3 (agosto de 2000): 715–53.

—, *Identity Economics: How Our Identities Shape Our Work, Wages, and Well-Being*. Princeton: Princeton University Press, 2010.

Akerlof, George A., e Paul M. Romer, «Looting: The Economic Underworld of Bankruptcy for Profit», *Brookings Papers on Economic Activity* 2(1993): 1-73.

Akerlof, George A., e Robert J. Shiller, *Animal Spirits: How Human Psychology Drives the Economy, and Why It Matters for Global Capitalism*. Princeton: Princeton University Press, 2009.

Alessi, Christopher, Roya Wolverson, e Mohammed Aly Sergie, «The Credit Rating Controversy», Council on Foreign Relations, Backgrounder. Atualizado em 22 de outubro de 2013. Acedido em 8 de novembro de 2014. http://www.cfr.org/financial-crises/credit-rating-controversy/p22328.

Alexander, Raquel Meyer, Stephen W. Mazza, e Susan Scholz, «Measuring Rates of Return for Lobbying Expenditures: An Empirical Case Study of Tax Breaks for Multinational Corporations», *Journal of Law and Politics* 25, n.º. 401 (2009): 401-57.

American National Standards Institute, «About ANSI» e «ANSI: Historical Overview», acedido em 14 de março de 2015, http://www.ansi.org/about_ansi/overview/overview.aspx?menuid=1 e http://www.ansi.org/about_ansi/introduction/history.aspx?menuid=1.

American Psychological Association, *Stress in America: Paying with Our Health*. 4 de fvereiro de 2015. Acedido em 29 de março de 2015. http://www.apa.org/news/press/releases/stress/2014/stress-report.pdf.

Anders, George, e Constance Mitchell, «Junk King's Legacy: Milken Sales Pitch on High-Yield Bonds Is Contradicted by Data», *Wall Street Journal*, 20 de novembro de 1990.

Annear, Steve, «The "Pavlov Poke" Shocks People Who Spend Too Much Time on Facebook: It's Meant to Condition Social Media "Addicts" to Step Away from the Screen and Enjoy the Real World», *Boston Daily*, 23 de agosto de 2013. Acedido em 26 de novembro de 2014. http://www.bostonmagazine.com/news/blog/2013/08/23/pavlov-poke-shocks-people-who-spend-too-much-time-on-facebook/.

Ansolabehere, Stephen, John M. de Figueiredo, e James M. Snyder, «Why Is There So Little Money in U.S. Politics?», *Journal of Economic Perspectives* 17, n.º 1 (inverno de 2003): 105-30.

Arrow, Kenneth J., e Gerard Debreu, «Existence of an Equilibrium for a Competitive Economy, *Econometrica* 22, n.º 3 (julho de 1954): 265-90.

Arthur, Anthony, *Radical Innocent: Upton Sinclair*. Nova Iorque: Random House, 2006. Kindle.

Asquith, Paul, David W. Mullins Jr., e Eric D. Wolff, «Original Issue High Yield Bonds: Aging Analyses of Defaults, Exchanges and Calls», *Journal of Finance* 44, n.º 4 (1989): 923-52.

Associated Press, «Timeline of United Airlines' Bankruptcy», *USA Today*, 1 de fevereiro de 2006. Acedido em 9 de novembro de 2014. http://usatoday30.usatoday.com/travel/flights/2006-02-01-united-timeline_x.htm.

Auerbach, Oscar, *et al.*, «Changes in the Bronchial Epithelium in Relation to Smoking and Cancer of the Lung: A Report of Progress», *New England Journal of Medicine* 256, n.º 3 (17 de janeiro de 1957): 97-104.

Austen, Jane, *Pride and Prejudice*. Nova iorque: Modern Library, 1995.

Ayres, Ian, «Fair Driving: Gender and Race Discrimination in Retail Car Negotiations», *Harvard Law Review* 104, n.º 4 (fevereiro de 1991): 817-72.

Ayres, Ian, e Peter Siegelman, «Race and Gender Discrimination in Bargaining for a New Car», *American Economic Review* 85, n.º 3 (junho de 1995): 304-21.

Babies "R" Us. «Baby Registry: Personal Registry Advisor», acedido em 20 de março de 2015. http://www.toysrus.com/shop/index.jsp?categoryId=11949069.

Baer, Justin, Chad Bray, e Jean Eaglesham, «"Fab" Trader Liable in Fraud: Jury Finds Ex-Goldman Employee Tourre Misled Investors in Mortgage Security», *Wall Street Journal*, 2 de agosto de 2013. Acedido em 15 de março de 2015. http://www.wsj.com/articles/SB10001424127887323681904578641843284450004.

Ball, Laurence, João Tovar Jalles, and Prakash Loungani, «Do Forecasters Believe in Okun's Law? An Assessment of Unemployment and Output Forecasts», *IMF Working Paper* 14/24 (fevereiro de 2014).

Bardi, Jason, «Cigarette Pack Health Warning Labels in US Lag behind World: Internal Tobacco Company Documents Reveal Multinational Effort to Block Strong Warnings to Smokers», University of California at San Francisco, 16 de novembro de 2012. Acedido em 8 de dezembro de 2014. http://www.ucsf.edu/news/2012/11/13151/cigarette-pack-health-warning-labels-us-lag-behind-world.

Barenstein, Matias F, «Credit Cards and Consumption: An Urge to Splurge?», in «Essays on Household Consumption», tese de doutoramento, University of California, Berkeley, 2004.

Bar-Gill, Oren, e Elizabeth Warren, «Making Credit Safer», *University of Pennsylvania Law Review* 157, n.º 1 (novembro de 2008): 1-101.

Barr, Donald R., e E. Todd Sherrill, «Mean and Variance of Truncated Normal Distributions», *American Statistician* 53, n.º 4 (novembro de 1999): 357-61.

Bauer-Ramazani, Christine. BU113: Critical Thinking and Communication in Business, «Major U.S. Regulatory Agencies», acedido em 15 de março de 2015. http://academics.smcvt.edu/cbauer-ramazani/BU113/fed_agencies.htm.

Bekelman, Justin E., Yan Li, e Cary P. Gross, «Scope and Impact of Financial Conflicts of Interest in Biomedical Research: A Systematic Review», *Journal of the American Medical Association* 289, n.º 4 (22 de janeiro de 2003): 454-65.

Beral, Valerie, Emily Banks, Gillian Reeves, e Diana Bull, em nome das Million Women Study Collaborators, «Breast Cancer and Hormone-Replacement Therapy in the Million Women Study», *Lancet* 362, n.º 9382 (9 de agosto de 2003): 419-27.

Bernhardt, Joshua, *The Interstate Commerce Commission: Its History, Activities and Organization*. Baltimore: Johns Hopkins University Press, 1923.

Bernheim, B. Douglas, e Antonio Rangel, «Addiction and Cue-Triggered Decision Processes», *American Economic Review* 94, n.º 5 (dezembro de 2004): 1558-90.

Bernstein, Marver H., *Regulating Business by Independent Commission*. Princeton: Princeton University Press, 1955.

Berry, Tim, «On Average, How Much Do Stores Mark Up Products?», 2 de dezembro de 2008. Acedido em 23 de outubro de 2014. http://www.entrepreneur.com/answer/221767.

Bertrand, Marianne, Matilde Bombardini, e Francesco Trebbi», «Is It Whom You Know or What You Know? An Empirical Assessment of the Lobbying Process», *American Economic Review* 104, n.º 12 (dezembro de 2014): 3885-3920.

Bezemer, Dirk J.,«"No One Saw This Coming": Understanding Financial Crisis through Accounting Models», *Munich Personal RePEc Archive Paper* 15892 (junho de 2009). http://mpra.ub.uni-muenchen.de/15892/1/MPRA_paper_15892.pdf.

Black, Duncan, «On the Rationale of Group Decision-making», *Journal of Political Economy* 56, n.º 1 (fevereiro de 1948): 23-34.

Blanes i Vidal, Jordi, Mirko Draca, e Christian Fons-Rosen, «Revolving Door Lobbyists», *American Economic Review* 102, n.º 7 (dezembro de 2012): 3731-48.

Blinder, Alan S., *After the Music Stopped: The Financial Crisis, the Response, and the Work Ahead*. Nova Iorque: Penguin Press, 2013.

Block, Jerald, «Issues for DSM-V: Internet Addiction», *American Journal of Psychiatry* 165, n.º 3 (2008): 306-7.

Bloomberg News, «Cuomo Announces Reform Agreements with 3 Credit Rating Agencies», 2 de junho de 2008. http://www.bloomberg.com/apps/news?pid=newsarchive&sid=a1N1TUVbL2bQ.

—, «United Airlines Financial Plan Gains Approval from Creditors», *New York Times*, 31 de dezembro de 2005.

Board of Governors of the Federal Reserve. Current Release, Consumer Credit, quadro G-19, para agosto de 2014, divulgado em 7 de outubro de 2014. Acedido em 5 de novembro de 2014. http://www.federalreserve.gov/releases/g19/current/.

Boccara, Bruno, *Socio-Analytic Dialogue: Incorporating Psychosocial Dynamics into Public Policies*. Lanham, MD: Lexington Books, 2014.

Bokhari, Sheharyar, Walter Torous, e William Wheaton, «Why Did Household Mortgage Leverage Rise from the Mid-1980s until the Great Recession?», Massachusetts Institute of Technology, Center for Real Estate, janeiro de 2013. Acedido em 12 de maio de 2015. http://citeseerx.ist.psu.edu/ viewdoc/download?doi=10.1.1.269.5704&rep=rep1&type=pdf.

Bombardier, Claire, *et al.*, «Comparison of Upper Gastrointestinal Toxicity of Rofecoxib and Naproxen in Patients with Rheumatoid Arthritis», *New England Journal of Medicine* 343, n.º 21 (23 de novembro de 2000): 1520-28.

Bosworth, Steven, Tania Singer, e Dennis J. Snower, «Cooperation, Motivation and Social Balance», ensaio apresentado na American Economic Association Meeting, Boston, 3 de janeiro de 2015.

Bounds, Gwendolyn, «Meet the Sticklers: New Demands Test Consumer Reports», *Wall Street Journal*, 5 de maio de 2010. Acedido em 14 de março de 2015. http://www.wsj.com/articles/SB10001424052748703866704575224093017379202#mod=todays_us_personal_journal.

Boyd, Roddy, *Fatal Risk: A Cautionary Tale of AIG's Corporate Suicide*. Hoboken, NJ: Wiley, 2011.

Brandt, Allan M., *The Cigarette Century: The Rise, Fall, and Deadly Persistence of the Product That Defined America*. Nova Iorque: Basic Books, 2007.

«BRIDES Reveals Trends of Engaged American Couples with American Wedding Study», 10 de julho de 2014. Acedido em 1 de dezembro de 2014. http://www.marketwired.com/press-release/brides-reveals-trends-of-engagedamerican-couples-with-american-wedding-study-1928460.htm.

Brown, Steve, «Office Market Outlook: Dallas», *National Real Estate Investor News*, junho de 1982, p. 46.

—, «City Review: Dallas», *National Real Estate Investor News*, outubro de 1983, p. 127.

—, «City Review: Dallas», *National Real Estate Investor News,* outubro de 1984, pp. 183, 192.

—, «City Review: Dallas», *National Real Estate Investor News,* junho de 1985, pp. 98-100.

Bruck, Connie, *The Predators' Ball: The Inside Story of Drexel Burnham and the Rise of the Junk Bond Raiders.* Nova Iorque: Penguin Books, 1989.

Bruner, Jerome, *Acts of Meaning: Four Lectures on Mind and Culture.* Cambridge, MA: Harvard University Press, 1990.

Bureau of Economic Analysis, «Mortgage Interest Paid, Owner-and Tenant-Occupied Residential Housing», acedido em 29 de outubro de 2014. https://www.google.com/#q=BEA+mortgage+interest+payments+2010.

—, «National Income and Product Accounts», quadro 2.3.5, «Personal Consumption Expenditures by Major Type of Product». Acedido em 15 de novembro, 2014. http://www.bea.gov/iTable/iTable.cfm?ReqID=9&step=1#reqid=9&step=3&isuri=1&904=2010&903=65&906=a&905=2011&910=x&911=0.

Burrough, Bryan, «RJR Nabisco: An Epilogue», *New York Times,* 12 de março de 1999. http://www.nytimes.com/1999/03/12/opinion/rjr-nabisco-an-epilogue.html.

Burrough, Bryan, e John Helyar, *Barbarians at the Gate: The Fall of RJR Nabisco.* Nova Iorque: Random House, 2010. Kindle.

Butler, Jeffrey Vincent, «Status and Confidence», *in* «Essays on Identity and Economics», tese de doutoramento, University of California, Berkeley, 2008.

Calomiris, Charles W., «The Subprime Crisis: What's Old, What's New, and What's Next», estudo preparado para o Federal Reserve Bank of St. Louis Economic Symposium, «Maintaining Stability in a Changing Financial System», Jackson Hole, WY, agosto de 2008.

Campbell, John Y., e Robert J. Shiller, «Cointegration and Tests of Present Value Models», *Journal of Political Economy* 95, n.º 5 (outubro de 1987): 1062-88.

Carbone, Danielle, «The Impact of the Dodd-Frank Act's Credit-Rating Agency Reform on Public Companies», *Corporate and Securities Law Advisor* 24, n.º 9 (setembro de 2010): 1-7. http://www.shearman.com/~/media/Files/NewsInsights/Publications/2010/09/The-Impact-of-the-DoddFrank-Acts-Credit-Rating-A_/Files/View-full-article-The-Impact-of-the-DoddFrank-Ac_/FileAttachment/CM022211InsightsCarbone.pdf.

Cardozo, Benjamin N., «The Altruist in Politics», discurso de início do ano, Columbia University, 1889. https://www.gutenberg.org/files/1341/1341-h/1341-h.htm.

Carpenter, Daniel, e David A. Moss, ed. *Preventing Regulatory Capture: Special Interest Influence and How to Limit It.* Nova Iorque: Cambridge University Press / The Tobin Project, 2014.

Center for Responsive Politics, «Lobbying: Top Industries», acedido em 30 de abril de 2015. https://www.opensecrets.org/lobby/top.php?showYear=1998&indexType=i.

—, «Lobbying Database», acedido em 2 de dezembro de 2014. https://www.opensecrets.org/lobby/.

—, «Sen. Chuck Grassley», acedido em 16 d enovmbro de 2014. http://www.opensecrets.org/politicians/summary.php?cycle=2004&type=I&cid=n00001758&newMem=N.

Center for Science in the Public Interest, «Alcohol Policies Project Fact Sheet: Federal Alcohol Tax Basics», acedido em 13 de dezembro de 2014. http://www.cspinet.org/booze/taxguide/Excisetaxbasics.pdf.

Centers for Disease Control and Prevention, «Cigarette Smoking in the United States: Current Cigarette Smoking among U.S. Adults 18 Years and Older», acedido em 28 de março de 2015. http://www.cdc .gov/tobacco/campaign/tips/resources/data/cigarette-smoking-in-united-states.html.

—, *Health, United States, 2013: With Special Feature on Prescription Drugs*. Acedido em 1 de novembro de 2014. http://www.cdc.gov/nchs/data/hus/hus13.pdf.

—, «Smoking and Tobacco Use: Fast Facts», acedido em 9 de dezembro de 2014. http://www.cdc.gov/tobacco/data_statistics/fact_sheets/fast_facts/.

Centers for Disease Control and Prevention, «Smoking and Tobacco Use: Tobacco-Related Mortality», acedido em 28 de março de 2015. http://www.cdc .gov/tobacco/data_statistics/fact_sheets/health_effects/tobacco_related_mortality/.

—, «Trends in Current Cigarette Smoking among High School Students and Adults, United States, 1965–2011», 14 de novembro de 2013. Acedido em 9 de dezembro de 2014. http://www.cdc.gov/tobacco/data_statistics/tables/trends/cig_smoking/.

Chase, Stuart, e Frederick J. Schlink, *Your Money's Worth: A Study of the Waste of the Consumer's Dollar*. Nova Iorque: Macmillan, 1927.

Chen, M. Keith, Venkat Lakshminarayanan, e Laurie R. Santos, «How Basic Are Behavioral Biases? Evidence from Capuchin Monkey Trading Behavior», *Journal of Political Economy* 114, n.º 3 (junho de 2006): 517-37.

Chu, Jenny, Jonathan Faasse, e P. Raghavendra Rau, «Do Compensation Consultants Enable Higher CEO Pay? New Evidence from Recent Disclosure Rule Changes», 23 de setembro de 2014. Acedido em 27 demaio de 2015. http://papers.ssrn.com/sol3/Papers.cfm?abstract_id=2500054.

Cialdini, Robert B., *Influence: The Psychology of Persuasion*. Nova Iorque: HarperCollins, 2007.

«Cinnabon», *Wikipedia*. Acedido em 22 de outubro de 2014. http://en.wikipedia.org/wiki/Cinnabon.

Cinnabon, Inc., «The Cinnabon Story», acedido em 31 de outubro de 2014. http://www.cinnabon.com/about-us.aspx.

Clarke, Sally H., «Unmanageable Risks: MacPherson v. Buick and the Emergence of a Mass Consumer Market», *Law and History Review* 23, n.º 1 (2005): 1-52.

Clifford, Catherine, e Chris Isidore, «The Fall of IndyMac», Cable News Network, 13 de julho de 2008. Acedido em 1 de dezembro de 2014. http://money.cnn.com/2008/07/12/news/companies/indymac_fdic/.

Coen Structured Advertising Expenditure Dataset. www.galbithink.org/cs-ad-dataset.xls.

Cohan, William D., *Money and Power: How Goldman Sachs Came to Rule the World*. Nova Iorque: Doubleday, 2011.

Cole, Robert J., «Pantry Pride Revlon Bid Raised by $1.75 a Share», *New York Times*, 19 de outubro de1985. Acedido em 17 de março de 2015. http://www.nytimes.com/1985/10/19/business/pantry-pride-revlon-bid-raised-by-1.75-a-share.html.

Collier, Paul, «The Cultural Foundations of Economic Failure: A Conceptual Toolkit», Mimeo. Oxford University, fevereiro de 2015.

Congressional Budget Office, «Long Term Analysis of a Budget Proposal by Chairman Ryan», 5 de abril de 2011. Acedido em 1 de dezembro de 2014. http://www.cbo.gov/publication/22085.

Connaughton, Jeff, *The Payoff: Why Wall Street Always Wins*. Westport, CT: Prospecta Press, 2012. Kindle.

Consumer Federation of America, «Membership», acedido em 14 de março de 2015. http://www.consumerfed.org/about-cfa/membership.

Cook, Philip J., *Paying the Tab: The Costs and Benefits of Alcohol Control*. Princeton: Princeton University Press, 2007.

Cornell University Law School, Legal Information Institute, «Citizens United v. Federal Election Commission (08-205)», acedido em 16 de janeiro de 2015. http://www.law.cornell.edu/supct/cert/08-205.

Council of Economic Advisors, *Economic Report of the President 2007*. Acedido em 1 de dezembro de 2014. http://www.gpo.gov/fdsys/pkg/ERP-2007/pdf/ERP-2007.pdf.

—, *Economic Report of the President 2013*. Acedido em 1 de dezembro de 2014. http://www.whitehouse.gov/sites/default/files/docs/erp2013/full_2013_economic_report_of_the_president.pdf.

Cowan, Alison Leigh, «F.D.I.C. Backs Deal by Milken», *New York Times*, 10 de março de 1992.

Crossley, Michele L., «Introducing Narrative Psychology», in *Narrative, Memory and Life Transitions,* org. de Christine Horrocks, Kate Milnes, Brian Roberts e Dave Robinson, pp. 1-13. Huddersfield: University of Huddersfield Press, 2002.

Cruikshank, Jeffrey K., e Arthur W. Schultz, *The Man Who Sold America*. Boston: Harvard Business Review Press, 2010.

«A Crying Evil», *Los Angeles Times,* 24 de fevereiro de 1899.

Crystal, Graef S., *In Search of Excess: The Overcompensation of American Executives*. Nova Iorque: W. W. Norton, 1991.

Curfman, Gregory D., Stephen Morrissey, e Jeffrey M. Drazen, «Expression of Concern: Bombardier *et al.*, "Comparison of Upper Gastrointestinal Toxicity of Rofecoxib and Naproxen in Patients with Rheumatoid Arthritis", N Engl J Med 2000; 343:1520–8», *New England Journal of Medicine* 353, n.º 26 (29 de dezembro de 2005): 2813-14.

—, «Expression of Concern Reaffirmed», *New England Journal of Medicine* 354, n.º 11 (16, de março de 2006): 1190-93.

DealBook, «Goldman Settles with S.E.C. for $550 Million», *New York Times,* 15 de julho de 2010.

De Figueiredo, John M., e Brian S. Silverman, «Academic Earmarks and the Returns to Lobbying», *Journal of Law and Economics* 49, n.º 2 (2006): 597-625.

DeForge, Jeanette, «Ballot Question to Revoke Sales Tax on Alcohol Approved by Massachusetts Voters», *Republican,* 3 de novembro de 2010. Acedido em 13 de dezembro de 2014. http://www.masslive.com/news/index.ssf/2010/11/ballot_question_to_revoke_sale.html.

DellaVigna, Stefano, e Ulrike Malmendier, «Contract Design and Self-Control: Theory and Evidence», *Quarterly Journal of Economics* 119, n.º 2 (maio de 2004): 353-402.

—, «Paying Not to Go to the Gym», *American Economic Review* 96, n.º 3 (junho de 2006): 694-719.

De Long, J. Bradford, Andrei Shleifer, Lawrence H. Summers, e Robert J. Waldmann. «Noise Trader Risk in Financial Markets», *Journal of Political Economy* 98, n.º 4 (agosto de 1990): 703-38.

—, «The Size and Incidence of the Losses from Noise Trading», *Journal of Finance* 44, n.º 3 (1989): 681-96.

Desmond, Matthew, «Eviction and the Reproduction of Urban Poverty», *American Journal of Sociology* 118, n.º 1 (julho de 2012): 88-133.

Doll, Richard, e A. Bradford Hill, «Smoking and Carcinoma of the Lung: Preliminary Report», *British Medical Journal* 2, n.º 4682 (setembro de 1950): 739-48.

Downs, Anthony, «An Economic Theory of Political Action in a Democracy», *Journal of Political Economy* 65, n.º 2 (abril de 1957): 135-50.

«Drunk Driving Statistics», acedido em 13 de dezembro de 2014. http://www.alcoholalert.com/drunk-driving-statistics.html.

Dubner, Stephen J., e Steven D. Levitt, «Keith Chen's Monkey Research», *New York Times,* 5 de junho de 2005.

Duca, John V., John Muellbauer, e Anthony Murphy, «House Prices and Credit Constraints: Making Sense of the US Experience», *Economic Journal* 121 (maio de 2011): 533-51.

Eichenwald, Kurt, *A Conspiracy of Fools: A True Story.* Nova Iorque: Random House, 2005.

—, «Wages Even Wall St. Can't Stomach», *New York Times,* 3 de abril de 1989.

Ellis, Charles, *The Partnership: The Making of Goldman Sachs.* Nova Iorque: Penguin Press, 2008.

Emergency Economic Stabilization Act of 2008, H.R. 1424. 110th US Congress. Acedido em 1 de dezembro de 2014. https://www.govtrack.us/congress/bills/110/hr1424/text.

Farrell, Greg, *Crash of the Titans: Greed, Hubris, the Fall of Merrill Lynch, and the Near-Collapse of Bank of America*. Nova Iorque: Crown Business, 2010.

Farrell, Jason, «Return on Lobbying Overstated by Report», 23 de agosto de 2011. Acedido em 18 de novembro de 2014. http://www.campaignfreedom.org/2011/08/23/return-on-lobbying-overstated-by-report/.

Feinberg, Richard A., «Credit Cards as Spending Facilitating Stimuli: A Conditioning Interpretation», *Journal of Consumer Research* 13, n.º 3 (dezembro de1986): 348-56.

Felsenfeld, Carl, e David L. Glass, *Banking Regulation in the United States*. 3.ª ed. Nova Iorque: Juris, 2011.

The Financial Crisis Inquiry Report: Final Report of the National Commission on the Causes of the Financial and Economic Crisis in the United States. Washington, DC: Government Printing Office, 2011. http://www.gpo.gov/fdsys/pkg/GPO-FCIC/pdf/GPO-FCIC.pdf.

FINRA Investor Education Foundation, *Financial Capability in the United States: Report of Findings from the 2012 National Financial Capability Study*. Maio de 2013. Acedido em 14 de maio de 2015. http://www.usfinancialcapability.org/downloads/NFCS_2012_Report_Natl_Findings.pdf.

FitzGerald, Garret A., «How Super Are the "Super Aspirins"? New COX-2 Inhibitors May Elevate Cardiovascular Risk», University of Pennsylvania Health System Press Release, 14 de janeiro de 1999.

Fowler, Mayhill, «Obama: No Surprise That Hard-Pressed Pennsylvanians Turn Bitter», *Huffington Post*, 17 de novembro de 2008, acedido em 30 de abril de 2015, http://www.huffingtonpost.com/mayhill-fowler/obama-no-surprise-that-ha_b_96188.html.

Fox, Stephen R., *The Mirror Makers: A History of American Advertising and Its Creators*. Urbana: University of Illinois Press, 1984.

Frank, Robert H., e Ben Bernanke, *Principles of Macroeconomics*. Nova Iorque: McGraw Hill, 2003.

Freifeld, Karen, «Fraud Claims Versus Goldman over Abacus CDO Are Dismissed», Reuters, 14 de maio de 2013. Acedido em 15 de março de 2015. http://www.reuters.com/article/2013/05/14/us-goldman-abacus-idUSBRE94D10120130514.

Freudenheim, Milt, «Market Place: A Windfall from Shifts to Medicare», *New York Times*, 18 de julho de 2006. Acedido em 4 de novembro de 2014. http://www.nytimes.com/2006/07/18/business/18place.html?_r=1&pagewanted=print.

Friedman, Milton, e Rose D. Friedman, *Free to Choose: A Personal Statement*. Nova Iorque: Harcourt Brace Jovanovich, 1980.

Fugh-Berman, Adriane, «Prescription Tracking and Public Health», *Journal of General Internal Medicine* 23, n.º 8 (agosto de 2008): 1277-80. Publicado online em 13 de maio de 2008. Acedido em 24 de maio de 2015. http://www.ncbi.nlm.nih.gov/pmc/articles/PMC2517975/.

«The Future of Money Market Funds», 24 de setembro de 2012. http://www.winthropcm.com/TheFutureofMoneyMarketFunds.pdf.

Gabaix, Xavier, e David Laibson, «Shrouded Attributes, Consumer Myopia, and Information Suppression in Competitive Markets», *Quarterly Journal of Economics* 121, n.º 2 (maio de 2006): 505-40.

Galbraith, John Kenneth, *The Affluent Society*. Boston: Houghton Mifflin, 1958.

—, *The Great Crash*. ed. 50.º aniversário, Nova Iorque: Houghton Mifflin, 1988. Kindle.

Gerardi, Kristopher, Andreas Lehnert, Shane M. Sherlund, e Paul Willen. «Making Sense of the Subprime Crisis», *Brookings Papers on Economic Activity* (outono de 2008): 69-139.

Gerson, Elliot, «To Make America Great Again, We Need to Leave the Country», *Atlantic Monthly*, 10 de julho de 2012. Acedido em 22 de maio de 2015. http://www.theatlantic.com/national/archive/2012/07/to-make-america-great-again-we-need-to-leave-the-country/259653/.

Gilbert, R. Alton, «Requiem for Regulation Q: What It Did and Why It Passed Away», *Federal Reserve Bank of St. Louis Review* (fevereiro de 1986): 22-37.

Glickman, Lawrence B., *Buying Power: A History of Consumer Activism in America*. Chicago: University of Chicago Press, 2009.

Goldacre, Ben, *Bad Pharma: How Drug Companies Mislead Doctors and Harm Patients*. Nova Iorque: Faber and Faber / Farrar, Straus and Giroux, 2012.

Goldberger, Paul, «The Shadow Building: The House That Goldman Built», *New Yorker*, 17 de maio de 2010. Acedido em 22 de outubro de 2014. http://www.newyorker.com/magazine/2010/05/17/shadow-building.

Goldman Sachs, *Annual Report 2005*. Acedido em 6 de dezembro de 2014. http://www.goldmansachs.com/investor-relations/financials/archived/annual-reports/2005-annual-report.html.

—, «Who We Are», «What We Do», and «Our Thinking». Acedido em 1 de dezembro de 2014. http://www.goldmansachs.com/index.html.

Graham, David J. Testemunho perante o Senate Finance Committee, 18 de novembro de 2004. http://www.finance.senate.gov/imo/media/doc/111804dgtest.pdf.

Graham, David J., D. Campen, R. Hui, M. Spence, e C. Cheetham, «Risk of Acute Myocardial Infarction and Sudden Cardiac Death in Patients Treated with Cyclooxygenase 2 Selective and Non-selective Non-steroidal Anti-inflammatory Drugs: Nested Case-Control Study», *Lancet* 365, no. 9458 (5-11 de fevereiro de 2005): 475-81.

Grant, Bob, «Elsevier Published 6 Fake Journals», *The Scientist*, 7 de maio de 2009. Acedido em 24 de novembro de 2014. http://classic.the-scientist.com/blog/display/55679/.

Grant, Bridget F., *et al.*, «The 12-Month Prevalence and Trends in DSM-IV Alcohol Abuse and Dependence: United States, 1991-1992 and 2001-2002», *Drug and Alcohol Dependence* 74, n.º 3 (2004): 223-34.

Griffin, Keith, «Used Car Sales Figures from 2000 to 2014», acedido em 1 de dezembro de 2014. http://usedcars.about.com/od/research/a/Used-Car-Sales-Figures--From-2000-To-2014.htm.

Grossman, Gene M., aend Elhanan Helpman, *Special Interest Politics*. Cambridge, MA: MIT Press, 2001.

Grossman, Sanford J., e Oliver D. Hart, «Takeover Bids, the Free-Rider Problem, and the Theory of the Corporation», *Bell Journal of Economics* 11, n.º 1 (1980): 42-64.

The Guardians, or Society for the Protection of Trade against Swindlers and Sharpers. Londres, 1776. https://library.villanova.edu/Find/Record/1027765.

Hahn, Robert W., Robert E. Litan, e Jesse Gurman, «Bringing More Competition to Real Estate Brokerage», *Real Estate Law Journal* 34 (verão de2006): 86-118.

Hall, Robert E., «The Inkjet Aftermarket: An Economic Analysis», preparado para o Nu-kote International. Stanford University, 8 de agosto de 1997.

Han, Song, Benjamin Keys, e Geng Li, «Credit Supply to Bankruptcy Filers: Evidence from Credit Card Mailings», U.S. Federal Reserve Board, Finance and Economics Discussion Paper Series Paper No. 2011-29, 2011.

Hanson, Jon D., e Douglas A. Kysar, «Taking Behavioralism Seriously: Some Evidence of Market Manipulation», *Harvard Law Review* 112, n.º 7 (maio de 1999): 1420-1572.

—, «Taking Behavioralism Seriously: The Problem of Market Manipulation», *New York University Law Review* 74, n.º 3 (junho de 1999): 630-749.

Harper, Christine, «Goldman's Tourre E-Mail Describes "Frankenstein" Derivatives», Bloomberg Business, 25 de abril de 2010. Acedido em 15 de março de 2015. http://www.bloomberg.com/news/articles/2010-04-24/-frankenstein-derivatives-described-in--e-mail-by-goldman-s-fabrice-tourre.

Harper, Sean. http://truecostofcredit.com/400926. Sítio agora encerrado

«Harry Reid», *Wikipedia*. Acedido em 1 de dezembro de 2014. http://en.wikipedia.org/wiki/Harry_Reid.

Healey, James R., «Government Sells Last of Its GM Shares», *USA Today,* 10 de dezembro de 2013.

Healy, David, *Pharmageddon*. Berkeley: University of California Press, 2012.

Hennessey, Ray., «The 15 Ronald Reagan Quotes Every Business Leader Must Know», acedido em 16,«de janeiro de 2015. http://www.entrepreneur.com/article/234547.

Hickman, W. Braddock, *Corporate Bond Quality and Investor Experience*. Princeton: National Bureau of Economic Research and Princeton University Press, 1958.

Hindo, Brian, e Moira Herbst, «Personal Best Timeline, 1986: "Greed Is Good"», *BusinessWeek*. http://www.bloomberg.com/ss/06/08/personalbest_timeline/source/7.htm.

Hirschman, Elizabeth C., «Differences in Consumer Purchase Behavior by Credit Card Payment System«, *Journal of Consumer Research* 6, n.º 1 (junho de 1979): 58-66.

«History in Review: What Really Happened to the Shah of Iran», acedido em 1 de dezembro de 2014. http://www.iransara.info/Iran%20what%20happened%20to%20 Shah.htm.

Hochschild, Arlie Russell, *The Second Shift: Working Parents and the Revolution at Home*. Nova Iorque: Viking, 1989.

Hoeflich, M. H., «Laidlaw v. Organ, Gulian C. Verplanck, and the Shaping of Early Nineteenth Century Contract Law: A Tale of a Case and a Commentary», *University of Illinois Law Review* (inverno de 1991): 55-66.

Hofstadter, Richard, *The Age of Reform: From Bryan to FDR*. Nova Iorque: Random House, 1955.

Hopkins, Claude, *My Life in Advertising and Scientific Advertising: Two Works by Claude C. Hopkins*. Nova Iorque: McGraw Hill, 1997.

Horowitz, Joseph, *Dvo ák in America: In Search of the New World*. Chicago: Cricket Books, 2003.

Huffman, David, e Matias Barenstein, «A Monthly Struggle for Self-Control? Hyperbolic Discounting, Mental Accounting, and the Fall in Consumption between Paydays», *Institute for the Study of Labor (IZA) Discussion Paper* 1430 (dezembro de 2005).

Interactive Advertising Bureau, *Internet Advertising Revenue Report: 2013 Full-Year Results*. Conducted by PricewaterhouseCoopers (PwC). Acedido em 7 de março de 2015. http://www.iab.net/media/file/IAB_Internet_Advertising_Revenue_Report_FY_2013.pdf.

International Health, Racquet, e Sportsclub Association, «Industry Research», acedido em 22 de outubro de 2014. http://www.ihrsa.org/industry-research/.

Fundo Monetário Internacional. *World Economic Outlook,* abril de 2012. Acedido em 1 de dezembro de 2014. http://www.imf.org/external/pubs/ft/weo/2012/01/.

Investment Company Institute, «2014 Investment Company Fact Book: Data Tables», acedido em 1 de janeiro de 2015. http://www.icifactbook.org/fb_data.html.

Investopedia, «Definition of Capital», acedido em 25 de maio de 2015. http://www.investopedia.com/terms/c/capital.asp.

Iowa Legislature, «Legislators», acedido em 1 de dezembro de 2014. https://www.legis.iowa.gov/legislators/legislator/legislatorAllYears?personID=116.

Issenberg, Sasha, *The Victory Lab: The Secret Science of Winning Campaigns*. 1.ª ed. paperback. *New York*: Crown / Random House, 2012.

Jensen, Michael C., «Takeovers: Their Causes and Consequences», *Journal of Economic Perspectives* 2, n.º 1 (inverno de 1988): 21-48.

Johnson, Simon, Rafael La Porta, Florencio López de Silanes, e Andrei Shleifer. «Tunneling», *American Economic Review* 90, n.º 2 (maio de 2000): 22-27.

Joint Committee on Taxation, «Estimated Budget Effects of the Conference Agreement for H.R. 1836», 26 de maio de 2001. Acedido em 1 de dezembro de 2014. https://www.jct.gov/publications.html?func=startdown&id=2001.

—, «Estimated Budget Effects of the Conference Agreement for H.R. 2, the "Jobs and Growth Tax Relief Reconciliation Act of 2003"», 22 de maio de 2003. Acedido em 1 de dezembro de 2014. https://www.jct.gov/publications.html?func=startdown&id=1746.

Kaiser, Robert G., *So Damn Much Money: The Triumph of Lobbying and the Corrosion of American Government*. Nova Iorque: Vintage Books / Random House, 2010.

Kansas Statutes Annotated (2009), cap. 34, «Grain and Forage» artigo 2, "«nspecting, Sampling, Storing, Weighing and Grading Grain; Terminal and Local Warehouses, 34-228: Warehouseman's License; Application; Financial Statement; Waiver; Qualifications; License Fee; Examination of Warehouse», acedido em 1 de maio de 2015. http://law.justia.com/codes/kansas/2011/Chapter34/Article2/34-228.html.

Kaplan, Greg, Giovanni Violante, e Justin Weidner, «The Wealthy Handto-Mouth», *Brookings Papers on Economic Activity* (primavera de 2014): 77-138.

Kelley, Florence, *Notes of Sixty Years: The Autobiography of Florence Kelley*. Ed. de Kathryn Kish Sklar. Chicago: Illinois Labor History Society, 1986.

Kelly, Kate, *Street Fighters: The Last 72 Hours of Bear Stearns, the Toughest Firm on Wall Street*. Nova Iorque: Penguin, 2009.

Kessler, Glen, «Revisiting the Cost of the Bush Tax Cuts», *Washington Post*, 10 de maio de 2011. http://www.washingtonpost.com/blogs/fact-checker/post/ revisiting-the-cost-of-the-bush-tax-cuts/2011/05/09/AFxTFtbG_blog.html.

Keynes, John Maynard, «Economic Possibilities for Our Grandchildren», in *Essays in Persuasion*, pp. 358-73. Londres: Macmillan, 1931.

—, *The General Theory of Employment, Interest and Money*. Nova Iorque: Harcourt Brace Jovanovich, 1964.

Knowledge@Wharton, «Goldman Sachs and Abacus 2007-AC1: A Look beyond the Numbers», 28 de abril de 2010. Acedido em 15 de março de 2015. http://knowledge.wharton.upenn.edu/article/goldman-sachs-and-abacus-2007-ac1-a-look-beyond-the-numbers/.

Kornbluth, Jesse, *Highly Confident: The Crime and Punishment of Michael Milken*. Nova Iorque: William Morrow, 1992.

Kotler, Philip, e Gary Armstrong, *Principles of Marketing*. 14.ª ed. Upper Saddle River, NJ: Prentice Hall, 2010.

Kotz, David, *Investigation of Failure of the SEC to Uncover Bernard Madoff's Ponzi Scheme*. Report of Investigation Case No. OIG-509. US Securities and Exchange Commission, Office of Inspector General. 2011. Acedido em 29 de maio de 2015. https://www.sec.gov/news/studies/2009/oig-509.pdf.

Krasnova, Hanna, Helena Wenninger, Thomas Widjaja, e Peter Buxmann. «Envy on Facebook: A Hidden Threat to Users' Life Satisfaction?», *Wirtschaftsinformatik Proceedings* 2013. Ensaio 92. http://aisel.aisnet.org/wi2013/92.

Krugman, Paul, «What's in the Ryan Plan?», *New York Times*, 16 de agosto de 2012.

Krugman, Paul, e Robin Wells, *Microeconomics.* 2.ª ed. Nova Iorque: Worth Publishers, 2009.

Lakshminarayanan, Venkat, M. Keith Chen, e Laurie R. Santos, «Endowment Effect in Capuchin Monkeys», *Philosophical Transactions of the Royal Society B: Biological Sciences* 363, n.º 1511 (dezembro de 2008): 3837-44.

Lattman, Peter, «To Perelman's Failed Revlon Deal, Add Rebuke from S.E.C.», *New York Times Dealbook,* 13 de junho de 2013. Acedido em 1 de dezembro de 2014. http://dealbook.nytimes.com/2013/06/13/s-e-c-charges-and-fines-revlon-for-misleading-shareholders/?_php=true&_type=blogs&_r=0.

LawInfo, «Legal Resource Library: What Is the U.C.C.?», acedido em 15 de março de de 2015. http://resources.lawinfo.com/business-law/uniform-commercial-code/does-article-2-treat-merchants-the-same-as-no.html.

Legal Institute, «Citizens United v. Federal Election Comm'n (No. 08-205)», acedido em 10 de junho de 2015. https://www.law.cornell.edu/supct/html/08-205.ZX.html.

Lemann, Nicholas, *The Big Test: The Secret History of the American Meritocracy.* Nova Iorque: Farrar, Straus and Giroux, 2000.

Lemelson Center, «Edison Invents!», cópia nos ficheiros do autor. Originalmente disponível em http://invention.smithsonian.org/centerpieces/edison/000_story_02.asp.

Lessig, Lawrence, *Republic Lost: How Money Corrupts Congress – And a Planto Stop It.* Nova Iorque: Hachette Book Group, 2011.

Leuchtenburg, William E., *Franklin D. Roosevelt and the New Deal.* Nova Iorque: Harper and Row, 1963

Lewis, Michael, *The Big Short: Inside the Doomsday Machine.* Nova Iorque: W. W. Norton, 2010.

—, *Boomerang: Travels in the New Third World.* Nova Iorque: W. W. Norton, 2011.

Lexchin, Joel, Lisa A. Bero, Benjamin Djulbegovic, e Otavio Clark, «Pharmaceutical Industry Sponsorship and Research Outcome and Quality: Systematic Review», *British Medical Journal* 326, n.º 7400 (31 de maio de 2003): 1167-70.

Lieber, Ron, e Andrew Martin, «Overspending on Debit Cards Is a Boon for Banks», *New York Times,* 8 de setembro de 2009. Acedido em 2 de maio de 2015. http://www.nytimes.com/2009/09/09/your-money/credit-and-debit-cards/09debit.html?pagewanted=all&_r=0.

Linkins, Jason, «Wall Street Cash Rules Everything around the House Financial Services Committee, Apparently», *Huffington Post,* 22 de julho de 2013. Acedido em 22 de maio de 2015. http://www.huffingtonpost.com/2013/07/22/wall-street-lobbyists_n_3635759.html.

«Little, Clarence Cook, Sc.D. (CTR Scientific Director, 1954–1971)». Acedido em 28 de novembro de 2014. http://tobaccodocuments.org/profiles/little_clarence_cook.html.

Locke, John, *An Essay Concerning Human Understanding.* 30.ª ed. Londres: William Tegg, 1849.

Lupia, Arthur, «Busy Voters, Agenda Control, and the Power of Information», *American Political Science Review* 86, n.º 2 (junho de 1992): 390-403.

Lusardi, Annamaria, Daniel Schneider, e Peter Tufano, «Financially Fragile Households: Evidence and Implications», *Brookings Papers on Economic Activity* (primavera de 2011): 83-150.

Maddison, Angus, «Historical Statistics of the World Economy: Per Capita GDP». Acedido em 26 de novembro de 2014. http://www.google.com/url?sa=t&rct=j&q=&esrc=s&source=web&cd=6&ved=0CEIQFjAF&url=http%3A%2F%2Fwww.ggdc.net%2Fmaddison%2FHistorical_Statistics%2Fhorizontal-file_02-2010.xls&ei=4t11VJfsG4uZNoG9gGA&usg=AFQjCNFFKKZ1UysTOutlY4NsZF9qwdu2Hg&bvm=bv.80642063,d.eXY.

—, «US Real Per Capita GDP from 1870–2001», 24 d setembro de 2012. Acedido em 1 de dezembro de 2014. http://socialdemocracy21stcentury.blogspot.com/2012/09/us-real-per-capita-gdp-from-18702001.html.

«Making Purchases with Credit Cards -The Best Credit Cards to Use», 26 de agosto de 2014. Acedido em 14 de novembro de 2014. http://www.creditinfocenter.com/cards/crcd_buy.shtml#Question6.

Malamud, Bernard, «Nevada Gaming Tax: Estimating Resident Burden and Incidence», University of Nevada, Las Vegas, abril de 2006. Acedido em 5 de maio de 2015. https://faculty.unlv.edu/bmalamud/estimating.gaming.burden.incidence.doc.

Mankiw, N. Gregory, *Principles of Economics*. Nova Iorque: Harcourt, Brace, 1998.

Markopolos, Harry, *No One Would Listen: A True Financial Thriller*. Hoboken, NJ: Wiley, 2010. Kindle.

Mateyka, Peter, e Matthew Marlay, «Residential Duration by Race and Ethnicity: 2009», estudo apresentado na Annual Meeting of the American Sociological Association, Las Vegas, 2011.

Maynard, Micheline, «United Air Wins Right to Default on Its Employee Pension Plans», *New York Times*, 11 de maio de 2005.

McCubbins, Mathew D., e Arthur Lupia, *The Democratic Dilemma: Can Citizens Learn What They Really Need to Know?* Nova Iorque: Cambridge University Press, 1998.

McDonald, Lawrence G., com Patrick Robinson, *A Colossal Failure of Common Sense: The Inside Story of the Collapse of Lehman Brothers*. Nova Iorque: Crown Business, 2009.

McFadden, Robert D., «Charles Keating, 90, Key Figure in '80s Savings and Loan Crisis, Dies», *New York Times*, 2 de abril de 2014. Acedido em 27 de maio de 2015. http://www.nytimes.com/2014/04/02/business/charles-keating-key-figure-in-the-1980s-savings-and-loan-crisis-dies-at-90.html?_r=0.

McLean, Bethany, e Peter Elkind, «The Guiltiest Guys in the Room», *Fortune*, 5 de julho de 2006. Acedido em 12 de maio de 2015. http://money.cnn.com/2006/05/29/news/enron_guiltyest/.

—, *The Smartest Guys in the Room: The Amazing Rise and Fall of Enron*. Nova Iorque: Portfolio / Penguin Books, 2003.

Mead, Rebecca, *One Perfect Day: The Selling of the American Wedding*. Nova Iorque: Penguin Books, 2007. Kindle.

Mérimée, Prosper, *Carmen and Other Stories*. Oxford: Oxford University Press, 1989.

Milgram, Stanley, *Obedience to Authority: An Experimental View*. Nova Iorque: Harper & Row, 1974.

Miller, Jessica, «Ads Prove Grassley's Greener on His Side of the Ballot», *Waterloo-Cedar Falls Courier*, 25 de outubro de 2004. Acedido em 16 de novembro de 2014. http://wcfcourier.com/news/metro/article_fdd73608-4f6d-54be-aa34-28f3417273e9.html.

Miller, Stephen, «Income Subject to FICA Payroll Tax Increases in 2015», Society for Human Resource Management, 23 de outubro de 2014. Acedido em 16 de janeiro de 2015. http://www.shrm.org/hrdisciplines/compensation/articles/pages/fica-social-security-tax-2015.aspx.

Mitford, Jessica, *The American Way of Death Revisited*. Nova Iorque: Knopf, 1998. Kindle.

MoJo News Team, «Full Transcript of the Mitt Romney Secret Video», *Mother Jones*, 19 de setembro de 2012. Acedido em 1 de dezembro de 2014. http://www.motherjones.com/politics/2012/09/full-transcript-mitt-romney-secret-video.

Mongelli, Lorena, «The SEC Watchdog Who Missed Madoff», *New York Post*, 7 de janeiro de 2009.

Moody's, «Moody's History: A Century of Market Leadership». Acedido em 9 de novembro de 2014. https://www.moodys.com/Pages/atc001.aspx.

Morello, John A., *Selling the President, 1920: Albert D. Lasker, Advertising and the Election of Warren G. Harding*. Westport, CT: Praeger, 2001. Kindle.

Morgenson, Gretchen, e Joshua A. Rosner, *Reckless Endangerment: How Outsized Ambition, Greed, and Corruption Led to Economic Armageddon*. Nova Iorque: Times Books / Henry Holt, 2011.

Morris, Sue, «Small Runs for Senate», *Le Mars Daily Sentinel*, 24 de outubro de 2004.

Moss, Michael, *Sugar, Salt and Fat*, Nova Iorque: Random House, 2013. Kindle.

Mothers against Drunk Driving, «History and Mission Statement». Acedido em 28 de março de 2015. http://www.madd.org.

—, «Voices of Victims». Acedido em 13 de dezembro de 2014. http://www.madd.org/drunk-driving/voices-of-victims/.

Mouawad, Jad, e Christopher Drew, «Airline Industry at Its Safest since the Dawn of the Jet Age», *New York Times*, 11 de fevereiro de 2013. http://www.nytimes.com/2013/02/12/business/2012-was-the-safest-year-for-airlines-globally-since-1945.html?pagewanted=all&_r=0.

Mozaffarian, Dariush, Tao Hao, Eric B. Rimm, Walter C. Willett, e Frank B. Hu, «Changes in Diet and Lifestyle and Long-Term Weight Gain in Women and Men», *New England Journal of Medicine* 364, n.º 25 (23 de junho de 2011): 2392-2404. Acedido em 30 de outubro de 2014. http://www.nejm.org/doi/ full/10.1056/NEJMoa1014296?query=TOC#t=articleTop.

Mukherjee, Siddhartha, *The Emperor of All Maladies: A Biography of Cancer*. Nova Iorque: Simon and Schuster, 2011.

Mulligan, Thomas S., «Spiegel Found Not Guilty of Looting S & L», *Los Angeles Times*, 13 de dezembro de 1994. Acedido em 1 de maio de, 2015. http://articles.latimes.com/1994-12-13/news/mn-8437_1_thomas-spiegel.

Nader, Ralph. *Unsafe at Any Speed: The Designed-In Dangers of the American Automobile*. Nova Iorque: Grossman, 1965.

Nash, Nathaniel C., «Savings Institution Milked by Its Chief, Regulators Say», *New York Times*, 1 de novembro de 1989.

National Association of Realtors. «Code of Ethics». Acedido em 15 de março de 2015. http://www.realtor.org/governance/governing.

National Bureau of Economic Research, «U.S. Business Cycle Expansions and Contractions». Acedido em 13 de janeiro de 2015. http://www.nber.org/cycles.html.

National Consumers League, «Our Issues: Outrage! End Child Labor in American Tobacco Fields», 14 de novembro de 2014. Acedido em 15 de março de 2015. http://www.nclnet.org/outrage_end_child_labor_in_american_tobacco_fields.

National Institutes of Health, National Institute on Alcohol Abuse and Alcoholism. *Alcohol Use and Alcohol Use Disorders in the United States: Main Findings from the 2001–2002 National Epidemiologic Survey on Alcohol and Related Conditions (NESARC)*. Janeiro de 2006. Acedido em 12 de novembro de 2006. http://pubs.niaaa.nih.gov/publications/NESARC_DRM/NESARCDRM.pdf.

—, *Surveillance Report #95: Apparent Per Capita Ethanol Consumption, United States, 1850–2010*. Agosto de 2012. http://pubs.niaaa.nih.gov/ publications/Surveillance95/CONS10.htm.

Nesi, Tom, *Poison Pills: The Untold Story of the Vioxx Scandal*. Nova Iorque: Thomas Dunne Books, 2008.

Newhouse, Dave, *Old Bears: The Class of 1956 Reaches Its Fiftieth Reunion, Reflecting on the Happy Days and the Unhappy Days*. Berkeley: North Atlantic Books, 2007.

Newspaper Association of America, «The American Newspaper Media Industry Revenue Profile 2012», 8 de abril de 2013. Acedido em 7 de março de 2015. http://www.naa.org/trends-and-numbers/newspaper-revenue/newspaper-media-industry-revenue-profile-2012.aspx.

«A Nickel in the Slot», *Washington Post*, 25 de março de 1894.

«The 9 Steps to Financial Freedom». Acedido em 4 de novembro de 2014. http://www.suzeorman.com/books-kits/books/the-9-steps-to-financial-freedom/.

Nixon, Richard M., «Remarks on Signing of the National Cancer Act of 1971», 23 de dezembro de 1971. The American Presidency Project. Acedido em 17 de janeiro de 2015. http://www.presidency.ucsb.edu/ws/?pid=3275.

Nutt, David J., Leslie A. King, e Lawrence D. Phillips, para o Independent Scientific Committee on Drugs. «Drug Harms in the UK: A Multicriteria Decision Analysis», *Lancet* 376, n.º 9752 (6-12 de novembro, 2010): 1558-65.

Ogilvy, David. *Confessions of an Advertising Man*. Nova Iorque: Atheneum, 1988.

—. *Ogilvy on Advertising*. Nova Iorque: Random House / Vintage Books, 1985.

Oldie Lyrics, «Patti Page: How Much Is That Doggy in the Window?». Acedido em 5 de novembro de 2014. http://www.oldielyrics.com/lyrics/patti_page/how_much_is_that_doggy_in_the_window.html.

Oreskes, Naomi, e Erik M. Conway, *Merchants of Doubt: How a Handful of Scientists Obscured the Truth on Issues from Tobacco Smoke to Global Warming*. Nova Iorque: Bloomsbury, 2010.

Orman, Suze, *The 9 Steps to Financial Freedom: Practical and Spiritual Steps So You Can Stop Worrying*. 2.ª ed. Nova Iorque: Crown / Random House, 2006.

O'Shea, James E., *The Daisy Chain: How Borrowed Billions Sank a Texas S & L*. Nova Iorque: Pocket Books, 1991.

Owen, David, «The Pay Problem», *New Yorker,* 12 de outubro de 2009. Acedido em 12 de março de 2015. http://www.newyorker.com/magazine/2009/10/12/the-pay-problem.

Oyez, «Citizens United v. Federal Election Commission». Acedido em 18 de março de 2005. http://www.oyez.org/cases/2000-2009/2008/2008_08_205.

Packard, Vance, *The Hidden Persuaders: What Makes Us Buy, Believe-and Even Vote – the Way We Do*. Brooklyn: Ig Publishing, 2007. Edição original, Nova Iorque: McKay, 1957.

Paltrow, Scot J., «Executive Life Seizure: The Costly Comeuppance of Fred Carr», *Los Angeles Times,* 12 de abril de 1991. Acedido em 1 de maio de 2015. http://articles.latimes.com/1991-04-12/business/fi-342_1_executive-life.

Pareto, Vilfredo, *Manual of Political Economy: A Critical and Variorum Edition*. Ed. de Aldo Montesano, Alberto Zanni, Luigino Bruni, John S. Chipman, e Michael McClure. Oxford: Oxford University Press, 2014.

«The Path to Prosperity», *Wikipedia*. Acedido em 15 de dezembro de 2014. http://en.wikipedia.org/wiki/The_Path_to_Prosperity.

Patterson, James T., *Restless Giant: The United States from Watergate to Bush v. Gore*. Nova Iorque: Oxford University Press, 2005.

Patterson, Thom, «United Airlines Ends Coach Preboarding for Children», CNN, 23 de maio de 2012. Acedido em 30 de abril de 2015. http://www.cnn.com/2012/05/23/travel/united-children-preboarding/.

Paulson, Henry M., *On the Brink: Inside the Race to Stop the Collapse of the Global Financial System*. Nova Iorque: Business Plus, 2010.

Pear, Robert, «Bill to Let Medicare Negotiate Drug Prices Is Blocked», *New York Times,* 18 de abril de 2007. Acedido em 30 de abril de 2015. http://www.nytimes.com/2007/04/18/washington/18cnd-medicare.html?_r=0.

«The Personal Reminiscences of Albert Lasker», *American Heritage* 6, n.º 1 (dezembro de 1954). Acedido em 21 de maio de 2015. http://www.americanheritage.com/content/personal-reminiscences-albert-lasker.

Piketty, Thomas, *Capital in the Twenty-First Century.* Cambridge, MA: Harvard University Press, 2014.

Pizzo, Stephen, Mary Fricker, e Paul Muolo, *Inside Job: The Looting of America's Savings and Loans.* Nova Iorque: Harper Perennial, 1991.

«Poor Beer vs. Pure Beer». Anúncio reproduzido em *Current Advertising* 12, n.º 2 (agosto de 1902): 31. Acedido em 13 de junho de 2015. https://books.google.com/books?id=Xo9RAAAAYAAJ&pg=RA1-PA31&lpg=RA1-PA31&dq=schlitz+beer+both+cost+you+alike,+yet+one+costs+the+maker+twice+as+much+as+the+other+one+is+good+and+good+for+you&source=bl&ots=5jCKe1yFqB&sig=-X5uwF5VqK6BicU41zneHyNRMmU&hl=en&sa=X&ei=1lp2VbPQEc6VyATjjoOYCA&ved=0CB4Q6AEwAA#v=onepage&q=schlitz%20beer%20both%20cost%20you%20alike%2C%20yet%20one%20costs%20the%20maker%20twice%20as%20much%20as%20the%20other%20one%20is%20good%20and%20good%20for%20you&f=false.

Posner, Richard, «Theories of Economic Regulation», *Bell Journal of Economics and Management Science* 5, n.º 2 (1974): 335-58.

«Predictions of the Year 2000 from *The Ladies Home Journal* of December 1900». Acedido em 1 de dezembro de 2014. yorktownhistory.org/wp-content/archives/homepages/1900_predictions.htm.

Prelec, Drazen, e Duncan Simester, «Always Leave Home without It: A Further Investigation», *Marketing Letters* 12, n.º 1 (2001): 5-12.

«The Propaganda for Reform», *Journal of the American Medical Association* 61, n.º 18 (1 de novembro de 1913): 1648.

«Public Health Cigarette Smoking Act», *Wikipédia.* Acedido em 28 de março de 2015. http://en.wikipedia.org/wiki/Public_Health_Cigarette_Smoking_Act.

Rajan, Raghuram, *Fault Lines: How Hidden Fractures Still Threaten the World Economy.* Princeton: Princeton University Press, 2010.

Rakoff, Jed S., «The Financial Crisis: Why Have No High-Level Executives Been Prosecuted?», *New York Review of Books,* 9 de janeiro de 2014.

Ramey, Garey, e Valerie A. Ramey, «The Rug Rat Race», *Brookings Papers on Economic Activity* (primavera de 2010): 129-99.

Raymond, Nate, e Jonathan Stempel, «Big Fine Imposed on Ex-Goldman Trader Tourre in SEC Case», *Reuters,* 12 de março de 2014. Acedido em 15 de março de 2015. http://www.reuters.com/article/2014/03/12/us-goldmansachs-sec-tourre-idUSBREA2B11220140312.

Reinhardt, Carmen M., e Kenneth Rogoff, *This Time Is Different: Eight Centuries of Financial Folly*. Princeton: Princeton University Press, 2009.

Reyes, Sonia, «Ocean Spray Rides Diet Wave», *Adweek,* 6 de fevereiro de 2006. Acedido em 18 de novembro de 2014. http://www.adweek.com/news/advertising/ocean-spray-rides-diet-wave-83901.

Richert, Lindley B., «One Man's Junk Is Another's Bonanza in the Bond Market», *Wall Street Journal,* 27 de março de 1975.

Ring, Dan, «Massachusetts Senate Approves State Sales Tax Increase to 6.25 Percent as Part of $1 Billion Tax Hike», *Republican,* 20 de maio de 2009. Acedido em 13 de dezembro de 2014. http://www.masslive.com/news/index.ssf/2009/05/ massachusetts_senate_approves.html.

«Ripoff», *Wikipédia*. Acedido em 13 de novembro de 2014. http://en.wikipedia.org/wiki/Ripoff.

Roberts, Steven V., «House Votes Funds Permitting Study on MX to Continue», *New York Times,* 9 de dezembro de 1982.

Roman, Kenneth, *The King of Madison Avenue: David Ogilvy and the Making of Modern Advertising*. Nova Iorque: Macmillan, 2009.

Rosenbaum, David E., «The Supreme Court: News Analysis; Presidents May Disagree, but Justices Are Generally Loyal to Them», *New York Times,* 7 de abril de 1994.

Ru, Hong, e Antoinette Schoar, «Do Credit Card Companies Screen for Behavioral Biases?», Working paper, National Bureau of Economic Research, 2015.

Samuelson, Paul A., «Consumption Theory in Terms of Revealed Preference», *Economica*, 15, n.º 60 (novembro de 1948): 243-53.

—, *Foundations of Economic Analysis*. Cambridge, MA: Harvard University Press, 1947.

Schank, Roger C., e Robert P. Abelson, *Scripts, Plans, Goals, and Understanding: An Inquiry into Human Knowledge Structures*. Hillsdale, NJ: L. Erlbaum Associates, 1977.

Schüll, Natasha Dow, *Addiction by Design: Machine Gambling in Las Vegas*. Princeton: Princeton University Press, 2012.

SCImago Journal e Country Rank, «Journal Rankings». Acedido em 26 de novembro de 2014. http://www.scimagojr.com/journalrank.php?country=US.

Seelye, Katharine Q., e Jeff Zeleny, «On the Defensive, Obama Calls His Words Ill-Chosen», *New York Times,* 13 de abril de 2008.

Shapiro, Carl, «Consumer Information, Product Quality, and Seller Reputation», *Bell Journal of Economics* 13, n.º 1 (1982): 20-35.

Shiller, Robert J., «Do Stock Prices Move Too Much to Be Justified by Subsequent Changes in Dividends?», *American Economic Review* 71, n.º 3 (junho de 1981): 421-36.

—, *Irrational Exuberance*. Princeton: Princeton University Press, 2000; 2.ª ed., 2005; 3.ª ed., 2015.

—, «Life-Cycle Personal Accounts Proposal for Social Security: An Evaluation of President Bush's Proposal», *Journal of Policy Modeling* 28, n.º 4 (2006): 427-44.

—, *Subprime Solution: How Today's Global Financial Crisis Happened and What to Do about It*. Princeton: Princeton University Press, 2008.

Shleifer, Andrei, e Lawrence H. Summers, «Breach of Trust in Hostile Takeovers», in *Corporate Takeovers: Causes and Consequences*, ed. de Alan J. Auerbach, pp. 33-68. Chicago: University of Chicago Press, 1988.

Shleifer, Andrei, e Robert W. Vishny, «The Takeover Wave of the 1980s», *Science* 249, n.º 4970 (1990): 745-49.

Sidel, Robin, «Credit Card Issuers Are Charging Higher», *Wall Street Journal*, 12 de outubro de 2014.

Siegel, Jeremy J., e Richard H. Thaler, «Anomalies: The Equity Premium Puzzle», *Journal of Economic Perspectives* 11, n.º 1 (inverno de 1997): 191-200.

Sinclair, Upton, *The Jungle*. Mineola, NY: Dover Thrift Editions, 2001; originalmente publicado em 1906.

—, Carta ao *New York Times*. 6 de maio de 1906.

Singh, Gurkirpal, «Recent Considerations in Nonsteroidal Anti-Inflammatory Drug Gastropathy», *American Journal of Medicine* 105, n.º 1, sup. 2 (27 de julho de 1998): 31S–38S.

Skeel, David A., Jr., «Shaming in Corporate Law», *University of Pennsylvania Law Review* 149, n.º 6 (junho de 2001): 1811-68.

Smith, Adam, *The Wealth of Nations*. Nova Iorque: P. F. Collier, 1909. Originalmente publicado em 1776.

Smith, Gary, *Standard Deviations: Flawed Assumptions, Tortured Data, and Other Ways to Lie with Statistics*. Nova Iorque: Duckworth Overlook, 2014.

Snell, George D., «Clarence D. Little, 1888-1971: A Biographical Memoir by George D. Snell», Washington, DC: National Academy of Sciences, 1971.

Social Security Perspectives, «President #6: Richard M. Nixon (1969-1974)», 8 de maio de 2011. http://socialsecurityperspectives.blogspot.com/2011/05/president-6-richard-m-nixon-1969-1974.html.

Solow, Robert M., «Technical Change and the Aggregate Production Function», *Review of Economics and Statistics* 39, n.º 3 (agosto de 1957): 312-20.

Sorkin, Andrew Ross, *Too Big to Fail: The Inside Story of How Wall Street and Washington Fought to Save the Financial System*. Nova Iorque: Viking, 2009.

Stahre, Mandy, Jim Roeber, Dafna Kanny, Robert D. Brewer, e Xingyou Zhang, «Contribution of Excessive Alcohol Consumption to Deaths and Years of Potential Life Lost in the United States», *Preventing Chronic Disease* 11 (2014). Acedido em 28 de março de 2014. http://www.cdc.gov/pcd/issues/2014/13_0293.htm.

«Statistics of the Presidential and Congressional Election of November 2, 2004», 7 de junho de 2005. Acedido em 16 de novembro de 2014. http://clerk.house.gov/ member_info/electionInfo/2004election.pdf.

Stein, Benjamin, *A License to Steal: The Untold Story of Michael Milken and the Conspiracy to Bilk the Nation*. Nova Iorque: Simon and Schuster, 1992.

Stern, Mark Joseph, «The FDA's New Cigarette Labels Go Up in Smoke», *Wall Street Journal*, 9 de setembro de 2012. Acedido em 28 de março de 2015. http://www.wsj.com/articles/SB10000872396390443819404577633580009556096.

Stewart, James B., *Den of Thieves*. Nova Iorque: Simon and Schuster, 1992.

—, «How They Failed to Catch Madoff», *Fortune*, 10 de maio de 2011. Acedido em 2 de maio de 2015. http://fortune.com/2011/05/10/how-they-failed-to-catch-madoff/.

Stigler, George J., «The Theory of Economic Regulation», *Bell Journal of Economics and Management Science* 2, n.º 1 (1971): 3-21.

Stock, James H., e Mark W. Watson, «Forecasting Output and Inflation: The Role of Asset Prices», *Journal of Economic Literature* 41 (2003): 788-829.

Stulz, René M., «Credit Default Swaps and the Credit Crisis», *Journal of Economic Perspectives* 24, n.º 1 (inverno de 2010): 73-92.

Sufrin, Carolyn B., e Joseph S. Ross, «Pharmaceutical Industry Marketing: Understanding Its Impact on Women's Health», *Obstetrical and Gynecological Survey* 63, n.º 9 (2008): 585-96.

Tabarrok, Alex, «The Real Estate Commission Puzzle», 12 de abril de 2013. Acedido em1 de dezembro de 2014. http://marginalrevolution.com/marginalrevolution/2013/04/the-real-estate-commission-puzzle.html.

Tett, Gillian, *Fool's Gold: How the Bold Dream of a Small Tribe at J. P. Morgan Was Corrupted by Wall Street Greed*. Nova Iorque: Free Press, 2009.

Thomas, Michael M., «Rated by Idiots», *Forbes*, 16 de setembro de 2008.

Thorberg, Fred Arne, e Michael Lyvers, «Attachment, Fear of Intimacy and Differentiation of Self among Clients in Substance Disorder Treatment Facilities», *Addictive Behaviors* 31, n.º 4 (abril de 2006): 732-37.

Thoreau, Henry David, *Walden: Or, Life in the Woods*. Nova Iorque: Houghton Mifflin, 1910. https://books.google.com/books/about/Walden.html?id=HVIXAAAAYAAJ.

Time Magazine, «Clarence Cook Little»: tema de capa, 22 de abril de 1937.

«Tobacco Advertising», *Wikipedia*. Acedido em 8 de dezembro de 2014. http://en.wikipedia.org/wiki/Tobacco_advertising.

Tobacco Labelling Resource Center, «Australia: Health Warnings, 2012 to Present». Acedido em 28 de março de 2015. http://www.tobaccolabels.ca/countries/australia/.

Tobias, Ronald B., *Twenty Master Plots: And How to Build Them*. 2.ª ed.,Ash, OH: F + W Media, 1993.

«Today Is Moving Day for Goldman Sachs», *New York Times*, 1 de abril de 1957.

Toobin, Jeffrey, «Annals of Law: Money Unlimited: How Chief Justice John Roberts Orchestrated the Citizens United Decision», *New Yorker*, 21 de maio de 2012.

Topol, Eric J., «Failing the Public Health – Rofecoxib, Merck, and the FDA», *New England Journal of Medicine* 351, n.º 17 (21 de outubro de 2004): 1707-9.

«Top Ten U.S. Banking Laws of the 20th Century». Acedido em 1 de dezembro de 2014. http://www.oswego.edu/~dighe/topten.htm.

Touryalai, Halah, «10 Wall Street Expenses That Make the SEC's Budget Look Pathetic», *Forbes*, 17 de fevereiro de 2011. Acedido em 16 de janeiro de 2015. http://www.forbes.com/fdc/welcome_mjx.shtml.

Tozzi, John, «Merchants Seek Lower Credit Card Interchange Fees», *Businessweek Archives*, 6 de outubro de 2009. Acedido em 2 de maio de 2015. http://www.bloomberg.com/bw/stories/2009-10-06/merchants-seek-lower-credit-card-interchange-fees.

Troise, Frank P., «The Capacity for Experiencing Intimacy in Wives of Alcoholics or Codependents», *Alcohol Treatment Quarterly* 9, n.º 3 (outubro de 2008): 39-55.

Underhill, Paco, *Why We Buy: The Science of Shopping*. Nova Iorque: Simon and Schuster, 1999.

Underwriters Laboratories, «Our History» e «What We Do». Acedido em 3 de março de 2015. http://ul.com/aboutul/history/ e http://ul.com/aboutul/what-we-do/.

United Airlines, «Arriving at a Single Boarding Process», 22 de abril de 2013. Acedido em 26 de novembro de 2014. https://hub.united.com/en-us/news/company-operations/pages/arriving-at-a-single-boarding-process.aspx.

Urban Institute e Brookings Institution, Tax Policy Center. «State Alcohol Excise Tax Rates 2014». Acedido em 13 de dezembro de 2014. http://www.taxpolicycenter.org/taxfacts/displayafact.cfm?Docid=349.

US Bureau of Financial Protection, «Loan Originator Compensation Requirements under the Truth in Lending Act» (Regulation Z), 12 CFR Part 1026, Docket No. CFPB-2012-0037, RIN 3170-AA132. Acedido em 11 de novembro de 2014. http://files.consumerfinance.gov/f/201301_cfpb_final-rule_loan-originator-compensation.pdf.

US Census Bureau, «America's Families and Living Arrangements: 2013». Acedido em 1 de dezembro 2014. https://www.census.gov/hhes/families/data/cps2013.html.

—, «Census Bureau Reports National Mover Rate Increases after a Record Low in 2011», 10 de dezembro de 2012. Acedido em 1 de dezembro de 2014. https://www.census.gov/newsroom/releases/archives/mobility_of_the_population/cb12-240.html.

US Census Bureau, «Historical Census of Housing Tables», 31 de outubro de 2011. Acedido em 1 de dezembro de 2014. https://www.census.gov/hhes/www/housing/census/historic/units.html.

—, «Historical Poverty Table – People», quadro 3, «Poverty Status, by Age, Race, and Hispanic Origin: 1959 to 2013». Acedido em 1 de dezembro de 2014. https://www.census.gov/hhes/www/poverty/data/historical/people.html.

—, «Housing Vacancies and Homeownership, 2005». Acedido em 1 de dezembro de 2014. http://www.census.gov/housing/hvs/data/ann05ind.html.

—, *Statistical Abstracts of the United States, 2012*. Acedido em 1 de dezembro de 2014. https://www.census.gov/prod/www/statistical_abstract.html.

—, «World Population by Age and Sex». Acedido em 1 de dezembro 2014. http://www.census.gov/cgi-bin/broker.

US Congress, Representative Henry A. Waxman. Memorandum to Democratic Members of the Government Reform Committee Re: The Marketing of Vioxx to Physicians, 5 de maio de 2005, acompanhado de documentos. http://oversight-archive.waxman.house.gov/documents/20050505114932-41272.pdf.

US Department of Agriculture, Farm Service Administration, «Commodity Operations: United States Warehouse Act». Acedido em 14 de março de 2015. http://www.fsa.usda.gov/FSA/webapp?area=home&subject=coop&topic=was-ua.

US Department of Agriculture, Grain Inspection, Packing, and Stockyard Administration, «Explanatory Notes», quadro 5, «Inspection and Weighing Program Overview». Acedido em 1 de maio de 2015. http://www.obpa.usda.gov/ exnotes/FY2014/20gipsa2014notes.pdf.

—, «Subpart M-United States Standards for Wheat». Acedido em 1 de maio de 2015. http://www.gipsa.usda.gov/fgis/standards/810wheat.pdf.

US Department of Transportation, National Highway Traffic Safety Administration, «Traffic Safety Facts, 2011: Alcohol Impaired Driving», dezembro de 2012. Acedido em 25 de maio de 2015. http://www-nrd.nhtsa.dot.gov/Pubs/811700.pdf.

US Department of the Treasury, Alcohol and Tobacco Tax and Trade Bureau, «Tax and Fee Rates». Acedido em 30 de abril de 2015. www.ttb.govtax_audit/atftaxes.shtml.

US Department of the Treasury, «Investment in AIG». Acedido em 11 de março de 2015. http://www.treasury.gov/initiatives/financial-stability/TARP-Programs/aig/Pages/status.aspx.

US Food and Drug Administration, «About FDA: Commissioner's Page. Harvey Washington Wiley, MD.», http://www.fda.gov/AboutFDA/ CommissionersPage/ucm113692.htm.

—, «Tobacco Products: Final Rule "Required Warnings for Cigarette Packages and Advertisements"». Acedido em 28 de março de 2015. http://www.fda.gov/TobaccoProducts/Labeling/Labeling/CigaretteWarningLabels/ucm259953.htm.

US Food and Drug Administration, Center for Drug Evaluation and Research (CDER). *Guidance for Industry Providing Clinical Evidence of Effectiveness for Human Drugs and Biological Products*. Maio de 1998. Acedido em 1 de dezembro de 2014. http://www.fda.gov/downloads/Drugs/.../Guidances/ucm078749.pdf.

US Internal Revenue Service, «Tax Gap for Tax Year 2006: Overview», 6 de janeiro de 2012. Acedido em 18 de novembro de 2014. http://www.irs.gov/pub/irs-soi/06rastg12overvw.pdf.

US Legal Inc., «U.S. Commercial Code». Acedido em 15 de março de 2015. http://uniformcommercialcode.uslegal.com/.

US News and World Report, «U.S. News College Rankings», http://colleges.usnews.rankingsandreviews.com/best-colleges.

US Securities and Exchange Commission. *FY 2014 Congressional Budget Justification*. http://www.sec.gov/about/reports/secfy14congbudgjust.pdf.

—,«Goldman Sachs to Pay Record $550 Million to Settle SEC Charges Related to Subprime Mortgage CDO», 15 de julho de 2010. Acedido em 15 de março de 2015. http://www.sec.gov/news/press/2010/2010-123.htm.

US Senate, Committee on Homeland Security and Government Affairs, Permanent Subcommittee on Investigations, *Wall Street and the Financial Crisis: Anatomy of a Financial Collapse*. Majority and Minority Staff Report. 13 de abril de 2011. http://www.hsgac.senate.gov/imo/media/doc/Financial_Crisis/FinancialCrisisReport.pdf?attempt=2.

US Surgeon General, *The Health Consequences of Smoking –50 Years of Progress*. 2014. Acedido em 6 de março de 2015. http://www.surgeongeneral.gov/library/reports/50-years-of-progress/full-report.pdf.

—, *Smoking and Health: Report of the Advisory Committee to the Surgeon General of the Public Health Service*. 1964. Acedido em 28 de novembro de 2014. http://www.surgeongeneral.gov/library/reports/.

—, *Smoking and Health: A Report of the Surgeon General*. 1979. Acedido em 28 de outubro de 2014. http://www.surgeongeneral.gov/library/reports/.

Vaillant, George E., *Triumphs of Experience: The Men of the Harvard Grant Study*. Cambridge, MA: Harvard University Press, 2012.

van Amsterdam, Jan, A. Opperhuizen, M. Koeter, e Willem van den Brink. «Ranking the Harm of Alcohol, Tobacco and Illicit Drugs for the Individual and the Population», *European Addiction Research* 16 (2010): 202-7. DOI:10.1159/000317249.

Vanguard, «See the Difference Low-Cost Mutual Funds Can Make». Acedido em 7 de janeiro de 2015. https://investor.vanguard.com/mutual-funds/low-cost.

Veblen, Thorstein, *The Theory of the Leisure Class: An Economic Study of the Evolution of Institutions*. Nova Iorque: Macmillan, 1899.

Velotta, Richard N., «Gaming Commission Rejects Slot Machines at Cash Registers», *Las Vegas Sun*, 18 de março de 2010. Acedido em 12 de maio de 2015. http://lasvegassun.com/news/2010/mar/18/gaming-commission-rejects-slot-machines-cash--regis/?utm_source=twitterfeed&utm_medium=twitter.

Virtanen, Michael, «NY Attorney General Looks at Ratings Agencies», Associated Press, 8 de fevereiro de 2013. Acedido em 21 de março de 2014. http://bigstory.ap.org/article/ny-attorney-general-looks-ratings-agencies-0.

Visser, Susanna N., Melissa L. Danielson, Rebecca H. Bitsko, Joseph R. Holbrook, Michael D. Kogan, Reem M. Ghandour, Ruth Perou, e Stephen J. Blumberg, «Trends in the Parent-Report of Health Care Provider – Diagnosed and Medicated Attention-Deficit / Hyperactivity Disorder: United States, 2003-2011», *Journal of the American Academy of Child and Adolescent Psychiatry* 53, n.º 1 (janeiro de 2014): 34-46.

Warren, Carolyn, *Mortgage Rip-offs and Money Savers: An Industry Insider Explains How to Save Thousands on Your Mortgage and Re-Finance*. Hoboken, NJ: Wiley, 2007.

Warren, Elizabeth, e Amelia Warren Tyagi, *All Your Worth: The Ultimate Lifetime Money Plan*. Nova Iorque: Simon and Schuster, 2005.

Watkins, John Elfreth, Jr., «What May Happen in the Next Hundred Years», *Ladies Home Journal,* dezembro de 1900. https://secure.flickr.com/photos/jonbrown17/2571144135/sizes/o/in/photostream/.

Watkins, Julian Lewis, *The 100 Greatest Advertisements, 1852-1958: Who Wrote Them and What They Did.* Chelmsford, MA: Courier, 2012.

Wessel, David, *In Fed We Trust: Ben Bernanke's War on the Great Panic.* Nova Iorque: Crown Business, 2009.

White, Michelle J., «Bankruptcy Reform and Credit Cards», *Journal of Economic Perspectives* 21, n.º 4 (outono de 2007): 175-200.

Wiley, Harvey W., *An Autobiography.* Indianapolis: Bobbs-Merrill, 1930.

Woodward, Susan E., *A Study of Closing Costs for FHA Mortgages.* Preparado para o US Department of Housing and Urban Development, Office of Policy Development and Research, maio de 2008. http://www.urban.org/UploadedPDF/411682_fha_mortgages.pdf.

Woodward, Susan E., e Robert E. Hall, «Consumer Confusion in the Mortgage Market: Evidence of Less Than a Perfectly Transparent and Competitive Market», *American Economic Review* 100, n.º 2 (maio de 2010): 511-15.

World Bank, «GDP Per Capita (Current US$)». Acedido em 26 de novembro de 2014. http://data.worldbank.org/indicator/NY.GDP.PCAP.CD.

—, «Life Expectancy at Birth, Female (Years)». Acedido em 29 de março de 2015. http://data.worldbank.org/indicator/SP.DYN.LE00.FE.IN/countries.

—, «Life Expectancy at Birth, Male (Years)». Acedido em 29 de março de 2015. http://data.worldbank.org/indicator/SP.DYN.LE00.MA.IN/countries.

Wu, Ke Bin, «Sources of Income for Older Americans, 2012», Washington, DC: AARP Public Policy Institute, dezembro de 2013.

Wyatt, Edward, «Judge Blocks Citigroup Settlement With S.E.C.», *New York Times,* 28 de novembro de 2011. Acedido em 10 de junho de 2015. http://www.nytimes.com/2011/11/29/business/judge-rejects-sec-accord-with-citi.html?pagewanted=all.

Wynder, Ernst L., e Evarts A. Graham, «Tobacco Smoking as a Possible Etiologic Factor in Bronchogenic Carcinoma Study of Six Hundred and Eighty-Four Proved Cases», *Journal of the American Medical Association* 143, n.º 4 (27 de maio de 1950): 329-36.

Wynder, Ernst L., Evarts A. Graham, e Adele B. Croninger, «Experimental Production of Carcinoma with Cigarette Tar», *Cancer Research* 13, n.º 12 (1953): 855-64.

Young, James Harvey, *The Toadstool Millionaires: A Social History of Patent Medicines in America before Federal Regulation.* Princeton: Princeton University Press, 1961.

Zacks Equity Research, «Strong U.S. Auto Sales for 2013», 6 de janeiro de 2014. Acedido em 1 de dezembro de 2014. http://www.zacks.com/stock/news/118754/strong-us-auto-sales-for-2013.